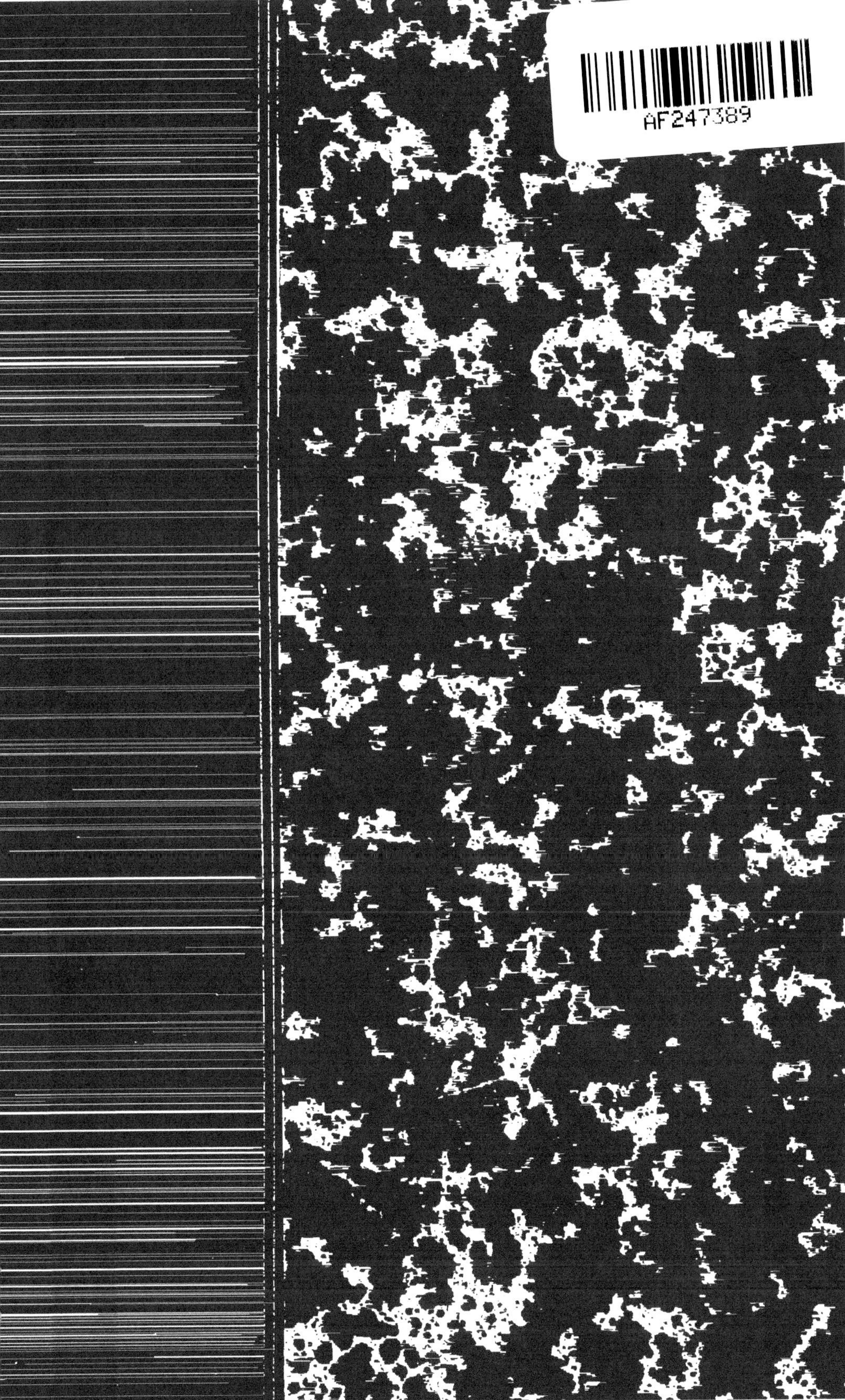
AF247389

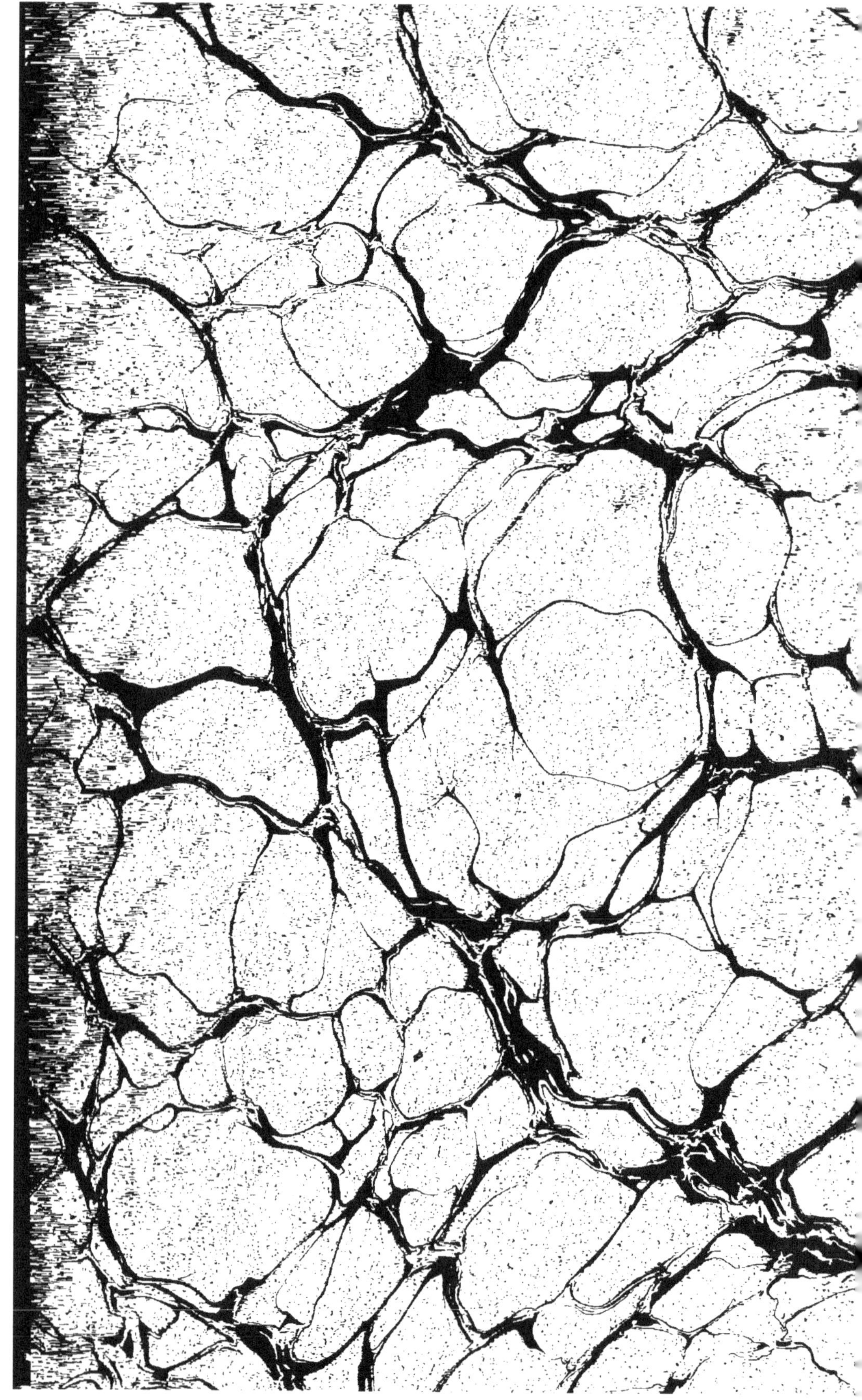

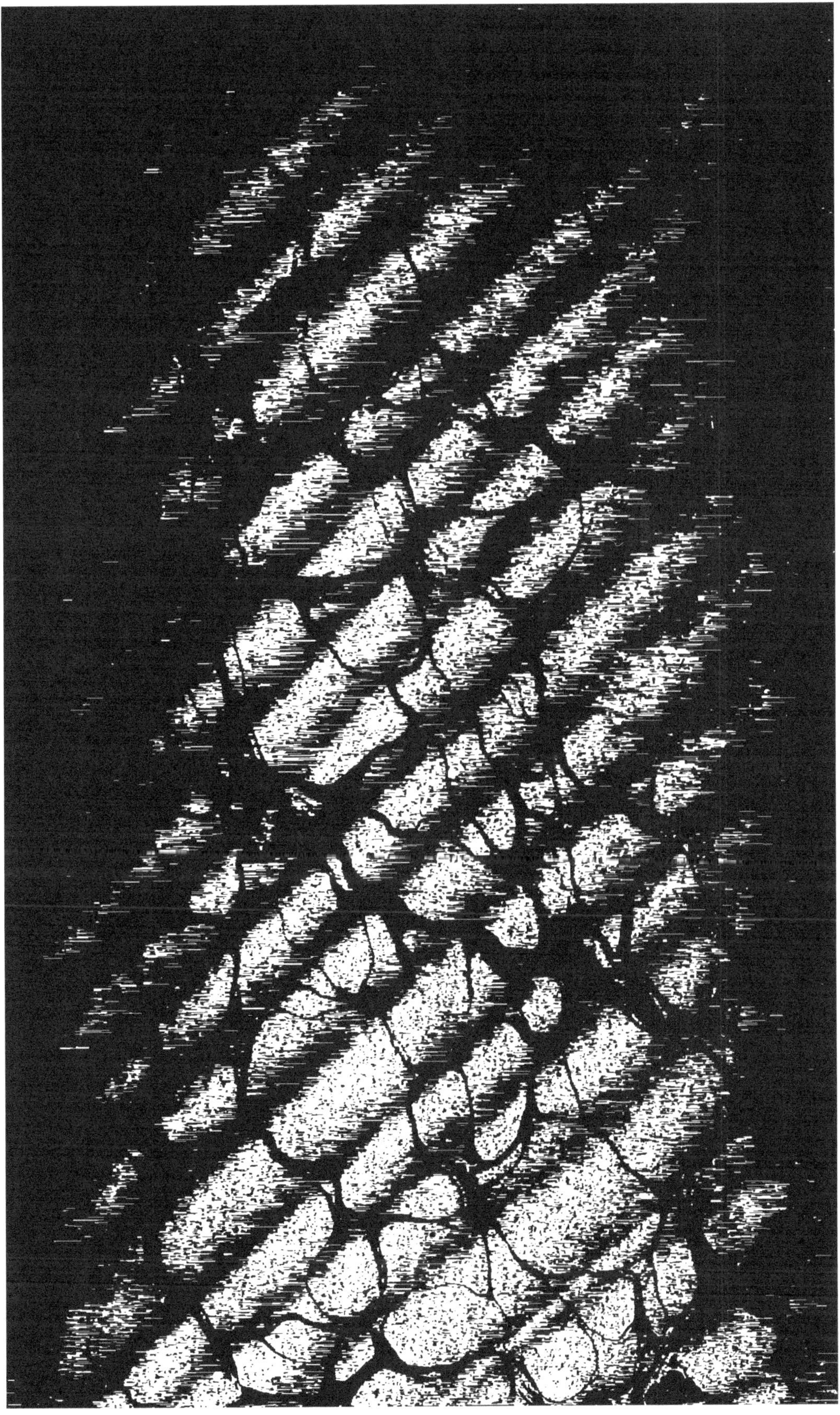

HISTOIRE

DE L'ILE DE

LA TRINIDAD

SOUS LE GOUVERNEMENT ESPAGNOL

Par M. Pierre-Gustave-Louis BORDE

PREMIÈRE PARTIE

(1498 à 1797)

DÉCOUVERTE, CONQUÊTE ET COLONISATION

> .... Celui qui regarde les événements du
> passé avec les yeux de son époque est exposé
> à plus d'une chance d'erreur. Maintes fois,
> alors, c'est un panorama où les objets sont à
> faux jour, parce qu'on est placé hors du point
> de vue. Michel CHEVALIER.

PARIS

MAISONNEUVE ET Cⁱᵉ, LIBRAIRES-ÉDITEURS

25, QUAI VOLTAIRE, 25

1876

HISTOIRE DE LA TRINIDAD

SOUS LE GOUVERNEMENT ESPAGNOL

ORLÉANS, IMP. DE G. JACOB, CLOITRE SAINT-ÉTIENNE, 4.

HISTOIRE

DE L'ILE DE

LA TRINIDAD

SOUS LE GOUVERNEMENT ESPAGNOL

Par M. Pierre-Gustave-Louis BORDE

PREMIÈRE PARTIE

(1498 à 1797)

DÉCOUVERTE, CONQUÊTE ET COLONISATION

> ....Celui qui regarde les événements du passé avec les yeux de son époque est exposé à plus d'une chance d'erreur. Maintes fois, alors, c'est un panorama où les objets sont à faux jour, parce qu'on est placé hors du point de vue. Michel CHEVALIER.

PARIS

MAISONNEUVE ET Cie, LIBRAIRES-ÉDITEURS

25, QUAI VOLTAIRE, 25

1876

PRÉFACE

En présentant à nos compatriotes cet essai d'histoire de notre pays, nous pouvons, en toute conscience, répudier deux des mobiles auxquels, selon le célèbre historien juif Flavius Josèphe, obéissent le plus souvent ceux qui se livrent à des travaux historiques, à savoir : l'ambition d'une réputation littéraire et le parti pris de louer ou de blâmer. Bien qu'ami des lettres dès le jeune âge, nous n'avons jamais rien produit ; or, ce n'est pas au déclin de la vie que nous viendrait la folie de rêver à la gloire littéraire, d'ordinaire si longue et si difficile à acquérir. Ce n'est pas surtout en écrivant l'histoire des premiers temps d'une petite île de l'Amérique, laquelle ne pouvant guère intéresser que ses quelques habitants, ne sera probablement lue que par eux. Mieux que personne, d'ailleurs, nous savons le peu que nous valons comme écrivain, et en cette qualité personne plus que nous ne serait étonné de nous voir mériter la moindre mention honorable. Quant au parti pris de louer ou de blâmer, ce crime de haute trahison contre la vérité ne se conçoit que dans les entraînements de la polémique, et nullement dans ce long travail, pour lequel nous nous sommes livré à des recherches minutieuses sur des temps déjà bien éloignés et séparés des nôtres par deux grandes révolutions : la capitulation de l'île et l'émancipation des esclaves. Que si, cependant, et en raison même de ces deux révolutions si profondément perturbatrices de notre ordre social et politique, le soupçon de parti pris, par amour ou par haine du présent, pouvait encore nous atteindre, ce serait alors au hasard de la naissance que nous devrions d'y échapper, puisque, d'une part, nous n'appartenons par les liens de la nationalité ni aux vainqueurs ni aux vaincus de la capitulation, et que, de l'autre, nous sommes né trop peu de temps avant l'émancipation pour que le régime qui l'a précédée ait pu laisser dans notre cœur des rancunes ou des regrets. Avant tout, nous avons cherché à être juste envers tout le monde, et nous avons la conscience de n'avoir apporté dans ce travail aucune arrière-pensée d'intolérance. Nous sommes, Dieu merci, de notre siècle et de notre pays, et, sans compromettre nos principes, nous pouvons vivre en paix avec toutes les religions, toutes les écoles, toutes les races et toutes les nationalités. Si donc nous faisons bon marché de notre talent littéraire, qu'il nous soit permis, en revanche, de réclamer de la confiance dans notre sincérité.

Les motifs qui nous ont poussé à entreprendre ce travail, peut-être au-dessus de nos forces, et à vaincre notre timidité naturelle pour nous embarquer sur la mer orageuse de la publicité, sont ceux qui suivent :

1° L'urgence de rassembler et de coordonner, le plus tôt possible, nos matériaux historiques encore en existence avant que l'action du temps et la négligence des hommes ne les anéantissent à jamais, comme tant d'autres documents disparus. Que de trésors semblables une coupable indifférence en matière de littérature locale ne nous a-t-elle pas perdre ! Comme exemple de ces pertes irréparables, il nous suffira de citer celle des anciennes archives du Cabildo, dévenues la proie des vers peu de temps après la capitulation de l'île. Et pour faire apprécier par nos lecteurs l'importance de ce malheur, nous ajouterons que ces archives constituaient les seuls documents historiques d'une époque où l'imprimerie n'était pas encore en usage dans le pays.

2° La nécessité de rectifier une foule d'erreurs historiques et géographiques, aujourd'hui acceptées comme des vérités, par exemple celle du martyre de deux Pères Dominicains en 1513, que Las Casas dit avoir eu lieu dans l'île de la Trinidad, et que nombre d'historiens, mauvais copistes, mettent sur la côte de Cumaná; et celle de la position de la pointe de la Galère que tous les géographes modernes placent à l'extrémité nord-est de l'île, quand Christophe Colomb lui-même la met à son extrémité sud-est, etc., etc.

3° Le besoin de mettre en lumière le grand fait, unique dans l'histoire, de la colonisation d'une île espagnole avec une population française. Ce fait capital, négligé par la plupart des historiens, est pourtant, dans un pays qui n'a jamais appartenu à la France, ce qui nous explique pourquoi la langue populaire, les mœurs et les coutumes y sont françaises au lieu d'être espagnoles. A cet égard, peut-être n'est-il pas non plus sans importance de démentir la calomnie tant de fois répétée, et jusqu'ici restée sans réponse, que nous descendons des banqueroutiers et des malfaiteurs des îles françaises de l'Amérique, et de revendiquer ainsi l'honneur de nos ancêtres.

4° L'utilité de faire savoir qui nous sommes à nos hauts fonctionnaires et à notre clergé qui se recrutent en Europe. Dans quel embarras par exemple un gouverneur ne doit-il pas se trouver lorsqu'il est appelé à régir un peuple dont il ne connaît pas les antécédents! Comment, avec les meilleures intentions, ne se tromperait-il pas sur le choix de ses mesures? Par prudence, il se condamne le plus souvent à l'inaction pendant la première année de son administration, et comme sa charge n'est pas inamovible, il arrive qu'il est parfois remplacé juste au moment où il commence à comprendre les besoins de la population.

5° L'avantage, enfin, de pouvoir instruire notre jeunesse dans l'histoire de son pays, afin que, parvenue à l'âge mûr, elle soit en état de remplir dans l'intérêt du bien public et non dans celui de vaines expérimentations, trop souvent répétées ici, les fonctions qui peuvent lui être dévolues. Sans cet enseignement, il n'est pas de patriotisme; peu à peu nous devenons étrangers à notre pays, et, suivant nos

faiblesses ou nos penchants, nous nous faisons
Anglais, Français ou Espagnols quand nous sommes,
bon gré malgré, Trinidadiens, quoique aujourd'hui
sujets de l'Angleterre.

L'ignorance de notre histoire est, nous le craignons, la source de tous nos malentendus, de toutes
nos discordes. En nous faisant rompre avec le passé,
elle nous prive des leçons de sagesse qui se puisent
toujours dans les malheurs antérieurs. C'est elle qui
nous rend malveillants à l'égard les uns des autres
et nous pousse à nous jeter dans les bras de
tout étranger nouveau venu, par besoin de sociabilité.
C'est elle, en un mot, qui rompt les liens de fraternité naturellement existants entre les enfants d'un
même pays. Non, ce n'est pas en effaçant l'histoire,
quoi qu'on en ait dit (1), que nous arriverons à
nous unir; plus nous perdrons de vue la trace de
nos premiers pas, et moins nous y parviendrons.
Sachons au contraire qui nous sommes, et soyons ce
que nous sommes; ce n'est qu'en nous comprenant
que nous réussirons à nous entendre. L'union ne
résulte pas de la juxtaposition de corps parfaitement

(1) Dr. de Verteuil, *Trinidad, its Geography,* etc.

identiques, mais bien de la fusion de matières diverses ayant de l'affinité entre elles. Or, comme descendant en grande majorité de colons français, nous avons une origine, une patrie et une religion communes. Arborons donc avec résolution ce triple drapeau, et nous deviendrons assez unis et, partant, assez forts pour commander le respect; mais arborons-le avec l'esprit de fraternité que donne le sentiment chrétien et l'esprit de tolérance qu'inspire l'étude du passé.

C'est à essayer de dissiper cette pernicieuse ignorance de notre histoire que nous avons résolu de consacrer les dernières années de notre existence. Nous eussions préféré qu'une main plus habile que la nôtre eût bien voulu en accepter la tâche ; mais comme aucun de ces compatriotes dans les lumières desquels nous avons infiniment plus de confiance que dans les nôtres ne se décidait à en prendre la charge, le patriotisme nous en a donné la hardiesse.

Pour quelqu'un d'inhabile et d'inexpérimenté, écrire une histoire, fût-ce celle du coin de terre le plus petit et le plus reculé, est toujours un rude labeur ; mais c'en est un particulièrement pénible et écrasant quand tous les matériaux manquent à la fois. Où porter ses pas ? Où faire des recherches ?

Après avoir parcouru les bibliothèques et lu des monceaux de volumes, on s'aperçoit que son œuvre n'a guère avancé. Il faudrait consulter nos archives locales, mais ces archives ont disparu ; il serait nécessaire de compulser des papiers de famille, mais ces documents n'existent plus. Les vers et les incendies ont tout dévoré. Le fil de la chronologie se rompt à tout moment, et les erreurs irréparables des traditions populaires nous arrêtent à chaque instant.

Dans ce manque absolu de tout renseignement, nous n'avons eu que l'érudition pour seul recours ; et par ce mot nous entendons, non pas la science historique que nous n'avons pas la prétention de posséder, mais la connaissance exacte des matières traitées dans les chroniques, les relations, les mémoires et les histoires publiés sur l'Amérique pendant les XVIe, XVIIe et XVIIIe siècles. Cette connaissance acquise, il nous restait la tâche, non moins importante, de nous procurer celles de ces publications, aujourd'hui si rares et si coûteuses, dont nous avions besoin. Rien que pour parvenir à les découvrir, il nous a fallu entreprendre des recherches au Venezuela, à la Martinique, aux États-Unis, en France, en Angleterre, en Espagne et en Italie, et faire bien des frais pour les posséder. Plusieurs fois nous avons eu à nous adresser aux bibliothèques particulières et aux archives étrangères pour obtenir la transcription de récits et de documents importants qui ne se trouvent que dans ces endroits. Pour arriver à nos fins, nous n'avons, en un mot, épargné ni le temps, ni le travail, ni l'argent. Dieu merci, nos efforts ont été couronnés de succès, puisqu'ils nous permettent de livrer aujourd'hui au public la première partie de notre travail, celle qui comprend la découverte et la conquête de la Trinidad. Mais pour la seconde partie, celle qui traite de la colonisation de l'île, nous avons le regret de n'avoir pu encore trouver deux ouvrages qui nous sont indispensables, savoir : le *De Missionibus Insulæ Trinitatis, simul cum gestis et agonibus servorum Dei Stephani a S. Felice, Raymundi de Figuerola ac Marci de Vique Capuccinorum*, par Fr. Matheo de Anguiano, publié à Madrid en 1702, et la *Relacion de lo Sucedido en la Isla de la Trinidad, siendo Gobernador de estas provincias y del Dorado Don Diego Lopez de Escobar ou Ficobar*, 1637, in-folio, sans nom d'auteur et sans indication de lieu de publication. Ces deux livres spéciaux, les seuls à notre connaissance qui aient été publiés par les Espagnols sur les événements de notre île, sont demeurés jusqu'à ce jour introuvables, et nous profitons de l'occasion pour inviter nos concitoyens, ainsi que les amis de notre colonie à l'étranger, de se joindre à nous afin de tâcher de les découvrir.

Par ce court aperçu de nos travaux et de nos recherches, on voit que les difficultés que nous avons eu à surmonter ont été tellement considérables qu'elles constitueront peut-être, aux yeux du public, notre principal mérite. Mais plus elles ont été grandes et plus il y aurait ingratitude à nous de passer sous silence les secours que nous avons reçus de quelques amis et connaissances. C'est donc avec plaisir que nous enregistrons ceux que nous devons à MM. Michel Peña Lubaut et Sébastien Cipriani, tous deux maintenant décédés, le premier en nous faisant le don d'un magnifique exemplaire de l'ouvrage du P. Gumilla : *El Orinoco ilustrado;* et le second en usant à notre égard de la plus grande obligeance en sa qualité de bibliothécaire de notre bibliothèque publique. A M. J. Ferdinand Rat nous sommes redevable d'un renseignement sur les indiens Pariagotos ; et à M. Félix E. O'Connor

du don gracieux de la *Geografía de Venezuela*
d'Agustin Codazzi. Nous devons aussi à MM. Antoine
Paul de Casabianca et Joseph de la Sauvagère des
recherches dans les archives de la marine française ;
et à M. J.-A. Sébastien Cipriani la transcription d'un
chapitre de la *Vida de el Capuchino Español Fray
Francisco de Pamplona*, de Fr. Matheo de Anguiano.
Notre cousin, M. Charles Borde, nous a procuré, à
la Martinique, l'*Histoire* de cette île par Sidney
Daney, et un exemplaire d'une édition fort curieuse
du *Nouveau voyage aux isles de l'Amérique* du
P. Labat. A Londres, M. H.-H. Dobree a bien voulu
se charger de nos recherches, et c'est à lui que nous
devons deux livres devenus bien rares : les *Bouca-
niers of America*, de John Esqueneling, et *An
Address on the case of Brigadier-General Picton*,
par le colonel Draper. A cette liste déjà longue il
nous reste à ajouter le nom de M. J. Rafael Nuñez
fils, de Maturin, dont l'amabilité a été poussée
jusqu'au point de nous laisser entre les mains, pendant des années entières, plusieurs ouvrages de sa
précieuse bibliothèque américaine, entre autres les
Œuvres de Las Casas, traduction de Llorente, et la
Historia de la Nueva Andalucia de Fr. Antonio

Caulin. Par l'entremise du consul d'Espagne à la Trinidad, M. J. Frederick Scott, nous avons aussi obtenu du gouvernement espagnol l'autorisation, si rarement accordée (1), de consulter et de copier, par nous-même ou par député, les livres et documents de la célèbre bibliothèque de Séville ; mais jusqu'ici les circonstances ne nous ont pas permis d'user de ce privilége. Qu'il nous soit accordé d'offrir ici nos regrets pour ceux qui sont morts, et de présenter aux survivants nos remercîments les plus sincères.

Parmi ceux qui sont utiles à notre travail, nous ne saurions oublier de faire mention de notre devancier, M. E.-L. Joseph (2). Son histoire de la Trinidad, (*History of Trinidad*), dans laquelle nous aurons occasion de puiser largement pour la seconde partie de cet essai, est la seule digne de ce nom que nous possédions. Elle se recommande par une dizaine de pages extraites de la partie des archives du Cabildo encore en existence dans son temps, et par quelques traditions qui, à coup sûr, seraient aujourd'hui per-

(1) Washington Irving, *Preface to life and Voy. of Columbus.*
(2) M. E.-L. Joseph naquit en Écosse à la fin du siècle dernier. Il arriva à la Trinidad vers l'année 1820, et y mourut vers 1840.

dues, s'il n'avait eu le soin de nous les conserver. Voilà ses titres à notre reconnaissance, et ils sont grands, nous en convenons. Mais il est à regretter que des préjugés d'un autre temps et d'un autre pays lui aient fait prendre à notre égard et à celui de ses éminents confrères un certain air de supériorité et de jactance vraiment insupportable de nos jours. Son ouvrage se divise en deux parties. La première, de 115 pages, est purement scientifique et de nulle valeur depuis les travaux de MM. Wall et Sawkins et de MM. de Verteuil, Léotaud, Crüger et Court ; la deuxième, de 156 pages, est la partie historique, commençant à la découverte de l'île et finissant en 1838, à l'émancipation des esclaves, exclusivement. La période de trois siècles que nous étudions ici, c'est-à-dire celle du gouvernement espagnol, y est écrite en 88 pages ou en 30 pages seulement en en excluant le récit de la découverte et celui du gouvernement de Chacon, notre dernier gouverneur espagnol. Trois siècles d'histoire en trente pages ! Et pourtant, dans ce court travail où M. E.-L. Joseph ne fait que poser quelques jalons historiques, ensevelis sous une masse d'erreurs et d'omissions, ne voilà-t-il pas qu'il trouve le moyen de se déclarer l'émule de Washington Irving, de professer le plus profond mépris pour Montgomery Martin et Dauxion Lavaysse, et de se faire le contradicteur de Humboldt! Dans ces quelques pages, il parle sans cesse de lui, mais jamais de son premier métier. Il s'y déclare le protecteur du sang africain, lequel n'avait nullement besoin de sa protection en 1840, époque où se publia son livre, c'est-à-dire deux ans après l'émancipation. Il s'y pose aussi comme l'ennemi acharné du nom français et le contempteur impitoyable des Espagnols, mais quarante-trois ans après la capitulation, et lorsqu'il n'avait rien à craindre ni des uns ni des autres. Il ne comprend rien à la *Santa-Hermandad*, mais il s'en moque. Ayant à mentionner le nom de Don Jacinto de Ocampo y Zuñiga, il met, entre parenthèses, qu'il se délecte à écrire ces noms ronflants (*I delight in writing these dignified names*). Il souligne ironiquement les titres de *Majesté très-chrétienne* et de *Majesté très-catholique* portés par les rois de France et d'Espagne, et celui *d'illustre corporation* donné au Cabildo. Puis il tombe à bras raccourci sur les pauvres colons français et ensuite sur le gouvernement espagnol pour les avoir attirés dans l'île. Enfin, et pour couronner son œuvre, il se fait l'écho de ces calomniateurs qui osent affirmer que, comme les anciens Romains, nous descendons des banqueroutiers et des malfaiteurs des pays voisins. Telle est cette histoire qu'un étroit esprit de nationalité et un grand fonds de suffisance ont convertie en satire, et qu'un peu de modestie et, disons-le, de reconnaissance, puisque l'auteur a passé parmi nous la partie virile de son existence, eût pu nous faire conserver avec vénération comme le premier essai sérieux sur les fastes historiques de notre pays.

Nous avons maintenant à parler du plan que nous avons adopté pour ce travail. Ainsi que nous en avons déjà fait mention, nous avons cru nécessaire de le diviser en deux parties, afin d'arriver à la plus grande clarté possible. Nous avons suivi l'ordre chronologique comme nous étant imposé par le petit nombre de faits que doit nécessairement comprendre l'histoire d'une petite île. A l'exemple de nos meilleurs historiens américains, d'Irving et de Prescott entre autres, nous avons scrupuleusement indiqué au bas des pages les sources où nous avons puisé, non pour étaler une vaine érudition, mais pour faire connaître à nos lecteurs quel degré de certitude ils

peuvent attacher à nos récits et à nos conclusions.
Nous avons cru utile de leur dire : « Voilà nos autorités ; ouvrez-les à la page indiquée, lisez et jugez. »
Et pour mieux obtenir ce résultat, nous avons dû
nous attacher à citer, de préférence aux anciens
auteurs, les modernes, et parmi ces derniers ceux
dont la critique savante a éclairci bien des points
obscurs ou contradictoires de nos vieilles chroniques américaines. Nous ne nous sommes permis,
nous-même, un peu de critique que là où, ne trouvant pas dans les matériaux à notre disposition une
solution rationnelle aux difficultés qui se présentaient, il nous a bien fallu choisir entre des versions
divergentes ou des appréciations contraires. Ce procédé a été, d'autre part, d'un grand avantage en
simplifiant notre travail. Au lieu de nous abandonner à l'étude des vieilles chroniques des Pedro .
Martyr, des Herrera, des Gomara, etc., nous avons
pensé qu'il était plus profitable, de même que plus
en rapport avec nos forces, de tirer parti des recherches des Antonio Caulin, des Humboldt, des Llorente,
des Washington Irving, etc.

Après ces explicatiens, il ne nous reste plus qu'à
appeler de tous nos vœux la critique ; nous voulons

dire la saine critique, à intentions honnêtes, qui recherche avant tout la lumière, et de laquelle les auteurs sages savent faire leur profit. Rien ne nous serait plus insupportable que de voir cet essai d'histoire passer inaperçu de nos compatriotes, puisque c'est pour eux que nous l'avons entrepris. Nous avons cherché à être utile à notre pays; si nous n'avons pas atteint notre but, nous croyons avoir le droit de demander qu'on nous le fasse voir. C'est là, du reste, la seule faveur à laquelle nous aspirions, car nous nous trouvons déjà amplement récompensé de nos labeurs. La joie du chercheur qui fait une trouvaille est une des plus vives qui se puissent concevoir; et cette joie, bien des fois nous avons eu le bonheur de l'éprouver dans le cours de ce travail. Nous sommes donc satisfait; pour nous servir de l'expression d'un habile et judicieux critique, M. Sainte-Beuve, nous avons, en partie du moins, « réalisé, selon nos forces et dans notre mesure, notre rêve pacifique et doux. »

AVIS.

La deuxième partie de l'Histoire de la Trinidad paraîtra prochainement ; elle sera accompagnée d'une carte géographique de l'île.

HISTOIRE DE LA TRINIDAD

SOUS LE GOUVERNEMENT ESPAGNOL

PREMIÈRE PARTIE

(De 1498 à 1622)

DÉCOUVERTE ET CONQUÊTE

CHAPITRE PREMIER

COUP D'ŒIL GÉOGRAPHIQUE. — INTRODUCTION

L'archipel des Antilles se divise en Iles-du-Vent et Iles-sous-le-Vent, et en grandes et petites Antilles. L'île de la Trinidad *de Barlovento,* ou du Vent, est la plus méridionale du croissant des petites Antilles, comme elle en est la plus grande, la plus riche et la plus importante. Elle est située (1) entre les 10° 2' 30" et 10° 50' 20" de latitude nord, et les 60° 56' 35" et 61° 59' 30" de longitude ouest du méridien de Greenwich.

Cette île est baignée, au nord, par la mer Caraïbe ou

(1) Wall et Sawkins, *Geology of Trinidad,* sect. 1, p. 3.

des Antilles ; à l'est, par l'océan Atlantique ; au sud, par le canal qui la sépare du delta de l'Orénoque ; et à l'ouest, par le golfe de Paria. Sa forme, que les anciens géographes espagnols ont ingénieusement comparée, et assez justement, à un cuir de bœuf (1), est un parallélogramme rectangle peu allongé, aux quatre angles étirés en caps et promontoires appelés pointes, de l'espagnol *puntas*. Le parallélogramme présente cette particularité qu'il est, par ses quatre faces tournées vers les quatre points cardinaux, parfaitement orienté comme pour servir de base à quelque gigantesque pyramide égyptienne ou mexicaine. Cette forme, pourtant, pourrait plus exactement se comparer à celle d'un coussinet de mécanique, vu de profil, puisque trois de ses faces sont à peu près droites, et que la quatrième se creuse en arc de cercle. Sa longueur moyenne, du nord au sud, est de quarante-huit milles et sa largeur moyenne, de l'est à l'ouest, de trente-cinq milles environ (2). Sa superficie totale est de mille sept cent cinquante-quatre milles carrés et demi, ou de 1,122,880 acres, mesure anglaise (3).

La Trinidad est séparée du continent sud-américain qui lui est contigu par le golfe de Paria. Ce bassin, aussi appelé par les géographes et navigateurs anciens *golfo Triste* ou golfe Triste, *golfo de las Perlas* ou golfe des Perles, *golfo de la Ballena* ou golfe de la Baleine, et même *mar Dulce* ou mer Douce, est circonscrit, d'un côté, par l'arc de cercle de la côte occidentale

---

(1) Bryan Edwards, *History of the B. W. Indies*, t. IV, p. 288.
(2) De Verteuil, *Trinidad*, etc., ch. 1, p. 65.
(3) Wall et Sawkins, *Geology of Trinidad*, sect. 1, p. 3.

de l'île, et de l'autre par la côte orientale de la Nouvelle-Andalousie des États-Unis du Venezuela, laquelle présente la configuration d'un grand croissant irrégulier et brisé, dont la corne septentrionale projette considérablement vers l'île. Sa forme est aussi à peu près celle d'un parallélogramme, mais beaucoup plus allongé et plus irrégulier que celui que présente l'île. Il peut être considéré comme une vraie mer intérieure (1) ; aussi n'y voit-on jamais de ces raz-de-marée, de ces coups de vent, de ces ouragans qui, trop souvent, désolent la mer des Antilles. Il est peu profond et offre aux navires le port le plus sûr et le plus vaste qu'il y ait au monde. Toutes les flottes réunies pourraient se donner rendez-vous et manœuvrer à l'aise dans ce plus beau champ de bataille navale qu'il soit possible de se figurer. Dans sa partie septentrionale, il est parsemé d'îlots qui ajoutent encore au pittoresque du panorama qu'il présente. Il est très-poissonneux, et les baleines, chaque année, y viennent paître les plantes marines qui y croissent en abondance. Ces baleines fournissent une huile grasse très-estimée.

Le golfe de Paria communique avec la mer des Antilles, au nord par les *bocas del Drago* ou bouches du Dragon, et avec le canal du sud par la *boca de la Sierpe* ou bouche du Serpent. Ces bouches sont des bras de mer très-étroits ; elles ont été ainsi nommées par les premiers navigateurs espagnols qui les regardaient, à tort, comme des bouches de l'Orénoque (2). Celles du nord

(1) Humboldt, *Voyage aux rég. équin.*, t. VIII, ch. xxiv, p. 380.
(2) *Id., ibid.*, p. 380.

sont formées par trois îlots, Monos, Huevos et Chacachacare, qui se suivent de l'est à l'ouest, et partagent le canal compris entre l'extrémité nord-ouest de l'île et l'extrémité nord-est du continent en quatre passes inégales. La première, entre l'île et l'îlot de *los Monos* ou des Singes, est la bouche de Monos ; la seconde, entre l'îlot de los Monos et celui de *los Huevos* ou des Œufs, est la bouche de Huevos ; la troisième, entre l'îlot de los Huevos et celui de Chacachacare, est la bouche de *los Navios* ou des Navires ; et la quatrième, entre l'îlot de Chacachacare et le continent, est la Grande-Bouche (1). Celle du Serpent est comprise entre l'extrémité sud-ouest de l'île et l'extrémité nord de l'îlot de Cotoma, situé à l'embouchure du *Caño de Pedernales,* une des nombreuses bouches de l'Orénoque (2).

La bouche de Monos, communément appelée Petite-Bouche, est une passe dangereuse, d'un demi-mille de large environ, à l'entrée extérieure de laquelle se trouve un gros rocher, suivi d'un banc de pierre à fleur d'eau qui le relie presque aux brisants de l'îlot de Monos. Les courants y sont d'une grande violence ; les pirogues et les bateaux seuls peuvent l'utiliser sans danger pour entrer dans le golfe. Celle de Huevos est large de plus d'un mille, et les plus gros navires peuvent s'en servir pour pénétrer dans le golfe ; mais les courants y poussent si violemment sur l'îlot de Monos, qu'elle est aujourd'hui considérée comme la passe la plus dangereuse après la Petite-Bouche. Celle de los Navios est de

______

(1) Fr.-A. Caulin, *Historia de la N. Andalucia,* t. II, p. 109.
(2) *Id., ibid.,* p. 111.

la même largeur que la précédente, et offre, par sa direction du sud-est au nord-ouest, la passe la plus convenable à la sortie du golfe. On ne s'en sert que rarement pour l'entrée ; les courants y sont aussi très-forts.
La Grande-Bouche, d'environ deux lieues de large, est
la passe qui offre le moins de danger, et, par conséquent, celle dont on devrait toujours se servir pour pénétrer dans le golfe ; mais comme elle est la plus occidentale, elle présente, en raison des vents alizés qui
règnent le plus souvent dans nos parages, une remontée
parfois longue et pénible aux navires en destination
de la capitale, située précisément à l'est des bouches.
Les courants y sont aussi d'une très-grande violence (1).
La bouche du sud, dite du Serpent, est large de quatre
lieues ; deux gros rochers, *el Lobo* ou le Loup et *el Soldado* ou le Soldat, la partagent en trois passes d'inégale
largeur. Le courant y porte dans le golfe avec plus ou
moins de force, suivant la hauteur des eaux de l'Orénoque.

La Trinidad étant parfaitement orientée, et de forme
presque carrée, il est naturel que les géographes espagnols l'aient partagée en quatre *bandas* ou côtés, cor-
respondants aux quatre points cardinaux, et qu'ils
aient désigné ces bandes, pour nous servir du mot
espagnol francisé, toujours en usage dans le pays, par
les noms de bande du Nord, bande de l'Est, bande du
Sud et bande de l'Ouest. La géographie de l'île étant
encore à faire, nous croyons utile de placer ici une
description succincte des côtes de ces différentes bandes,

____

(1) Hart, *Hist. et stat. view of the I. of Trinidad*, p. 145 et seq.

afin de rectifier la regrettable confusion qui existe dans les dénominations nouvelles, et aussi de conserver les noms primitifs trop souvent oubliés ou corrompus dans les cartes modernes (1). Pour cette étude importante, nous prendrons comme guide le R. P. Fr. Antonio Caulin, historiographe de l'expédition géographique de MM. Hidalgo et Churruca.

Bande du Nord. — Elle est comprise entre la pointe de los Monos, extrémité nord-ouest, et celle de *los Arecifes* ou des Récifs, extrémité nord-est de l'île. C'est par une erreur grossière, dont nous renvoyons la démonstration au chapitre suivant, que cette dernière pointe a été désignée dans plusieurs cartes anciennes, et dans la plupart des cartes modernes, par le nom de pointe de *la Galera* ou de la Galère. Cette côte, dite de *Hierro* ou de Fer, est parcourue, dans toute sa longueur, par une chaîne de montagnes dont le pied se baigne dans la mer des Antilles ; elle a été ainsi nommée parce que les vagues s'y brisent furieuses, et que les baies y sont rares où les navires peuvent trouver un abri. Le premier port qu'on y rencontre, en partant de la pointe Monos, est la baie de Mararabal, connue aujourd'hui sous le nom de Maqueripo. Un peu plus loin se trouve une petite anse nommée Saut-d'Eau, à cause d'un ruisseau qui s'y jette en tombant d'une hauteur de quinze pieds environ. Puis vient la baie de Maracas, le plus sûr et le plus grand des ports de cette côte ; la petite rivière d'Arizagua s'y jette. Une montagne assez haute la sépare de celle de *las Cuevas* ou des Cavernes,

(1) Humboldt, *Voyages aux rég. équin.*, t. VIII, ch. XXIV, p. 491.

beaucoup plus petite et moins bien abritée qu'elle.
Celle-ci est le port d'une grande vallée très-fertile,
arrosée par la petite rivière de Curaguate. A peu de
distance, en allant toujours vers l'est, est la pointe
Curaguate, au fond de laquelle se trouve une belle plage
où peuvent aborder les bateaux pour faire de l'eau. De
cette pointe à celle d'Imare, la côte est âpre et ne présente pas de lieux abrités ; mais à cette dernière pointe
est une baie qui porte son nom, où se jette le *Rio-
Grande* ou Grande-Rivière. A peu de distance de là
se trouve le port de Toco avec son petit village ; de ce
petit port à la pointe des Récifs, la côte est partout
inhospitalière (1).

Bande de l'Est. — De la pointe des Récifs à celle de la
Galère, formant l'extrémité sud-est de l'île, la côte est
partout accessible, quoique la mer y soit très-forte à
cause des vents alizés qui y règnent presque toute
l'année. Elle se partage en quatre espaces à peu près
d'égale longueur, dont le premier comprend le flanc de
la chaîne de montagnes qui longe la Bande du Nord ;
le second, la baie de Maturo ; le troisième, celle de
Manzanilla ou des Cocotiers ; et le quatrième, celle de
Mayaro. La pointe de Maturo sépare le premier espace
du second ; celle de Manzanilla, le second du troisième ;
et celle de Guatraro, le troisième du quatrième. De la
pointe des Récifs à celle de Maturo, se trouvent le joli
port de Guarésimo ou Cumana, et la belle baie aujour-
d'hui connue sous le nom de Salibia, où abondent les
tortues de mer. De cette dernière pointe à celle de

(1) Fr.-A. Caulin, *Historia de la N. Andalucia*, l. II, p. 109 et seq.

Manzanilla est une première plage, longue et droite, où débouchent les rivières Maturo et Oropuche, et qui sert de grand chemin. De celle-ci à celle de Guatraro est une seconde plage, à peu près semblable à la première et servant aussi de grand chemin, mais toute plantée de cocotiers. On pense que cette immense plantation, une des richesses de l'île, est due au naufrage, dans des temps fort reculés, de quelque navire de la côte d'Afrique chargé de noix de coco (1) ; ces noix, flottant sur la mer, et poussées de l'est à l'ouest par le grand courant équatorial, seraient venues s'échouer sur cette plage et y auraient poussé. Les rivières qui s'y jettent à la mer sont : le Lebranche, au nord ; le Guatraro (2), au sud ; et, entre les deux, une troisième, à égale distance de l'une et de l'autre, appelée pour cette raison Rivière-Mitan, car ce mot, sorti du vieux français et passé dans notre patois créole, signifie milieu. De la pointe de Guatraro à celle de la Galère est la troisième et dernière plage de la bande de l'Est ; elle est presque semblable aux deux autres, et, comme elles, sert de grand chemin. Au revers de la première des deux pointes se trouve la baie de Mayaro dont le port est sûr. Là se trouvent plusieurs petits cours d'eau qui en font un site convenable pour l'établissement d'une ville importante (3).

Bande du Sud. — Elle s'étend de la pointe Galère à celle

---

(1) Il sera question, par la suite, d'un navire parti de Ténériffe, qui, ne pouvant plus gouverner, est venu s'échouer sur la même plage des Cocotiers.

(2) Ce nom est aujourd'hui corrompu en Ortoire.

(3) Fr.-A. Caulin, *Historia de la N. Andulacia,* l. II, p. 110.

de Jicacos ou du Gallo, extrémité sud-ouest de l'île, et
ne présente, pour y aborder, nul danger sur aucun de
ses points, bien protégée qu'elle est par le delta de
l'Orénoque. La pointe de la Galère y forme la grande et
belle baie de Cariero ou de Guayaguayare, où peuvent
s'abriter de gros navires ; deux petites rivières y jettent
leurs eaux. De cette baie à la pointe de Moruga, en
allant vers l'ouest, la côte est découpée en plusieurs
petites pointes peu avancées dans la mer, et autant de
plages arrosées de ruisseaux. Au fond de cette pointe
de Moruga est un petit port où se jette une rivière
qui porte son nom. De cette pointe à celle d'Erin,
autrefois *punta de la Playa* ou pointe de la Plage, la
côte, comme la précédente, est découpée en pointes
courtes et en plages grandes et belles où débouchent
aussi de petits cours d'eau. La pointe d'Erin forme la
baie de même nom, la plus grande, la plus belle et la
plus sûre de toute la côte après celle de Guayaguayare ;
cette baie reçoit les eaux de la rivière qui porte son nom.
En quittant Erin, la côte est dite de *Los Blanquizales* ou
Terrains-Blanchâtres, et s'étend jusqu'à la pointe Jicacos
où se trouve un bon port. C'est de là que partent les
bâtiments pour pénétrer dans l'Orénoque par les bras
ou *caños* de Pedernales, de Capure et de Macareo (1).

Bande de l'Ouest. — Cette quatrième et dernière côte,
de forme presque demi-circulaire, mais irrégulière, est
comprise entre la pointe Jicacos et la pointe Monos.
Pour entrer dans le golfe de Paria par la bouche du
Serpent, on double la pointe del Gallo, la première qui

(1) Fr.-A. Caulin, *Historia de la N. Andalucia*, l. II, p. 111.

se présente en longeant la côte ; puis on arrive dans la baie de *el Cedro* ou du Cèdre, port vaste, mais ouvert au vent du nord. A l'est de ce port est la pointe qui porte son nom. De cette pointe à celle de *Brea* ou Brai (c'est-à-dire poix, bitume) débouchent les rivières Yuruguas, nom aujourd'hui corrompu en Irois, Iguapo, maintenant Guapo et Yaguarépano. Cette dernière rivière se jette dans le petit port de la Brea où le mouillage est bon et sûr. Entre la pointe de Brea et celle de *los Cangrejos* ou des Crabes, aujourd'hui Couva, corruption de *Cuba*, du nom de la rivière qui s'y jette, se trouve la vaste baie de Naparima, la plus grande et la plus belle de l'île, au fond de laquelle est située la ville de San-Fernando. De la pointe de Brea à San-Fernando débouchent : la rivière d'Auripero, aujourd'hui Aripero, le Grand-Lagon d'Oropuche et la rivière de Siparia, aujourd'hui Sipaire, et de San-Fernando à la pointe de Los Cangrejos, la rivière de Guaracara. Entre cette dernière pointe et la suivante appelée Aripo, en allant toujours vers le nord, est la baie de *Los Barrancones* ou des Terrains-Carrés, dans laquelle se jettent les rivières de Carapichaima, de *los Hostiones* ou Bancs-d'Huîtres, et Chaguanes, aujourd'hui Chaguanas. Un peu au nord de la pointe d'Aripo se trouve la rivière de ce nom, appelée aujourd'hui rivière Bleue ; et plus loin celle de Caroni, la plus grande de l'île, à peu de distance de la ville capitale ; le port d'Espagne, primitivement appelé en vieux style espagnol *porto de los Hispanioles* (1), ou port des Espagnols. En quittant la

(1) Sir W. Raleigh, *Voyages to Guiana*, p. 19.

belle baie au fond de laquelle est bâti le port d'Espagne, on trouve la pointe de Cumucurapo, aujourd'hui Mucurapo, en allant vers l'ouest, avec une rivière du même nom, et au-delà la baie de Diego-Martin, aujourd'hui dite de Cocorite, dans laquelle se jette la rivière de Diego-Martin. Cette baie, de même que celle de Cuezar, aujourd'hui Carénage, qui la suit, et dans laquelle se jette aussi une rivière de même nom, sont propres à l'établissement de chantiers de construction de marine. Puis vient la *Punta-Gorda* ou Grosse-Pointe, corrompue en Pointe-Gourde, à l'ouest de laquelle se trouve la belle baie de *los Chaguaramas* ou des Palmistes ; c'est le port le plus vaste, le plus profond et le plus sûr de l'île. Les plus gros vaisseaux pourraient y mouiller à quai comme dans un bassin ; elle est fermée au sud et à l'ouest par les îlots de *Gaspar-Grande* ou Grand-Gaspar, aujourd'hui Gasparil, et de *Gasparillo* ou Petit-Gaspar. A peu de distance de cette baie est la pointe Monos, notre point de départ (1).

Il suffit de jeter un coup d'œil sur la carte pour être frappé de la pensée que l'île de la Trinidad a dû originairement faire partie du continent voisin, et pour admettre, *a priori*, qu'elle en a été détachée à une époque plus ou moins reculée, par une de ces révolutions soudaines ou graduelles dont la géologie constate tant de traces sur la croûte terrestre. On dit même que la tradition d'un événement de ce genre se conservait encore parmi les naturels de l'île, à l'époque de sa découverte. Pour expliquer cette séparation, le savant

______

(1) Fr.-A. Caulin, *Historia de la N. Andalucia*, l. II, p. 111 et seq.

baron de Humboldt pose l'hypothèse « d'affaissements et de déchirements causés par des tremblements de terre (1) ; » mais d'autres auteurs, à l'opinion desquels nous nous rangeons, inclinent à croire qu'elle est due plutôt au travail insensible, mais incessant, des eaux de l'Orénoque (2). Quelle qu'en ait été la cause, les preuves de l'union primitive des deux terres sont abondantes. Nous ne citerons ici que les principales :

1º Les trois chaînes de montagnes, dont la première longe la côte septentrionale du continent sud-américain, dont la seconde est indiquée par les trois îlots qui forment les bouches du Dragon, et dont la troisième longe aussi la côte septentrionale de l'île, ces trois chaînes de montagnes se trouvant de formation identique, et placées dans la même direction et sur la même ligne, ne peuvent être considérées que comme une seule et même Cordillère (3).

2º Le bitume ou asphalte qui se trouve sur différents points de la côte trinidadienne du golfe de Paria se voit aussi sur la côte vénézuélienne opposée (4).

3º La faune et la flore trinidadiennes, quoique présentant les caractères de celles des autres Antilles, et de toute contrée intertropicale en général, possèdent, néanmoins, plus d'analogie avec celles de la côte de Paria, et même celles de la Guyane (5).

---

(1) Humboldt, *Voyages aux rég. équin.*, t. III, ch. VIII, p. 231.

(2) W. Irving, *Life and voyages of Colombus*, book X, ch. III, p. 360.

(3) Wall et Sawkins, *Geology of Trinidad,* sect. II, p. 12.

(4) De Verteuil, *Trinidad,* etc., ch. II, p. 89.

(5) A. Léotaud, *Oiseaux de la Trinidad,* observ. gén., p. 17, et H. Crüger, *Flora of Trinidad,* app. *Geology,* p. 178.

Quoique peu éloignée de la ligne équinoxiale, la Trinidad, se trouvant placée en deçà de l'équateur thermal, jouit d'un climat relativement tempéré. Elle est, du reste, par son insularité et par sa disposition en deux grandes vallées transversales, entièrement ouverte aux vents alizés, rafraîchis par les eaux de la mer ; les matinées et les soirées y sont agréables, et les nuits délicieusement fraîches. Comme dans tous les pays équinoxiaux, l'année s'y divise en deux saisons : la sèche et la pluvieuse. La première, qui commence ordinairement en janvier et finit à la fin de mai, comprend dans son cours les quarante jours de jeûne et d'abstinence du *carême* catholique et en porte le nom ; la seconde, au milieu de laquelle se produit un petit carême de trois à quatre semaines appelé l'été de la Saint-Michel à cause de la fête de ce saint pendant lequel elle tombe généralement, est l'époque des ouragans de la mer des Antilles et se nomme, pour ce motif, la saison d'*hivernage* ou simplement l'hivernage, et dure tout le reste de l'année. La quantité d'eau qui tombe pendant cette dernière saison ne peut être estimée en moyenne à moins d'une soixantaine de pouces anglais ; celle qui tombe pendant la première, en y comprenant les fortes rosées que produisent les grandes chaleurs, n'excède pas sept à huit pouces anglais. M. Hermann Crüger, en deux années d'observations météorologiques, a trouvé pour l'année 1862, 65,761, et pour l'année 1863, 66,860 pouces, mesure anglaise (1).

Malgré l'humidité qui résulte d'une si grande abon-

_____

(1) H. Crüger, *Meteorology of Trinidad,* p. 20.

dance de pluie, l'île n'est pas malsaine, quoiqu'elle soit indiquée comme telle par la plupart des géographes. Les fièvres intermittentes y règnent, il est vrai, particulièrement sur les côtes, qui sont en général basses et marécageuses ; mais la fièvre jaune, cette plaie des régions intertropicales, et les affections pulmonaires, cette autre plaie des climats humides, y sont rares.

La Trinidad est justement renommée pour sa fertilité. Ses productions naturelles sont si variées et si abondantes, qu'elle mérita de ses premiers visiteurs le surnom de Paradis des îles (1). Comme dans les autres petites Antilles, les terres arables n'y sont pas sans importance par le peu d'étendue qu'elles présentent ; l'espace cultivable, qui ne peut y être estimé à moins de neuf cent mille acres, y rend pratiquable la grande culture (2). Trois chaînes de montagnes la partagent en deux grandes vallées bien arrosées. Chacune de ces vallées a deux pentes, dont l'une vers l'est et l'autre vers l'ouest ; le point de partage des eaux, dans la vallée du nord, se trouve vers les deux tiers de sa longueur, et, dans celle du sud, à peu près au tiers de sa longueur, en partant de la côte occidentale de l'île (3). Entre la chaîne du littoral nord et la chaîne centrale est la vallée du nord, drainée par l'Oropuche à l'est et le Caroni à l'ouest ; entre celle-ci et la chaîne du littoral sud est la vallée du sud, drainée par l'Ortoire à l'est, et le Sipaire et le Grand-Lagon d'Oropuche à

____

(1) Bryan Edwards, *History of the B. W. Indies*, t. IV, p. 293.
(2) *Id., ibid.*
(3) Wall et Sawkins, *Geology of Trinidad*, sect. 1, p. 9.

l'ouest. Ces deux vallées sont d'une richesse remarquable ; le sol s'y adapte à toute sorte de productions. Le peu qui en est encore défriché donne en abondance du sucre, du cacao, du café et des denrées alimentaires, telles que : bananes, maïs, riz, manioc, ignames, figues-bananes, choux caraïbes, etc. Avant l'introduction de la canne à sucre, en outre du cacao et du café, on y cultivait aussi, pour le commerce d'exportation, du coton et de l'indigo.

Les trois chaînes de montagnes et les deux grandes vallées dont il vient d'être parlé sont encore aux neuf dixièmes incultes et couvertes de forêts vierges, abondantes en bois incorruptibles, tels que : acoma, pouis, balata, yoke, courbaril, roble, guatequero, zapatero, etc., parmi les bois durs ; et acajou, cèdre, crapaud (corruption du nom indien *carapo*), mataca, cyprès, lauriers de plusieurs sortes, etc., parmi les bois mous. Sur le versant de ces montagnes et dans les vallées se trouvent aussi des savanes ou prairies naturelles, qu'on pourrait avantageusement utiliser pour l'élève du bétail. Outre ses bois précieux et ses savanes, la Trinidad compte encore, parmi ses richesses naturelles, un grand nombre de rivières navigables, telles que l'Ortoire, l'Oropuche, le Caroni, le Guaracara, etc. Elle possède aussi une grande profusion de gibiers à poil et à plume (1), et des fruits délicieux qu'il serait fastidieux d'énumérer, tellement ils sont nombreux.

Au point de vue des richesses minérales, ce qui recommande l'île d'une manière toute particulière, c'est

____

(1) A. Léotaud, *Oiseaux de la Trinidad*, observ. gén., p. 15.

son lac de bitume ou asphalte, unique dans le monde. Ce lac, d'environ une lieue de tour, est situé à la pointe de la Brea, sur la côte occidentale, à une hauteur de 138 1/2 pieds anglais au-dessus du niveau de la mer (1) ; il est assez vaste pour fournir de ce minéral au monde entier pendant bien des siècles, quelque grands qu'en deviennent un jour les besoins. Il s'en exporte, depuis quelques années, une assez grande quantité pour l'Europe, où il est principalement employé pour pavage et dallage ; mais ses applications à l'industrie sont loin d'avoir encore dit leur dernier mot. Aux environs du lac et dans les quartiers limitrophes, on trouve aussi du pétrole.

Tout remarquables pourtant que soient les avantages de l'île sous le rapport agricole et même minéral, ils sont de beaucoup dépassés par sa haute valeur commerciale. Pourvue du plus beau port qu'il y ait au monde et située aux portes d'un immense réseau naturel de canalisation intérieure, la Trinidad semble destinée à être le siége d'un grand commerce avec les vastes et fertiles régions centrales du continent sud-américain, dont l'accès lui est si facile ; on peut dire que sa position géographique en fait l'entrepôt naturel de ces immenses contrées (2).

Soit donc qu'on l'envisage sous le rapport territorial, agricole, minéral ou commercial, on ne saurait disconvenir que la Trinidad ne soit la plus considérable des petites Antilles. Mais ce qui, aux yeux des

---

(1) Wall et Sawkins, *Geology of Trinidad*, app. G. p. 140.
(2) *Id., ibid.*, sect. III, p. 99.

grandes puissances (1), la rend d'un prix inestimable,
c'est son importance comme point militaire, importance telle qu'elle pesa d'un grand poids aux conférences de Lille, en 1797, entre la France et l'Angleterre (2). C'est que, en effet, elle commande le delta de
l'Orénoque, la grande artère qui, par le Casiquiare, le
Rio-Negro, l'Amazone, et leurs nombreux affluents,
conduit au cœur de l'empire du Brésil et des républi-
ques hispano-américaines du sud. Pour toutes ces raisons sans doute, mais principalement la dernière, la
Trinidad est la seule des petites Antilles que les Espagnols aient colonisée.

Tel est, en raccourci, le pays dont suit l'histoire,
histoire toute circonscrite et toute décousue, il est vrai,
mais dont les péripéties, touchant aux plus hautes
questions politiques et sociales, ne peuvent manquer
d'intéresser ; histoire surtout pleine pour nous, Trinidadiens, d'enseignements salutaires, si nous savons
tirer de nos vicissitudes passées la leçon de l'avenir !

(1) Thompson's Alcedo's Dictionary, art. *Trinidad*.
(2) Thiers, *Hist. de la Rév. française*, t. IV, ch. x, p. 56 et seq.

CHAPITRE II

DÉCOUVERTE DE L'ÎLE

(1498)

L'île que nous venons de décrire a l'insigne honneur d'avoir été découverte par le plus illustre des navigateurs, Christophe Colomb, grand amiral de l'Océan, gouverneur général perpétuel et vice-roi des Indes. Cette découverte se fit, en même temps que celle du continent américain, à son troisième voyage d'exploration.

Il y avait longtemps déjà que le génie prodigieux de l'immortel Génois avait conçu l'existence d'un monde nouveau ; mais le pauvre pilote de cette époque, malgré tous ses efforts pour se procurer l'armement indispensable, ne pouvait trouver aucun protecteur puissant qui le mît à même d'en entreprendre la découverte. Repoussé du Portugal d'abord, puis de son propre pays, et même de la France, dit-on, il s'était décidé en dernier lieu à s'adresser aux rois catholiques Ferdinand et Isabelle d'Espagne, et ce fut de ces souverains que, après huit longues années de sollicitations, il réussit enfin à obtenir trois navires équipés. Il mit à la voile au port de Palos, en Andalousie, le 3 août 1492, et, après une navigation des plus périlleuses, pendant laquelle se révoltèrent ses compagnons, il eut la gloire et la joie de toucher aux terres inconnues qu'il avait

rêvées. Ce fut, croit-on, l'île de San-Salvador, l'une
des Lucayes, qu'il vit la première ; puis il reconnut les
deux plus grandes Antilles, Cuba et Saint-Domingue, et
s'en revint en Espagne au mois de mars suivant, où il
fut comblé d'honneurs en échange du cadeau d'un
monde qu'il faisait à sa nouvelle patrie. Six mois après
son retour, en septembre 1493, il entreprit un second
voyage, pendant lequel il découvrit le reste des grandes
Antilles et la plupart des petites, soumit l'île de Saint-
Domingue et y fonda la ville de ce nom.

Mais toujours et de plus en plus préoccupé de son
idée fixe de l'existence, non pas seulement d'îles nombreuses et étendues, mais aussi d'un vaste continent
situé dans les parages de ces îles (1), Colomb résolut
d'entreprendre un troisième voyage d'exploration. Il
s'embarqua cette fois, le 30 mai 1498, au port de San-
Lucar de Barrameda (2), et sous l'invocation de la sainte
Trinité. Son escadrille se composait de six navires ; mais
trois d'entre eux, chargés d'approvisionnements pour
Hispaniola ou Saint-Domingue, s'en détachèrent aux
îles Canaries où l'amiral avait relâché. Avec les trois
autres, un navire ponté qui portait son pavillon et
deux caravelles marchandes, il fit voile pour les îles du
cap Vert, où il arriva le 27 juin suivant, et d'où il
reprit la mer le 6 juillet sans avoir pu se ravitailler.
Il dirigea ses recherches vers l'équateur. Dans cette
région où règnent parfois des calmes prolongés, Colomb
et ses compagnons eurent à subir des souffrances

(1) De Lorgues, *Histoire de C. Colomb*, l. III, ch. I, p. 2.
(2) W. Irving, *Life and voyages of Columbus*, book X, ch. I,
p. 348.

inouïes. Pendant huit jours entiers, la réverbération des rayons d'un soleil ardent sur la surface de la mer, unie comme une glace, embrasa l'atmosphère à ce point que les marins, affaiblis et engourdis, avaient fini par perdre toute énergie. L'amiral lui-même se trouva pris d'une violente attaque de goutte. Tous pensaient être parvenus à ces régions incandescentes qu'on croyait alors exister à l'équateur. Aucune précaution n'ayant été prise contre les effets d'une si grande chaleur, il arriva que le goudron des étoupes fondait et que les coutures s'entr'ouvraient béantes dans les flancs des navires. Les grains se torréfiaient comme par le feu ; les viandes se corrompaient et exhalaient une odeur fétide ; les barriques qui contenaient l'eau et le vin se disjoignaient et se vidaient. Dans la cale, la température était tellement ardente qu'aucun matelot n'osait s'y aventurer pendant un temps assez long pour pouvoir porter remède au dommage (1). Placés dans la déplorable alternative de mourir d'inanition ou de se voir engloutis dans les flots, les équipages ne tardèrent pas à s'abandonner au désespoir. Dans cette situation si désespérée, qu'elle ne laissait apercevoir de tous côtés que l'abîme de la faiblesse humaine, les chroniqueurs rapportent que Colomb eut recours à l'intervention divine, dans laquelle il avait pleine confiance, et qu'il fit le vœu solennel de donner à la première terre qu'il découvrirait le nom de Trinité, sous l'invocation de laquelle il avait pris la mer (2).

______

(1) De Lorgues, *Histoire de C. Colomb*, l. III, ch. I, p. 2.
(2) *Id.*, *ibid.*, p. 6.

Mais les régions incandescentes n'existant pas, et Dieu, sans doute, ayant écouté favorablement la prière de celui qu'il avait prédestiné à la découverte du Nouveau-Monde, une brise légère succéda enfin à ce calme de mort. L'air étant devenu un peu moins brûlant, chacun reprit courage ; et l'amiral, de peur de retomber dans le même danger en continuant à courir au sud, modifia sa route et se dirigea vers l'occident à la recherche d'une zone tempérée, allant d'un pôle à l'autre, que les cosmographes d'alors croyaient devoir exister près des parages où il se trouvait. Mais cet espoir ne se réalisa pas, car des calmes, plus courts il est vrai, mais pourtant bien accablants encore, alternèrent pendant plusieurs jours avec les risées légères. Enfin, une bonne brise d'est vint tout à coup remplir les voiles ; le ciel devint serein, et l'atmosphère se rafraîchit à ce point que les marins se crurent transportés dans une autre région. Colomb eut alors la pensée de reprendre sa course au sud, pour se diriger plus tard à l'ouest ; mais voyant les navires en mauvais état, les provisions endommagées et l'eau presque épuisée, et jugeant par le vol des oiseaux marins et par d'autres indices que la terre était proche, il modifia encore une fois sa route et gouverna droit à l'ouest, dans le but de toucher le plus tôt possible à un port où il pût se radouber et se ravitailler. Mais les jours succédaient aux jours, et ses prévisions ne se vérifiaient pas. Se supposant alors près de la longitude des Antilles, il modifia une troisième fois sa course et inclina vers le nord, à la recherche de l'une d'elles (1).

(1) W. Irving, *Life and voyages of Columbus*, book X, ch. I, p. 349.

Ce fut pendant cette course dirigée à l'ouest-nord-ouest, alors qu'il ne restait plus qu'une seule barrique d'eau à chaque navire, qu'un marin de Huelva, Alonzo Perez Nizzardo, monté par hasard dans les huniers, découvrit enfin la terre, le mardi 31 juillet, à midi. Après une navigation de près d'un mois depuis le départ des îles du cap Vert, navigation si pénible et si pleine de dangers, la joie fut grande à ce cri cent fois répété : « Terre ! terre ! » Les marins tombèrent tous à genoux pour remercier Dieu de leur heureuse délivrance, et entonnèrent l'hymne *Salve Regina* (1). Aussitôt l'amiral fit mettre le cap sur cette terre désirée qui ne tarda pas à se dessiner à ses yeux. Quelle ne fut pas sa surprise de la voir présenter trois pics élevés réunis par la base ! Émerveillé de la coïncidence miraculeuse de la forme emblématique de cette apparition avec le vœu qu'il avait fait quelques jours auparavant, il se mit en prière, bénit cette terre de sa main, et la nomma *la Trinidad* ou la Trinité (2). C'était l'île dont nous avons entrepris d'écrire l'histoire, et vers laquelle un vent propice conduisait la flottille au milieu de chants d'allégresse et d'actions de grâce, de prières et de bénédictions. En ce dix-neuvième siècle où règne l'incrédulité, l'esprit religieux qui animait Colomb en découvrant le Nouveau-Monde se comprend mal aisément ; on cherche comme à en disculper le grand navigateur. Pourtant, il n'est que vrai de dire que la cause principale de son succès fut sa foi. « La raison, écrit-il, la

(1) De Lorgues, *Histoire de C. Colomb*, l. III, ch. I, p. 7.
(2) *Id., ibid.*, p. 6.

science mathématique et les cartes de géographie ne
m'ont servi de rien. » S'il découvre un monde, c'est
que « les prophéties sacrées doivent avoir leur accom-
plissement ; l'Évangile doit être prêché sur la terre
entière, et la cité sainte doit être restituée à l'Église (1). »
Noble exemple de cette admirable humilité chrétienne
qui reporte à l'auteur de toutes choses les plus grandes
actions humaines ! Son ardent désir d'évangélisation
de la terre entière, qu'il ne faut pas confondre avec
l'étroit prosélytisme de nos jours, lui fit soupçonner l'existence de peuples nouveaux croupissant dans les ténèbres
de l'idolâtrie, et lui donna la hardiesse de se lancer sur
des mers ignorées pour voler à leur secours spirituel.

L'apparition de cette île présentant l'emblème du nom
que Colomb lui avait destiné a été considérée comme
légendaire par un grand nombre d'historiens, mais
bien à tort, car ces trois pics élevés, réunis à la base,
sont une description exacte de la montagne de la Trinité, connue aujourd'hui sous le nom des « Trois-
Sœurs, » située à peu de distance de l'extrémité sud-
est de l'île, où aborda l'amiral vers l'heure de complies.
Au cap formant cette extrémité, il donna le nom de
punta de la Galera ou pointe de la Galère, à cause de
la ressemblance qu'il lui trouva avec une galère à la
voile. C'est de ce cap célèbre, la première terre qu'aborda
le grand navigateur à la découverte du continent, que
les géographes firent le point de départ des longitudes
sud-américaines (2). Une si grande célébrité ne le pré-

<hr>

(1) M. Chevalier, *Mexique anc. et moderne*, 2ᵉ part., XI, p. 248.
(2) Humboldt, *Voyage aux rég. équin.*, t. VIII, ch. xxiv, p. 491.

serva pourtant pas des atteintes de l'ignorance, car il n'est plus connu aujourd'hui que sous le nom de *punta de la Galeota* ou de la Galiote, celui de la Galère étant, par une erreur impardonnable des géographes modernes, désormais réservé à la pointe nord-est de l'île.

Arrivé à l'extrémité sud-est de l'île, Colomb aperçut de l'autre côté de la pointe, sur la côte méridionale, la belle baie de Guayaguayare, au fond de laquelle se voyaient une crique et des terrains cultivés et parsemés d'habitations. Il voulut s'y arrêter, trouvant l'endroit convenable pour se radouber et se ravitailler, et aussi pour s'aboucher avec les naturels ; mais il essaya en vain d'y mouiller, les ancres ne mordant pas sur le fond de pierre où il se trouvait (1). Dans ce port, en effet, il se trouve sous le vent un grand rocher sous-marin, et c'est pour cette raison que les navires ne peuvent y mouiller qu'au vent. L'amiral s'en éloigna à regret et se mit à longer le rivage méridional pour y chercher un mouillage où il pût passer la nuit. Après avoir parcouru environ cinq lieues de côte, il entra dans une petite baie, vraisemblablement celle de Moruga, où il se mit à l'ancre. Le lendemain, 1er août, il fit prendre une barrique d'eau dans la rivière qui s'y jette, et se remit à longer la côte jusqu'à un cap qu'il nomma *punta de la Playa* ou pointe de la Plage (2), à cause de la belle plage de la baie qui circonscrit cette pointe à l'est. C'est probablement celle connue aujourd'hui

(1) Fr.-A. Caulin, *Historia de la N. Andalucia*, l. II, ch. II, p. 110.
(2) Plusieurs caps de l'île sont aujourd'hui désignés par ce nom, moins celui auquel il a été appliqué par Christophe Colomb.

sous le nom d'Erin (1). Là il s'arrêta de nouveau, dans l'espoir d'y trouver le carénage qu'il cherchait pour ses navires. Dans ce but, il organisa une petite expédition pour explorer la baie ; mais elle ne donna aucun bon résultat. On n'y trouva pas de rade propice à l'objet qu'on avait en vue. On n'y rencontra pas non plus des insulaires ; mais on remarqua sur le sable les empreintes toutes fraîches de leurs pas, et on ramassa sur le rivage des ustensibles de pêche qu'ils y avaient oubliés, dans la précipitation de leur fuite, à l'approche de l'expédition. On y trouva aussi des traces d'animaux qu'on crut être des chèvres ; c'étaient sans doute celles d'une espèce de cerf (2), très-abondante dans l'île. Selon son habitude, l'amiral fit planter une haute croix sur la plage, et, au nom des rois catholiques, prit possession de l'île avec toutes les formalités accoutumées en pareil cas (3).

Colomb était émerveillé de la fraîcheur et de la verdure de l'île, lui qui avait pensé, comme tous les cosmographes de son temps, que plus on approchait de l'équateur, plus les terres devenaient arides et stériles. Elle lui parut une terre privilégiée, un véritable Eden. Une végétation luxuriante, partout arrosée de belles eaux courantes, descendait jusqu'au bord de la mer. Les rivages étaient incultes et couverts de forêts de palmiers et d'arbres gigantesques , et les terres

----

(1) Ce vieux nom celtique de l'Irlande lui vient probablement de quelque famille irlandaise qui l'aura habitée au commencement du XVIII⁰ siècle.

(2) Le Daguet, *Cervus simplicicornis?* Léotaud.

(3) De Lorgues, *Histoire de C. Colomb*, l. III, ch. I, p. 8.

hautes, çà et là cultivées, se montraient parsemées d'habitations isolées ou réunies en hameaux. La beauté et la fertilité du pays, jointes à la douceur du climat et à la pureté du ciel, lui rappelèrent les délices d'un commencement de printemps dans la belle province de Valence (1).

En naviguant dans le canal qu'il parcourait depuis la veille, l'amiral ne pouvait manquer d'observer à babord une terre qui s'étendait à ses yeux sur une longueur de plus de vingt lieues ; il la prit pour une seconde île et lui donna le nom de *Isla-Santa* ou Ile-Sainte (2). C'était pourtant le delta de l'Orénoque qu'il découvrait ; c'était ce continent qu'il cherchait avec tant de persistance et d'audace, et qu'il méconnaissait au moment même où, pour ainsi dire, il y touchait du doigt. Arrivé à ce point de la relation de ce beau voyage, on se sent pris d'une invincible tristesse en se disant que cette erreur momentanée de Colomb fut peut-être la cause de l'injustice que commit la postérité en appelant le continent nouveau d'un autre nom que celui du grand navigateur.

Le surlendemain, 2 août, il acheva de longer la côte méridionale de l'île jusqu'à la pointe Jicacos, qu'il appela *punta del Arenal* ou pointe Sablonneuse, nom caractéristique qu'il est à regretter qu'on n'ait pas conservé. Au rocher élevé qui se trouve près de cette pointe, il donna le nom de *el Gallo* ou le Coq. Entre

____

(1) W. Irving, *Life and voyages of Columbus,* book X, ch. II, p. 349.

(2) *Id., ibid.,* p. 350.

ce rocher et la pointe, Colomb se mit à l'ancre avec ses deux caravelles. A peine eut-il mouillé qu'un grand canot, monté par vingt-cinq insulaires, se détacha du rivage et se dirigea vers son navire. Il vit cette manœuvre avec plaisir, lui qui désirait tant entrer en communication avec les naturels ; mais, à son grand regret, le canot s'arrêta aussitôt que le navire se trouva à portée des flèches indiennes. Après avoir pris ces dispositions belliqueuses, les Indiens se mirent à le héler. Leur langage n'étant pas compris à son bord, l'amiral ne put leur faire aucune réponse. Il essaya de les attirer en faisant briller à leurs yeux des miroirs et des vases de métal poli. Ce fut en vain ; pendant deux heures ils restèrent à la même place, la pagaie levée, regardant avec admiration et en silence, et prêts à prendre la fuite à la moindre tentative de les approcher. Leur supposant les mêmes goûts que les Indiens qu'il connaissait déjà et qu'il savait fort passionnés pour leurs danses guerrières et leurs chants de ballades, il eut alors l'idée d'essayer sur eux du pouvoir de la musique. Il fit exécuter sur le pont de son navire des danses populaires espagnoles au son de la voix et des instruments ; mais ce moyen eut encore moins de succès que le précédent, car les insulaires, interprétant ces chants, cette danse et cette musique en signal d'hostilités, lui lancèrent une volée de flèches. A cette attaque qu'il ne voulut pas laisser impunie, Colomb fit riposter par une double décharge d'arbalète, qui mit les spectateurs en fuite. Ils s'approchèrent néanmoins de l'une des deux caravelles ; et son pilote donna à celui qui lui parut être le chef de la bande une casaque et un bonnet rouge. L'Indien reçut le présent avec de grandes démonstrations de joie ; il exprima par signes au pilote qu'il désirait lui en faire un en retour, et le convia à se rendre à terre pour le recevoir. Sur l'acceptation de celui-ci, les Indiens prirent les devants et s'en allèrent l'attendre sur le rivage. Le pilote, cependant, n'osant se rendre à cette invitation sans en avoir obtenu la permission de son amiral, crut devoir aller la lui demander à son bord. Les Indiens le voyant monter sur le navire suspect où l'on avait chanté et dansé, et soupçonnant quelque trahison, s'enfuirent aussitôt et disparurent pour ne plus revenir. Ce furent les seuls naturels de l'île qu'aperçut Colomb (1). Cette tragicomédie terminée, les équipages eurent la permission d'aller se rafraîchir à terre. A cette pointe Sablonneuse, les Espagnols ne trouvèrent aucune eau courante ; mais ils n'eurent qu'à creuser un peu le terrain pour se procurer autant d'eau potable qu'ils en voulurent (2).

Resté seul ou presque seul à son bord, Colomb se mit à observer et à examiner. Il vit que le courant portait de l'est à l'ouest avec violence dans le canal qu'il venait de parcourir ; il compara sa force à celle du Guadalquivir quand il déborde. Devant lui, dans la passe qu'il avait à franchir pour entrer dans le golfe, il voyait la mer écumer et bouillir comme si elle était traversée par une ligne de rochers et de bas-fonds qui en défendait l'entrée. Aller en avant ou retourner en arrière lui semblait également impossible ; des crain-

(1) W. Irving, *Life and voyages of Columbus*, book X, ch. XII, p. 350 et seq.

(2) *Id., ibid.*, p. 352.

tes sérieuses l'agitaient profondément. Pendant tout le reste du jour, il fut assiégé par les plus graves préoccupations. La nuit venue, il ne put se reposer ; l'insomnie lui tenant les yeux ouverts, il quitta sa cabine et remonta sur le pont, quoique toujours souffrant de son attaque de goutte, compliquée depuis quelques jours d'une violente ophthalmie. Tout à coup un grondement terrible se fit entendre du côté du sud, et il vit s'avancer vers lui une vague tellement grosse qu'elle lui fit l'effet d'une montagne d'eau (1). Quand la masse liquide arriva sur ses navires, il se crut perdu. Elle ne fit pourtant que les soulever violemment, et il n'eut d'autre accident à subir que la perte de l'ancre de l'une des caravelles. A cette passe redoutable où il avait eu peur d'être englouti dans les flots, l'amiral donna le nom de *boca de la Sierpe* ou bouche du Serpent (2).

Colomb, s'étant résolu à tenter le débouquement, envoya sonder la passe le lendemain matin. Au retour des chaloupes, il apprit avec satisfaction qu'elle avait de six à sept brasses d'eau, et qu'il y régnait un double courant favorable à l'entrée comme à la sortie. A la faveur d'une bonne brise, il mit aussitôt les voiles et la franchit. A peine eut-il pénétré dans le golfe, qu'il se trouva dans une mer tranquille ; il y courut plusieurs bordées, touchant à différents points de la côte occidentale de l'île. Comme rien n'échappait à la rare perspicacité de ce

----

(1) Ce phénomène extraordinaire, probablement produit par un tremblement de terre, rappelle les désastres de l'île de Saint-Thomas, une des Antilles, en 1868.

(2) W. Irving, *Life and voyages of Columbus,* book X, ch. II, p. 352.

grand génie, il remarqua, en faisant ses bordées, que l'eau de la mer était douce en différents endroits. Ce phénomène étrange, et pourtant facile à expliquer quand on sait que, dans la saison où l'on se trouvait alors, les eaux débordées de l'Orénoque et du Guarapiche se jettent en abondance dans le golfe (1), ce phénomène fut pour Colomb un trait de lumière. De cette grande quantité d'eau douce qu'il trouvait à la surface de la mer, il déduisit que des fleuves considérables devaient s'y jeter ; et de la présence de ces grands fleuves que ne pouvaient contenir des îles, à étendue nécessairement limitée, il conclut à l'existence d'un grand continent. Cette mer où il naviguait, il l'appela alors *mar Dulce* ou mer Douce. Tel fut le premier nom que reçut notre golfe (2).

Pendant le cours de ses bordées, l'amiral avait aussi remarqué la chaîne de montagnes du nord, et c'est sur elle qu'il se dirigea pour chercher une issue qui lui permît de regagner la haute mer et son gouvernement de Saint-Domingue. En avançant de ce côté, il découvrit en effet les passes du nord ; mais elles lui semblèrent si dangereuses, qu'il ne voulut pas commettre l'imprudence d'essayer d'en franchir aucune. Changeant alors de direction, et portant vers l'ouest, il les longea et les examina attentivement. Elles lui parurent encore plus redoutables que celle par laquelle il était entré ; elles sont en réalité beaucoup plus étroites que celle-ci et bordées de rochers entre lesquels le courant se fraie un passage avec une turbulence menaçante. A ces

______

(1) L'eau douce étant plus légère que l'eau salée, surnage long-temps à la surface de celle-ci avant de s'y mêler.

(2) De Lorgues, *Histoire de C. Colomb*, l. III, ch. I, p. 13.

passes périlleuses, il donna le nom de *bocas del Drago*
ou bouches du Dragon (1).

Continuant sa route à l'ouest, il arriva, le 5 août, à
un long promontoire qu'il se mit à longer dans l'espoir
de trouver un passage moins dangereux pour sortir de
ce qu'il concevait désormais être un golfe. A cette terre
détachée de l'île, il donna cette fois le nom de *tierra
de Gracia* ou terre de Grâce, et non celui d'*île*, qu'il
avait toujours employé depuis son premier voyage pour
désigner les terres qu'il découvrait, laissant ainsi supposer qu'il comprenait dès lors l'importance de sa
découverte, et soupçonnait que la plupart des terres
formant le contour occidental du golfe étaient jointes
et constituaient, en s'étendant à l'ouest et au sud, le
vaste continent qu'il cherchait (2). En parcourant la
côte du promontoire, on arriva bientôt à des terrains
habités et cultivés. L'amiral y fit débarquer un détachement sous la conduite du capitaine Pedro de Terreros,
l'Européen à qui échut l'honneur de mettre le premier
le pied sur le continent nouveau. Comme l'expédition
envoyée cinq jours auparavant sur la plage d'Erin,
celle-ci avait pour mission de se mettre en communication avec les naturels pour en obtenir des renseignements ; mais l'une ne fut pas plus heureuse que l'autre.
En suivant un sentier qui partait du rivage, les Espagnols arrivèrent à une maison en construction où ils ne
trouvèrent que du feu et du poisson ; les Indiens
avaient encore pris la fuite à leur approche. On

(1) W. Irving, *Life and voyages of Columbus*, book X, ch. II,
p. 353.

(2) De Lorgues, *Histoire de C. Colomb*, l. III, ch. I, p. 12.

remarqua une multitude de singes sur les arbres environnants. Comme de coutume, Colomb y fit planter une grande croix, et en prit possession au nom de ses souverains. Ce jour étant un dimanche, il le fit aussi célébrer sur cette terre nouvelle (1).

Le lundi 6 août, il se remit à faire route à l'occident, côtoyant toujours ces rives fertiles et découpées de jolies petites baies, au fond desquelles se voyaient beaucoup de terres cultivées, des arbres fruitiers en abondance et du raisin de bord de mer qu'il prit pour celui d'Europe. Parvenu à une baie ouverte, où le terrain était moins accidenté que partout ailleurs, il mit à l'ancre à l'embouchure d'une jolie rivière qui s'y jetait. A peine la manœuvre eut-elle été faite, qu'un petit canot monté par cinq Indiens vint accoster celle des caravelles que son faible tirant d'eau avait permis de se rapprocher le plus du rivage. Son pilote, sachant combien l'amiral désirait se mettre en communication avec les naturels, résolut de s'emparer d'eux par la ruse. Après leur avoir fait quelques présents, il feignit de vouloir les accompagner à terre, et sauta si maladroitement dans leur petit canot qu'il le fit chavirer. Les matelots de la caravelle, complices de la frime, se lancèrent immédiatement à l'eau, et, sous prétexte de les sauver, s'en emparèrent, à l'exception d'un seul, qui parvint à regagner le rivage à la nage. Ils furent conduits à l'amiral, qui leur fit donner du sucre, des grelots et des verroteries, et les renvoya comblés de joie. Mais celui qui avait échappé au piége avait jeté l'alarme en

____

(1) De Lorgues, *Histoire de C. Colomb*, l. III, ch. i, p. 14.

arrivant à terre, et déjà s'étaient assemblés sur le rivage un grand nombre d'Indiens pour réclamer les leurs, quand ceux-ci revinrent avec leurs présents. Ce bon traitement eut son succès accoutumé : il inspira de la confiance aux naturels, qui arrivèrent en foule à bord des navires. L'amiral reçut d'eux beaucoup de petits cadeaux et leur en fit aussi en retour ; il apprit que la contrée s'appelait *Paria,* et obtint d'en garder plusieurs à son bord comme guides et médiateurs (1).

Le mardi 7 août, il continua son exploration de la côte jusqu'à un cap qu'il appela *punta de la Aguja* ou pointe de l'Aiguille. Le pays d'alentour excita vivement son admiration, tant il le trouva fertile et pittoresque ; les terrains y produisaient de si belles cultures qu'il les nomma les Jardins. Pendant trois jours entiers, les Espagnols y furent fêtés par les Indiens ; ce ne fut que le vendredi 10 août que l'amiral put reprendre sa navigation. Mais plus il avançait à l'ouest, et plus il trouvait la mer douce, calme et peu profonde. Elle finit enfin par être tellement basse que, ne pouvant plus continuer à courir dans la même direction et apercevant des terres à sa gauche, il se dirigea sur elles pour y chercher l'issue qu'il désirait trouver. Mais, là aussi, la mer manquait de profondeur, car ces terres étaient le delta du Guarapiche. Il y mouilla néanmoins, et chargea la plus petite de ses caravelles de pousser une reconnaissance aussi loin que possible. Elle s'en revint le jour

______

(1) W. Irving, *Life and voyages of Columbus,* book X, ch. II, p. 335.

suivant, après avoir inutilement parcouru quelques caños et constaté qu'on se trouvait à l'embouchure d'une grande rivière (1).

Désespérant à la fin de trouver un passage à l'occident, mais se raffermissant en même temps de plus en plus dans la conviction qu'il avait découvert le continent, objet de ses recherches, Colomb se détermina à rebrousser chemin jusqu'à la pointe du promontoire de Paria, et à tenter le débarquement par les bouches du Dragon. Le mauvais état de sa santé et la crainte de perdre des provisions déjà avariées qu'il avait à transporter à Saint-Domingue lui imposaient le devoir de regagner le plus vite possible le siége de son gouvernement. Aussitôt arrivé, il se proposait de faire partir son frère Barthélemy pour continuer ses découvertes. Il mit donc à la voile sans perdre de temps, et courut à l'est tout le reste de la journée et toute la nuit suivante. Le lendemain, 12 août, étant un dimanche, il jeta l'ancre dans une des jolies baies de la côte, pour y célébrer le saint jour. Il y passa toute la journée et ne reprit sa navigation que le jour suivant. Après une course totale de deux jours et une nuit, il arriva le mardi 14 août, à midi, à l'extrémité du promontoire (2).

A l'instant, et sans un seul moment d'hésitation, l'amiral se mit en devoir de franchir la passe périlleuse de la Grande-Bouche. Un vent frais et favorable d'ailleurs le conviait à profiter de l'occasion ; mais il se

(1) De Lorgues, *Histoire de C. Colomb,* l. III, ch. I, p. 17.
(2) W. Irving, *Life and voyages of Columbus,* book X, ch. III, p. 358.

trouvait à peine engagé dans le passage, que le vent
faiblit et que ses navires dérivèrent sur les écueils. Ils
arrivèrent jusqu'à les toucher ; et, dans ce moment,
chacun se croyant perdu, recommanda son âme à Dieu.
Heureusement, on en fut quitte pour la peur ; et,
malgré le calme, les courants favorables alors les poussèrent peu à peu dans la haute mer, où ils parvinrent
bientôt sains et saufs. Aussitôt qu'il se vit échappé à
ce danger imminent, Colomb rendit grâces à Dieu pour
sa miraculeuse délivrance ; et à ce golfe, aussi redoutable à l'entrée qu'à la sortie, il donna un second nom,
encore plus caractéristique que le premier, celui de
golfo Triste ou golfe Triste, cet adjectif étant pris,
en espagnol, dans le sens de malheureux, funeste, et
non dans celui d'ennuyeux, comme en français. A peine
arrivé dans la haute mer, il découvrit deux îles de très-
loin, probablement celles de la Grenade et de Tabago,
auxquelles il donna les noms de « Assomption » et de
« Conception. » Pour ne pas s'écarter de sa destination, il ne voulut pas s'y rendre, et aima mieux se
mettre à parcourir la côte septentrionale du continent
sud-américain, tout en faisant route vers son gouvernement. En longeant cette côte, il découvrit, le lendemain 15 août, les îles de la Marguerite et de Cubagua,
puis il arriva jusqu'à un cap, qu'il nomma *de la Vela*
ou de la Voile, à cause de la ressemblance qu'il lui
trouva avec une voile de navire. De ce cap enfin, il se
dirigea au nord pour se rendre à son gouvernement de
Saint-Domingue, laissant ainsi, momentanément à ce
qu'il crut, sa découverte incomplète. Mais, de fait, il
l'abandonnait aux mains de ses envieux, qui ne se

firent pas faute d'en profiter. Le 19 août, il arriva à Saint-Domingue, après une heureuse navigation de quatre jours, poussé par le grand courant océanique qu'il découvrait (1).

Ainsi se termina ce troisième voyage de Christophe Colomb, le moins long en même temps que le plus remarquable de tous par ses résultats importants. Dans le court espace de six semaines, du 6 juillet où il quitta les îles du cap Vert au 19 août où il débarqua à Saint-Domingue, sans cartes pour le guider et sans navires assez bien construits pour résister aux périls de l'Océan, l'illustre navigateur avait eu le temps de faire la paisible conquête de trois faits cosmographiques dont le moindre aurait suffi pour rendre un homme à jamais fameux : il avait découvert le nouveau continent, le renflement équatorial et le grand courant océanique. Et cela à travers la double épreuve des douleurs physiques et des peines morales. La goutte, en effet, l'accablait sans répit d'une part, et ses envieux de l'autre, à la tête desquels se trouvait l'évêque Fonseca, le puissant surintendant des affaires des Indes ; ses envieux ne lui laissaient que trop entrevoir dès lors sa prochaine disgrâce à la cour d'Espagne et ces fers glorieux qu'il ne devait pas tarder à recevoir en échange du don d'un monde qu'il faisait à ses souverains (1).

C'est un grand honneur pour l'île de la Trinidad que d'avoir été le premier point qu'ait touché Christophe Colomb à ce mémorable voyage.

____

(1) W. Irving, *Life and voyages of Columbus,* book X, ch. III, p. 360.

(2) De Lorgues, *Histoire de C. Colomb,* l. III, ch. II, p. 31.

CHAPITRE III

LES NATURELS

(1498)

L'analogie déjà signalée de la faune et la flore de l'île avec celles du continent voisin se manifestait aussi entre les deux contrées sous le double rapport ethnographique et ethnologique à l'époque de la découverte. A cette époque, en effet, tandis que toutes les autres Antilles, même les plus grandes, ne se trouvèrent habitées que par une, ou deux, ou trois peuplades indiennes au plus, il est digne de remarque que la Trinidad ait présenté une agglomération de la plupart de celles qui se partageaient le territoire continental avoisinant, dans un rayon de plus de cent lieues. Ces peuplades, paraît-il, s'y étaient comme essaimées, tantôt par raison de proximité et d'insularité, et tantôt peut-être pour échapper aux vengeances des vainqueurs dans leurs guerres intestines. Quoi qu'il en ait été, le fait est hors de doute de leur élection de domicile, en nombre considérable, dans la belle et fertile *Caïri* (1), la Terre-des-Colibris (2); tel était le nom de l'île.

(1) Sir W. Ralegh, *Voyages to Guiana*, p. 19. M. E.-L. Joseph donne *Jere*, prononcé à l'anglaise, comme le nom indien de l'île, sacrifiant ainsi sa racine caraïbe en retranchant le *c* initial.

(2) E.-L. Joseph, *History of Trinidad*, part. I, ch. IX, p. 47.

Autant qu'il est possible de s'en assurer, le nombre
de ces peuplades indiennes établies dans l'île, au moment
de la découverte, ne pouvait s'élever à moins de sept,
savoir : les Aruacas, les Chaïmas, les Tamanaques, les
Chaguanes, les Salives, les Quaquas et les Caraïbes ;
encore cette dernière peuplade s'y divisait-elle en cinq
tribus, savoir : les Nepoïos, les Yaïos, les Carinepagotos et les Cumanagotos (1), le tout formant ainsi onze
corps de peuple au moins. Près d'un siècle après la
découverte, et malgré le dépeuplement de l'île, causé,
comme nous le verrons plus tard, par les ravages des
armateurs espagnols et par les guerres des *Conquistadores* ou Conquérants (2), sir Walter Ralegh, dans son
court séjour, y trouve encore les Nepoïos, les Aruacas,
les Salives, les Yaïos et les Carinepagotos (3). A ces cinq
peuplades, si l'on ajoute les Chaïmas dont il reste
encore des individus dans le pays ; les Tamanaques qui
ont dû habiter le centre de l'île, puisque là se trouve
une montagne portant leur nom ; les Quaquas (4) qui,
d'après Humboldt, ont dû voyager vers les côtes du
continent avec leurs voisins, les Salives ; les Chaguanes
dont un quartier de la côte occidentale de l'île porte le
nom ; les Pariagotos dont il nous reste encore des
individus ; et les Cumanagotos qui ont dû s'établir sur
notre côte orientale, puisqu'il s'y trouve une baie por-

(1) Humboldt, *Voyage aux rég. équin.*, t. III, ch. IX, p. 341. On
croit que les terminaisons en *goto* indiquent une origine caraïbe.

(2) Ce mot doit être pris dans le sens d'entrepreneur de conquêtes,
et non dans celui de faiseur de conquêtes.

(3) Sir W. Ralegh, *Voyages to Guiana*, p. 19 et seq.

(4) Humboldt, *Voyage aux rég. équin.*, t. III, ch. IX, p. 351.

tant leur nom, on arrive au chiffre total de onze peuplades, énoncé plus haut. En considérant toutefois que
sir Walter Ralegh n'a parcouru que les côtes méridionale et occidentale de l'île, on arrive à la conviction que
ce nombre est plutôt en deçà qu'au delà de la vérité,
et qu'il pourrait être sensiblement augmenté. Cette île
devait donc être très-fournie d'habitants à l'époque de
sa découverte (1). Sa population ne pourrait être estimée
à moins de cent mille âmes ; elle était répartie dans un
grand nombre de bourgades, principalement situées le
long des côtes et des rivières.

Quoique ces différentes peuplades eussent chacune
une langue particulière, il paraît que la caraïbe était la
langue dominante du pays ; elle était parlée dans la
plus grande partie de la Guyane, sur tout le littoral
nord du continent sud-américain, dans le Bas-Orénoque
et dans les petites Antilles (2). Comme l'italien, par
rapport aux langues nées du latin, elle se distinguait
des autres idiomes américains par l'éclat et l'abondance
des sons ; la fréquence des voyelles et celle de la syllabe
car la font aisément reconnaître. Un grand nombre des
noms indiens qui nous ont été conservés : Guaracara,
Chacachacare, Tacarigua, Caroni, etc., etc., portent
évidemment le cachet caraïbe. Toutes les langues américaines étant sœurs, on comprend que l'Aruaca, le
Chaïma, le Salive, le Quaqua ou le Tamanaque n'éprouvât
aucune difficulté à ajouter à la connaissance du dialecte
de son enfance celle de la langue vulgaire de son pays (3).

(1) Llorente, *OEuvres de Las Casas*, t. 1, mém. I, p. 66
(2) Humboldt, *Voyage aux rég. équin.*, t. IX, ch. xxv, p. 16.
(3) La Trinidad semble destinée à rester un pays polyglotte ; outre

C'est ainsi que dans la vieille Europe où, depuis si longtemps, s'opère un grand travail de centralisation et d'unifications nationales, il arrive encore que la langue qu'a bégayée l'enfant n'est pas toujours celle qu'il est appelé à parler à un âge plus avancé.

Dans l'absence de toute indication historique ou traditionnelle, il est difficile de se former une idée exacte de la constitution politique de ces différentes peuplades de l'île au moment de la découverte. Étaient-elles indépendantes les unes des autres, ou bien formaient-elles des ligues ou confédérations ? A en croire Jean de Laët (1), elles n'obéissaient qu'à deux chefs suprêmes dont l'un, Buchumar, commandait à la section des Cunucaras, et l'autre, Maruane, à celle des Chacumris ; elles auraient ainsi formé deux ligues à la tête desquelles se seraient trouvés les Aruacas d'un côté, et les Chaïmas de l'autre, les deux peuplades qui, selon une tradition, se seraient disputé la souveraineté de l'île, à une époque très-reculée (2). Cette organisation est la seule qui puisse nous expliquer la coexistence politique de tant de peuplades diverses sur un territoire relativement si petit ; en dehors d'elle, on ne conçoit guère que le règne de l'anarchie. Il paraît même que les alliances de ces peuplades ne se bornaient pas à leurs seuls voisins de l'île, mais s'étendaient jusqu'à celles des tribus continentales, car nous savons que le cacique

le patois créole, qui est le langage populaire, on y parle aujourd'hui le français, l'anglais, l'espagnol, le portugais, et un grand nombre de dialectes africains, chinois et indiens orientaux.

(1) E.-L. Joseph, *History of Trinidad,* part. II, ch. I, p. 121.

(2) *Id., ibid.*

Carapana, chef des Nepoïos des bords de l'Orénoque, avait passé sa jeunesse correspondante à l'époque de la découverte, chez les Yaïos de l'île, dans leur village de Parico où il avait été élevé (1).

Mais quelle qu'ait été l'autorité de ces deux chefs suprêmes, il est incontestable que sa sphère d'action ne pouvait être que politique, et qu'elle ne devait s'exercer que dans les circonstances graves où il fallait décider de la paix ou de la guerre, et commander les armées. Une autre autorité, celle qui présidait au gouvernement civil de ces peuplades, mérite de fixer plus particulièrement notre attention. Celle-ci était confiée à des chefs ordinairement désignés par le nom de *Caciques* dans les chroniques espagnoles, mais portant à la Trinidad le titre particulier de *Acariwanas* (2). Chaque peuplade avait son Acariwana qui, comme les chefs de toutes les tribus américaines, exerçait le pouvoir le plus absolu. Ainsi que les hauts barons des premiers temps féodaux, ces chefs concentraient dans leurs mains puissantes tous les pouvoirs : civil et militaire, exécutif et administratif, législatif et judiciaire. Toutes les chroniques espagnoles nous représentent ces peuplades américaines uniformément soumises au régime patriarcal, premier degré de la civilisation. Cette autorité vraiment souveraine, presque divine, était héréditaire dans l'île, ce semble, de père en fils, et non par les enfants des sœurs, comme au Mexique et au Pérou, où la civilisation étant infiniment plus avancée, les mœurs se trou-

(1) Sir W. Ralegh, *Voyages to Guiana*, p. 41.

(2) Sir W. Ralegh, *Voyages to Guiana*, p. 21. Nous conservons l'orthographe anglaise de l'auteur.

vaient nécessairement plus corrompues (1). L'Acariwana, appelé au pouvoir, était soumis à de cruelles épreuves, dans le but de s'assurer de son courage et de sa forti- tude ; celles le plus en usage étaient : les longs jeûnes, les grandes abstinences, les libations de boissons for- tement pimentées, les purgatifs violents, les bains de vapeur prolongés, et par-dessus tout l'ardente piqûre des moustiques et de certaines fourmis malfaisantes. Plus ces épreuves étaient longtemps et patiemment endurées, et plus le nouveau chef se montrait digne de la confiance de son peuple (2).

Des hommes qui n'obéissaient qu'à des chefs d'une valeur éprouvée étaient nécessairement hardis et coura- geux ; aussi aimaient-ils la guerre et ses péripéties. Les expéditions les plus lointaines ne les effrayaient pas. Au premier signal de leur chef, ils s'embarquaient en foule et bien armés dans leurs *curiaras* ou pirogues, bateaux formés d'un seul tronc d'arbre gigantesque, qu'ils creusaient au moyen du feu et de la pierre, et qu'ils faisaient voler sur l'eau en la frappant en mesure de leurs nombreuses pagaies. Arrivés sur le territoire ennemi, ils tombaient de nuit et à l'improviste sur leurs adversaires, et mettaient le feu à leurs habita- tions. Le *boutou* (3) était l'arme dont ils se servaient dans la mêlée ; c'était un casse-tête de la longueur du bras et à vives arêtes, fait d'un bois très-dur et très- pesant, ordinairement orné de sculptures grossières. Pour atteindre à distance, ils faisaient usage de la

(1) Prescott, *Conquest of Peru,* vol. I, book I, ch. i, p. 19.
(2) Fr.-A. Caulin, *Historia de la N. Andalucia,* l. I, ch. xii, p. 86.
(3) P. Labat, *Voyage aux isles de l'Amér.,* t. IV, ch. xv, p. 340.

flèche, arme commune à tous les naturels du Nouveau-
Monde ; cette flèche était toujours imprégnée de *curare*,
poison végétal le plus subtil et le plus actif connu,
qu'ils préparaient avec le suc d'une liane, auquel ils
mêlaient, par superstition, des fourmis à piqûre veni-
meuse et du sang menstruel (1). L'arc dont ils se servaient pour lancer leurs flèches était fait d'un bois
très-fort, et avait environ six pieds et demi (mesure
anglaise). Ces flèches étaient toujours à plusieurs bar-
billons, de manière à ce qu'elles ne pussent être que difficilement retirées de la blessure qu'elles avaient faite.
Dès l'âge le plus tendre, ils s'exerçaient au maniement
de cette arme ; aussi leur devenait-elle si familière, qu'il
était rare qu'ils manquassent leur coup. Avec une
promptitude et une adresse inimaginables ils tenaient
verticalement leur flèche sur la corde de l'arc, puis,
l'abaissant tout à coup, ils la décochaient quand ils la
jugeaient à la hauteur du but qu'ils se proposaient
d'atteindre (2). Cette manière de viser a fait croire aux
premiers visiteurs espagnols que ces adroits archers
tiraient leurs flèches en l'air pour les faire retomber
sur les objets qu'ils voulaient frapper. Outre le boutou,
l'arc et le carquois garni de flèches, armes de tous les
Indiens, ceux de l'île portaient aussi un bouclier comme
arme défensive. Ce bouclier, fait de bois léger, était
carré ; ils s'en servaient avec dextérité pour se garer
des coups de l'ennemi. Lorsque Colomb les vit avec
cette arme, il en fut surpris, car elle était inconnue à

(1) Fr.-A. Caulin, *Historia de la N. Andalucia*, l. I, ch. X, p. 83.
(2) P. Labat, *Voyage aux isles de l'Amér.*, t. IV, ch. XV, p. 338.

tous les Indiens des autres îles avec lesquels il s'était déjà trouvé en rapport (1).

Au retour de leurs expéditions guerrières, d'autant plus promptement terminées que l'inimitié avait été plus vive, les Indiens se livraient à l'agriculture, à la chasse et à la pêche. Les premiers navigateurs qui visitèrent l'île la trouvèrent très-cultivée sur différents points de la côte, et il est à supposer qu'elle l'était aussi dans les vallées et sur le parcours des rivières. Les produits des champs n'étaient pas ici, comme dans les autres petites Antilles, uniquement destinés à l'usage particulier des producteurs ; les Indiens de l'île en faisaient un grand commerce d'échange avec leurs voisins de la côte de Paria, du Bas-Orénoque, de la côte septentrionale du continent, et même de l'île de la Marguerite. Marins habiles et expérimentés, ils ne craignaient pas de s'aventurer au loin dans leurs grandes pirogues avec des cargaisons de maïs, de bananes, de cassaves, de choux caraïbes, pour lesquelles ils obtenaient en retour des amulettes de pierre verte des sources de l'Orénoque (vrai jade et feldspath compacts) (2), des ornements de *guanin* ou or de qualité inférieure venant des plateaux de Cundinamarca et du Pérou, généralement ouvrés en étoiles et demi-lunes, et des colliers et des bracelets de perles pêchées à la Marguerite et sur la côte de Paria. Quand arrivait

(1) W. Irving, *Life and voyages of Columbus,* book X.

(2) Humboldt, *Voyage aux régions équinoxiales*, t. VIII, ch. XXIII, p. 14.

(3) W. Irving, *Life and voyages of Columbus*, book X, ch. II, p. 355.

l'époque des labours, c'est-à-dire pendant la saison sèche, ils se formaient en *gayapos* ou compagnies d'un certain nombre de leurs voisins et amis, soit pour sarcler leurs anciens *conucos* ou plantations et les planter de nouveau, soit pour en établir d'autres lorsque, par épuisement des engrais naturels, ceux-là cessaient de rendre de beaux produits. Les années où ils n'avaient à s'occuper que de sarclage, les travaux étaient comparativement faciles et légers ; mais quand ils avaient à défricher des terres nouvelles, et que ces terres étaient plantées de forêts vierges, l'esprit reste confondu devant les difficultés qu'avaient à surmonter des hommes qui n'avaient pas l'usage du fer et dont les moyens aratoires se bornaient à l'emploi d'une bêche grossière, taillée dans du bois dur. Le feu était leur puissant instrument ; ils s'en servaient soit pour abattre leurs arbres gigantesques, soit pour réduire en cendres leurs masses énormes et éviter ainsi l'encombrement. Lorsque commençait la saison des pluies, tous les champs étaient prêts à recevoir les plants et les semences. Le soin d'ensemencer, de planter et de récolter était le plus souvent confié aux femmes. Celles-ci, chaque matin, s'en allaient au conuco un panier sur la tête, et suivies de leurs enfants marchant à la file dans le sentier étroit qui y conduisait ; elles en revenaient chargées de manioc ou de maïs qu'elles convertissaient en *casaves* ou en *arepas* pour les repas de leurs familles (1).

Les travaux des champs terminés, les Indiens s'adon-

____

(1) Fr.-A. Caulin, *Historia de la N. Andalucia*, l. I, ch. XII, p. 83.

naient à la chasse et à la pêche ; ils étaient aussi
hardis chasseurs qu'habiles pêcheurs. D'ordinaire, ils
se bornaient à tendre des piéges aux bêtes, aux oiseaux
et aux poissons, dont ils faisaient leur nourriture quo-
tidienne ; mais, pour leurs fêtes et leurs grandes assemblées, ils avaient aussi des chasses et des pêches régu-
lières. Ils se servaient dans ces occasions de leurs
flèches empoisonnées pour abattre le gibier à poil et
à plume, et pour prendre le poisson du procédé de
l'*enivrement*. Voici comment se faisait cette pêche :
après avoir choisi les bassins qui leur paraissaient les
plus poissonneux, les Indiens les isolaient du reste du
caño ou de la rivière par des barrages en terre et en
empoisonnaient l'eau au moyen de lianes, de feuilles et
de graines vénéneuses qu'ils y jetaient ; le poisson ne
tardait à monter à la surface tout étourdi et le ventre
en l'air, et il était assommé d'un coup de boutou à la
tête, et pris à la main. Parfois aussi, ils procédaient
par *dessèchement*, c'est-à-dire qu'ils vidaient toute l'eau
des bassins qu'ils avaient isolés à l'aide de grandes
calebasses, et trouvaient au fond le poisson tout grouil-
lant. Mais ces sortes de manière de pêcher ne pouvaient
être mises en usage que lorsque les eaux étaient basses
et sans courant ; quand elles étaient hautes, ou lorsqu'il
s'agissait d'une pêche de mer, les Indiens se servaient
de filets, qu'ils fabriquaient avec art et lançaient avec la
plus grande adresse (1).

Comme ils pratiquaient la polygamie, ces peuples, à
la fois guerriers et marchands, ne manquaient jamais

______

(1) Fr.-A. Caulin, *Historia de la N. Andalucia*, l. I, ch. xii, p. 83.

de ramener de leurs expéditions, soit militaires, soit
commerciales, de jeunes filles qu'ils enlevaient à leurs
ennemis par surprise, ou qu'ils obtenaient des parents
en payant la dot d'usage. Cette dot, comme celle que
paya Jacob à son oncle Laban, consistait en cadeaux de
toute espèce, et quelquefois même en bons offices et
services volontaires ; elle était considérée par les parents
comme le prix des soins qu'ils avaient mis à élever
leurs filles et comme le gage de l'affection du prétendu (1). Tout répugnant qu'il soit à nos mœurs, cet
usage ne semble pas moins rationnel que celui de doter
nos filles pour les établir ; car si d'un côté l'attache-
chement paternel en est exalté, de l'autre, c'est l'amour
conjugal, le plus précieux des liens sociaux, qui en
profite. Quoi qu'il en soit, il arrivait que les épouses
indiennes ainsi obtenues parlaient généralement une
langue différente de celle de leurs maris. Chez les
Caraïbes, il y avait la langue des hommes et celle des
femmes. Celle que parlait tout le monde était comme
affectée aux hommes ; l'autre était aussi comprise par
eux, mais elle était tellement propre aux femmes qu'ils
dédaignaient de la parler, et poussaient même ce
dédain jusqu'à refuser de répondre à leurs femmes
quand par hasard celles-ci leur adressaient la parole
en cet idiome inférieur. Il y avait aussi la langue des
vieillards. Elle n'était parlée que par les vétérans qui
avaient fait la guerre ; encore ne s'en servaient-ils que
dans les réunions où se traitaient les affaires de la plus
haute gravité, et dont les résolutions devaient être

_____

(1) P. Gumilla, *Orinoco ilustrado*, t. II, ch. XXIV, p. 285.

tenues dans le plus grand secret. Les femmes et même les jeunes gens ne l'entendaient pas (1).

Le maniement de l'arc, l'exercice de la pêche et de la chasse, et certaines notions de culture étaient les seules connaissances qu'ils reçussent de leurs parents. A douze ou quatorze ans, ils étaient émancipés et quittaient la maison paternelle pour s'en aller voyager dans toute la contrée habitée par la peuplade à laquelle ils appartenaient. Dans cette tournée, qui ne durait pas moins de trois ou quatre ans, ils s'habituaient aux privations de toute sorte, au travail et à la fatigue, et se perfectionnaient dans l'art de la chasse et de la pêche. Ils ne rentraient dans leurs familles que pour se marier (2). Ils étaient alors soumis à des épreuves dont le but était de s'assurer de leurs bonnes dispositions à supporter les charges matrimoniales. Ces épreuves étaient semblables à celles usitées à l'élection de leurs Acariwanas, mais bien moins énergiquement appliquées. Les jeunes filles, à l'époque de leur puberté, étaient de même éprouvées, afin qu'on pût estimer le degré de patience qu'elles déploieraient plus tard comme mères. A l'apparition de leurs premières menstrues, le père de famille les couchait dans leur *chinchorro* ou hamac, et leur faisait observer un jeûne rigoureux ; dans cet état d'affaiblissement, elles étaient livrées à la piqûre des fourmis mordantes. Ces épreuves terminées, les parents et voisins étaient invités à une fête de famille où la jeune fille était prise pour femme par un des con-

(1) P. **Labat**, *Voyage aux isles de l'Amér.*, t. IV, ch. XV, p. 331 et sqq.

(2) Fr.-A. **Caulin**, *Historia de la N. Andalucia*, l. I, ch. XII, p. 83.

viés, ou, ce qui arrivait le plus fréquemmemment, était remise au fiancé auquel elle avait été promise dès sa naissance (1).

Les fêtes étaient de fréquente occurrence chez les Indiens. C'étaient des festins et des danses qui dégénéraient toujours en orgies ; aussi les Espagnols les appelaient-ils des *bebidas* ou boissons. Le plus léger prétexte provoquait ces réjouissances dont les préparatifs ne coûtaient ni beaucoup de temps, ni beaucoup de peine. Pendant que des messagers parcouraient les environs, et quelquefois même la contrée entière, pour faire les invitations, l'amphytrion, aidé des membres de sa famille et de quelques voisins et amis, faisait provision de crabes, de poissons, de gibiers, de cassaves, d'arepas, de miel, etc., mais surtout de *guicûs* (2) ou boissons enivrantes obtenues de la fermentation de la racine de manioc, des grains de maïs et de la pulpe de différents fruits. Celle appelée *chicha* était la plus alcoolique, et par conséquent celle dont on se dispensait le moins. Ces fêtes duraient plusieurs jours et plusieurs nuits de suite. Rien n'y était épargné pour amuser les invités ; chacun y arrivait ou s'en retournait quand il lui plaisait. Après les plaisirs de la table et de la chicha venaient ceux des chants et de la danse. Celle-ci, comme celle de tous les peuples primitifs, était très-licencieuse ; elle était exécutée au son du tambour et de la voix. Les chants étaient des ballades amoureuses et guerrières. Il était rare que ces fêtes se

(1) Fr.-A. Caulin, *Historia de la N. Andalucia*, l. I, ch. XII, p. 85.
(2) P. Gumilla, *Orinoco ilustrado*, t. II, ch. XIII, p. 142.

passassent sans qu'il ne s'y exerçât quelque vengeance ;
car, comme chez les Corses, la *vendetta* était dans les
mœurs indiennes. Au milieu des fumées de leurs vins,
s'il arrivait qu'un Indien s'aperçût de la présence de
son ennemi, il manquait rarement l'occasion de lui
fendre la tête d'un coup de boutou. D'ordinaire, les
parents et amis présents de la victime dissimulaient
leur ressentiment ; mais à la prochaine fête, celle-ci ou
toute autre était inévitablement vengée de la même
manière, à moins que les meurtriers n'eussent eu la prudence de quitter le pays (1).

Lorsque les festins se donnaient à l'occasion d'une
expédition guerrière projetée, ils revêtaient un caractère plus solennel. Après avoir bien fait manger et
surtout bien fait boire ses convives, l'amphytrion leur
faisait part du motif pour lequel il les avait invités. Sa
proposition, quelle qu'elle fût, était toujours acceptée.
Alors une vieille femme apparaissait tout à coup pour
les haranguer et les exciter à la vengeance. Son discours
commençait ordinairement par l'énumération des torts
de la nation ennemie, et finissait par le dénombrement
des parents et amis tombés sous ses coups. Aussitôt
que la compagnie, échauffée par les libations de la
chicha et les excitations de la harangue, commençait à
donner des signes de colère, la vieille femme jetait au
milieu d'elle un bras ou une jambe, trophée d'une
guerre précédente qu'elle avait soigneusement fumé et
conservé. La vue de ce membre humain achevait de
produire chez les Indiens l'ivresse de la fureur ; ils se

____

(1) P. Labat, *Voyage aux isles de l'Amér.*, t. IV, ch. xv, p. 318.

jetaient dessus et se le disputaient pour le mordre et le
mâcher. Fous de haine et de vengeance, ils prenaient
de nouveau, et d'eux-mêmes cette fois, l'engagement
solennel de faire la guerre, et fixaient alors le jour du
départ de leur expédition (1). C'est cette coutume barbare sans doute qui a fait croire aux Européens que
ces peuples étaient *cannibales* ou anthropophages ; bien
des récits purement imaginaires ont été faits à ce sujet.
Ce qui est vrai, c'est que, après une guerre heureuse,
ils ne manquaient jamais d'emporter avec eux des
membres enlevés des ennemis qu'ils avaient tués, non
pour s'en nourrir, mais pour conserver la mémoire de
leurs exploits. C'est ainsi que les Indiens de l'Amérique
du Nord scalpaient les morts après la bataille, pour
garder leurs chevelures comme trophées de leurs
victoires.

Pour pouvoir loger les nombreux convives de leurs
festins ou la multitude des invités à leurs assemblées
ou conseils de guerre, les Indiens construisaient de
très-vastes maisons, nommées *carbets* par les Caraïbes.
Ceux de l'île se faisaient remarquer par cette particularité qu'ils étaient de forme arrondie (2). De beaucoup
plus petites cases, destinées au logement des membres
mariés, et parfois même des amis intimes de la famille,
entouraient d'ordinaire ces carbets où logeaient les chefs
ou patriarches. Ces constructions étaient grossièrement
faites de pieux fichés en terre et recouvertes de feuil-
lages ; elles étaient ouvertes à tous les vents. La réunion

_____

(1) P. Labat, *Voyage aux isles de l'Amér.*, t. IV, ch. xv, p. 320
et sqq.

(2) W. Irving, *Comp. of Columbus, Ojeda,* ch. II, p. 613.

de ces habitations formait un hameau entièrement soumis à la direction du chef de la famille (1). C'est dans ces hameaux que les Indiens passaient la plus grande partie de leur existence, tantôt inoccupés et accroupis sur leurs talons autour du feu, et tantôt se livrant à la fabrication de leurs armes, de leur poison curare, de leurs engins de pêche, de leurs outils et de leurs ustensiles de ménage. Nous avons vu quels étaient ces armes, ce poison, ces engins. Leur outillage se composait d'épieux de bois pesants, durcis au feu pour fouiller la terre, de fragments de coquilles pour buriner et gratter, de hachettes de pierre dure pour façonner le bois, et d'arêtes de poisson pour alènes. Quant aux ustensiles de ménage, c'étaient des vases de terre cuite, des paniers dits caraïbes, savamment travaillés et teints de vives couleurs, des *manares* ou tamis à passer le manioc, des *culebras* ou presses à manioc, des *guariquaris* ou éventails à souffler le feu, des *guayares* ou hottes à charger sur le dos, etc. Parfois aussi ils sifflaient pendant des heures entières ou bien jouaient d'une espèce de chalumeau. S'ils se livraient à la conversation, c'était toujours d'une manière tranquille et modeste ; celui qui avait la parole était écouté avec la plus grande attention et n'était jamais interrompu pour être contredit. Un murmure approbateur accueillait au contraire chacune de ses phrases, et quand il avait fini de parler, c'était avec la même bienveillance qu'il écoutait son interlocuteur, soit qu'il parlât dans son sens, soit qu'il exprimât une opi-

______

(1) Raynal, *Histoire philos. et politique*, t. IV, l. X, p. 31.

nion contraire (1). Rare exemple de modération et de
tolérance que ne donnent pas toujours les peuples les
plus civilisés.

Les Indiens se levaient au point du jour. Au sortir
de leurs chinchorros, ils prenaient un bain d'eau douce
ou d'eau salée, selon qu'ils habitaient le bord d'une
rivière ou la côte de l'île. Aimant l'eau passionnément,
ils nageaient comme des poissons à peine sortis du
ventre de leurs mères ; les femmes, sur ce point, ne le
cédaient en rien aux hommes. Après être revenus du
bain, ils s'asseyaient ou s'accroupissaient devant le feu
pour se sécher la peau et la chevelure. Quelques instants après arrivaient les femmes avec le *couï* ou calebasse d'*onoto*, et leur toilette commençait. Cet onoto
était la matière colorante du roucou délayée dans une
huile végétale qu'ils retiraient de la graine de carapo.
Les Indiens étaient d'abord peignés, puis, à l'aide
d'un pinceau de plumes, enduits par tout le corps de
ce mélange. Cette onction, qui avait à leurs yeux la
valeur d'un habillement complet, les mettait à l'abri de
la piqûre des moustiques (2) et des autres insectes
venimeux qui pullulent dans les forêts et dans les lieux
bas et marécageux. Pendant que ces femmes s'occupaient de roucouer les hommes, d'autres préparaient
les arepas et les cassaves, et activaient le déjeûner de
viandes rôties, de poissons et de crabes bouillis. La
toilette terminée, le repas était aussitôt servi, et tout
le monde, sans distinction d'âge ni de sexe, y prenait

(1) P. Labat, *Voyage aux isles de l'Amér.*, t. IV, ch. xv, p. 316
et sqq.

(2) *Id., ibid.*, p. 314.

part dans un profond silence. Après qu'on s'était bien repu, les femmes apportaient à boire. C'est ainsi que commençait et finissait la journée, car la même scène se répétait au coucher du soleil (1). Dans l'intervalle des repas, les femmes filaient et tissaient des chinchorros et de petites pièces d'étoffe (2).

Jaloux de leur indépendance, les Indiens ne souffraient pas d'être commandés. Il n'y avait que les anciens seuls qui eussent le droit de donner des ordres aux jeunes gens ; encore fallait-il qu'ils prissent le soin de les revêtir des formes les plus polies. Avec cette précaution, ils étaient obéis sans réplique (3). Mais les femmes étaient soumises à une obéissance passive. Ici, comme partout où règne la polygamie, leur position était très-inférieure ; les hommes en étaient les maîtres absolus. Elles seules recevaient des commandements ou brusques ou doux, suivant l'humeur de leurs maris ; mais, habituées dès le bas âge à la soumission, elles acceptaient leur sort avec résignation. C'étaient des modèles de douceur, de respect et d'exactitude ; et quoiqu'elles eussent à supporter tout le poids de la famille, elles remplissaient si bien les nombreux devoirs qui leur étaient imposés, qu'il était rare que leurs maris eussent à les punir. Aussi la dissension ne se mettait-elle dans le ménage que pour cause de jalousie. Les soupçons d'infidélité étaient toujours provoqués par les vieilles femmes à l'égard des jeunes ; froissées des attentions dont celles-ci étaient naturellement l'objet,

---

(1) P. Labat, *Voyage aux isles de l'Amér.*, t. IV, ch. xv, p. 316.
(2) Fr.-A. Caulin, *Historia de la N. Andalucia*, l. I, ch. xii, p. 62.
(3) *Id.*, *ibid.*, p. 84.

et se voyant de plus en plus délaissées pour elles, jamais elles ne perdaient l'occasion de les dénigrer et même de les calomnier auprès de leurs maris. Ceux-ci ne manquaient pas de casser la tête à celles par lesquelles ils se croyaient outragés (1). Telle était à la Trinidad la triste condition de ces douces et faibles créatures que le christianisme seul a su élever à la dignité de leur mission.

Dans l'île, comme sur la côte de Paria, Christophe Colomb trouva les naturels robustes et bien proportionnés ; il fut surpris de la couleur de leur peau, qui lui parut moins brune que celle des insulaires les plus éloignés de l'équateur qu'il avait déjà vus. Ils étaient d'une taille plus élevée que ceux-ci, et leurs mouvements étaient plus libres et plus gracieux. Leurs jambes, pleines et nourries, étaient communément bien faites. Ils avaient les yeux noirs et vifs. Leurs cheveux noirs, longs et plats, leur descendaient sur le col ; quelques-uns les portaient plus courts que d'autres, mais ils n'étaient jamais nattés. Ils se paraient de plumes de couleurs variées, d'amulettes de pierre verte et d'ornements de guanin ; d'aucuns portaient aussi des colliers et des bracelets de perles (2). Les hommes se mettaient à la tête et autour des reins des étoffes magnifiquement teintes des couleurs les plus éclatantes et ressemblant à de la soie à distance ; mais les femmes étaient toutes nues et remarquablement belles. L'odeur

(1) P. Labat, *Voyage aux isles de l'Amér.*, t. IV, ch. xv, p. 327 et sqq.

(2) W. Irving, *Life and voyages of Columbus*, book X, ch. ii, p. 356.

du cuivre leur était particulièrement agréable ; ils appelaient ce métal *turey*, c'est-à-dire venu du ciel. On a remarqué qu'en outre des sens du toucher et de la vue, celui de l'odorat était toujours mis en usage par eux pour examiner et reconnaître les objets. La beauté et la douceur de leurs traits étaient relevées par un air si intelligent et un extérieur si martial, que Colomb les jugea dignes des beaux pays qu'ils habitaient (1).

Ce que nous savons de leurs lois se réduit à fort peu de choses. Il paraît que le seul châtiment qu'elles infligeassent était la peine de mort. C'est ainsi que le vol était puni du supplice du pal (2). Ce crime, ainsi que l'adultère qui portait la même peine, ne pouvait être considéré par les Indiens que comme le résultat de la plus noire perversité, puisque, dans la facilité de vivre et de prendre femme que leur faisaient la prodigue nature des tropiques et de la polygamie, le besoin du bien d'autrui ne pouvait jamais se faire sentir parmi eux.

Leur religion était celle de la plupart des peuples barbares et même de quelques nations civilisées. Elle expliquait la coexistence du bien et du mal sur la terre par une croyance confuse à un bon et à un mauvais principe. Ici comme dans tous les pays soumis à cette foi, la déité tutélaire avait fini par céder le pas au génie malfaisant dont on avait tout à redouter, et le culte des Indiens n'avait plus pour objet que la conjuration du mauvais esprit (3). Cette religion admettait

(1) De Lorgues, *Histoire de C. Colomb.*
(2) *Id., ibid.*, l. III, ch. VIII, p. 127.
(3) Raynal, *Histoire philos. et politique*, t. IV, l. X, p. 27.

l'immortalité de l'âme sur une grande échelle ; elle ne la refusait pas aux animaux eux-mêmes. Elle enseignait que, après la mort, l'âme échappait aux tourments de l'existence terrestre pour vivre dans un lieu de plaisirs et de délices éternels ; elle excluait donc l'idée de toute rétribution future en plaçant l'enfer dans cette vie. Quelques peuplades adoraient le soleil, la lune et tous les corps célestes ; d'autres vouaient un culte tout particulier aux animaux malfaisants, tels que le serpent et le crapaud. Chacune avait sa manière d'interpréter cette espèce de doctrine de Zoroastre, mais toujours s'adonnait aux pratiques les plus superstitieuses. Quand il naissait un enfant, le père s'enfermait pendant plusieurs jours avec lui, croyant conserver ainsi la vie au nouveau-né. Si la saison était trop sèche et que les cultures eussent besoin d'eau, les Indiens ne manquaient pas de taquiner des crapauds qu'ils tenaient en captivité pour en obtenir de la pluie par de mauvais traitements. C'est surtout lorsque l'un d'eux tombait malade qu'ils s'abandonnaient le plus à leurs exercices superstitieux. Il était livré aux soins du *piache*, appelé aussi *mariri* par les Caraïbes ; c'était le sorcier, le médecin, le prêtre, tout à la fois (1). A la suite de quelques cérémonies cabalistiques, et d'autant de drogues ridiculement administrées, il faisait inévitablement rendre au malade des crapauds, des ravets ou des couleuvres, qu'un ennemi lui avait fait entrer dans le ventre. S'il mourait, sa famille le suspendait dans son

____

(1) Fr.-A. Caulin, *Historia de la N. Andalucia*, l. I, ch. XII, p. 88 et sqq.

chinchorro au milieu de la forêt, avec une calebasse pleine de chicha et des galettes de maïs ou de manioc chaque jour renouvelées, comme provisions de voyage pour le passage de ce monde-ci dans l'autre. Un an après, ses os, blanchis par le temps, étaient recueillis et religieusement déposés dans quelque grotte ou souterrain voisin servant de cimetière à la peuplade (1).

Les Indiens de la Trinidad étaient-ils autochthones ? De ce que nous avons vu que les peuplades qui se la partageaient habitaient également le continent avoisinant, devons-nous conclure que ce soit l'île qui ait peuplé le continent ou bien le continent qui ait peuplé l'île ? Ce problème, déjà offert par les Basques qui étaient établis à la fois en Espagne et dans les îles de la Méditerranée, ne saurait être résolu ; les deux opinions sont également admissibles, et par conséquent également admises. Mais, en ce qui concerne la nation caraïbe en particulier, l'opinion la plus vraisemblable, et la plus générale en même temps, est celle qui, acceptant la tradition, la fait arriver de la Floride. Trop à l'étroit dans leur pays ou chassés par leurs ennemis, les Caraïbes auraient passé, dans leurs pirogues, aux îles Lucayes, puis à Sainte-Croix et dans toute la chaîne des petites Antilles, et enfin à la Trinidad et sur le continent sud-américain. On croit que cette migration eut lieu vers l'an 1100 de notre ère (2). Cette opinion se fonde premièrement sur ce que cer-

____

(1) Fr.-A. Caulin, *Historia de la N. Andalucia*, l. I, ch. XII, p. 85.
(2) Humboldt, *Voyage aux rég. équin.*, t. IX, ch. XXV, p. 33 et seq.

tains Indiens de la Floride parlaient à peu près la même langue que les Caraïbes, et secondement sur le nom de *Banare* ou homme de mer, ou bien encore homme venu par mer, que donnaient les Caraïbes simultanément aux Européens et à eux-mêmes (1).

Ainsi vivaient et se gouvernaient ces différentes peuplades américaines quand la flottille de Christophe Colomb parut tout à coup dans les eaux de leur golfe tranquille. A la vue des hommes blancs et barbus qui montaient des navires témoignant de leur supériorité, nos fiers insulaires eurent-ils le pressentiment du sort qui les attendait? Il est probable que non, car, dans leur simplicité, ils pouvaient croire que ces hommes puissants, habitant des contrées féeriques, ne viendraient pas les déranger dans la paisible possession de leur petite île. Hélas! ils ne connaissaient pas le prix des richesses. L'or qu'on avait vu briller sur les bords du golfe ne pouvait pas manquer d'y ramener la nation qui les avait découverts, et de décider de la conquête des régions arrosées par l'Orénoque. La Trinidad, par sa situation, était le point important à posséder tout d'abord; c'était donc à la conquête de cette île que, dans un prochain avenir, devaient tendre les efforts des Espagnols (2).

(1) P. Labat, *Voyage aux isles de l'Amér.*, t. IV, ch. xv, p. 333 et sqq.

(2) Raynal, *Histoire philos. et politique*, t. IV, l. XII, p. 282.

CHAPITRE IV

NAVIGATEURS ET AVENTURIERS ESPAGNOLS

(1499-1504)

A peine Christophe Colomb eut-il, par la découverte du continent occidental, ouvert pour ainsi dire les portes du Nouveau-Monde aux entreprises individuelles, qu'une foule de navigateurs espagnols, les compagnons de ses voyages, se précipitèrent dans la carrière à laquelle il les avait initiés. Ce fut un débordement d'expéditions transatlantiques, auxquelles se prêtèrent en même temps la disposition d'esprit du peuple et la politique de son gouvernement.

La propre année du premier voyage de Colomb, la conquête de Grenade avait en effet mis fin aux huit siècles de luttes incessantes contre les Maures, envahisseurs de la Péninsule, et l'esprit chevaleresque et religieux des Espagnols du moyen âge se trouvait subitement privé de toute sphère d'action. Élevée pour la guerre, la jeunesse ne savait pas encore se plier aux exigences de la vie bourgeoise et vulgaire (1). Il fallait un nouvel aliment à son activité. Il lui fallait des armes et des combats, des exploits glorieux, des luttes sanglantes, des dépouilles et des captifs ; il lui fallait, en un mot, de nouveaux infidèles à combattre dans

____

(1) W. Irving, *Companions of Columbus*, introduct., p. IV.

une nouvelle croisade. Or, cette croisade, l'évêque Fonseca la lui prêchait par ordre de ses souverains. Les rois catholiques l'avaient autorisé à offrir honneurs et richesses à ceux qui formeraient des établissements dans les Indes (1) (nom que portait alors le Nouveau-Monde), le politique et rusé Ferdinand dans le but de s'assurer par les armes de la possession de ses nouvelles acquisitions territoriales et d'empêcher ainsi le pape Alexandre VI de revenir sur sa libéralité, et la grande et pieuse Isabelle dans celui d'y fonder des colonies pour propager la foi catholique parmi les Indiens idolâtres qu'elle avait pris sous sa haute protection. Le Nouveau-Monde venait donc à propos ouvrir son vaste champ à l'esprit chevaleresque des preux Castillans, en donnant une nouvelle pâture à leurs dévorantes passions pour la guerre et pour la religion. Croire avec les philosophes du XVIIIe siècle que le mouvement qui précipitait ainsi tant d'hommes illustres à la découverte et à la conquête des îles et provinces occidentales n'avait pour raison que la cupidité et l'avarice, c'est étrangement méconnaître les vrais mobiles du cœur humain. Dans les actes des hommes, on ne saurait certes nier le côté sordide et égoïste ; mais prétendre que, seuls, les mauvais penchants ont pu produire l'héroïsme que nous admirons dans l'histoire de la conquête du Nouveau-Monde et inspirer les grandes actions qui s'y rencontrent à chaque pas, c'est à coup sûr calomnier la nature humaine (2).

(1) Baralt, *Historia de Venezuela*, t. I, ch. VII, p. 135.
(2) M. Chevalier, *Mexique ancien et moderne*, part. II, ch. X, p. 244.

Telles étaient donc les conditions d'esprit dans lesquelles se trouvaient le gouvernement et le peuple espagnols lorsque Colomb, empêché par la maladie de quitter Saint-Domingue pour aller rendre compte des événements de son troisième voyage, fit parvenir en Espagne la relation de sa découverte de l'île de la Trinidad et de la côte du continent, accompagnée de cartes indicatrices de la route qu'il avait suivie et des terres qu'il avait visitées. A cette relation il avait joint, comme pièces probantes, de nombreux échantillons d'ornements d'or et de perles fines qu'il avait reçus des naturels. Il représentait ces contrées comme regorgeant de pierres et de métaux précieux, de drogues et d'épices rares. Qu'on se figure l'exaltation des esprits à la réception de si merveilleux rapports! Parmi les marins espagnols, c'était à qui voulait partir le premier pour ces régions enchantées. La soif des aventures prit des proportions telles, que Colomb, indigné, disait que les tailleurs eux-mèmes aspiraient alors aux voyages de découverte (1). En peu d'années, toutes les côtes du continent, de même que celle des îles adjacentes, furent visitées et explorées. Suivant la route tracée par l'illustre amiral, la plupart des navigateurs avaient fait du golfe de Paria et de l'île de la Trinidad le point d'arrivée de leurs traversées transatlantiques et celui de départ de leurs expéditions continentales ; aussi ces lieux devinrent-ils bientôt célèbres dans le Nouveau-Monde autant que l'ont été depuis, en Afrique, le Port-Jackson et Sierra-Leone. Cette station était d'ailleurs propre au

____

(1) Baralt, *Historia de Venezuela*, t. I, ch. vii, p. 130.

radoub et au ravitaillement des caravelles, et, à cause des vents et des courants qui y règnent, facilitait aux navigateurs l'approche des côtes qu'ils voulaient explorer (1).

La première, et l'une des plus célèbres de ces expéditions, est celle d'Alonso de Ojeda, natif de Cuença, dans la nouvelle Castille. Tout jeune encore, il avait eu la hardiesse d'accompagner Colomb à son second voyage ; et, déjà émerveillé de ce qu'il avait vu du Nouveau-Monde, il fut celui dont la relation et les échantillons envoyés par l'amiral avaient le plus excité les instincts aventureux. Lié d'amitié avec l'évêque Fonseca, il avait eu accès aux cartes et à la correspondance reçues de Saint-Domingue, et il avait dès lors conçu le projet de suivre les traces de Colomb, dans le but de recueillir à son profit les prémices de la découverte. Le surintendant des affaires des Indes, l'ennemi implacable de la gloire de l'amiral, ne se fit pas faute de l'encourager dans cette entreprise et de lui offrir l'autorisation nécessaire à l'équipement de sa flottille. Mais comme Ojeda n'était ni marin ni riche, pour mettre à exécution son projet, il se vit contraint de s'associer le célèbre pilote Juan de la Cosa, un autre compagnon de Christophe Colomb, et le marchand florentin Amerigo Vespucci (2). Les préparatifs terminés, il partit, accompagné de ses deux associés, le 20 mai 1499, du port de Santa-Maria, situé en face de Cadix, et au bout de vingt-quatre jours, atteignit le

(1) Humboldt, *Voyage aux rég. équin.*, t. VIII, ch. XXIV, p. 463.
(2) W. Irving, *Companions of Columbus, Ojeda*, p. 609 et seq.

continent à environ deux cents lieues plus au sud de la partie déjà reconnue par l'amiral, vers la côte de Surinam. De là il remonta au nord en côtoyant le littoral et entra dans le golfe de Paria par la bouche du Serpent. En traversant les embouchures de l'Essequibo et de l'Orénoque, il fut surpris de l'immense volume d'eau douce que vomissaient ces deux grands fleuves dans l'Océan. Ce ne fut qu'à son arrivée à la Trinidad qu'il put voir des Indiens ; il paraît qu'ils avaient fui jusque-là à son approche. Dans l'île, les naturels le reçurent avec cordialité ; il y trouva les marques toutes fraîches encore de la récente visite de Colomb. Après s'être arrêté sur plusieurs points de la côte trinidadienne et du promontoire de Paria, il débouqua, comme l'avait fait l'amiral, par la grande bouche du Dragon, et, toujours à son exemple, longea la côte septentrionale du continent jusqu'au cap de la Vela. En cet endroit, le mauvais état de ses caravelles et le désappointement de n'avoir pas amassé des richesses au gré de ses désirs le décidèrent à mettre un terme à ses explorations. Traversant alors, toujours comme Christophe Colomb, la mer Caraïbe, il fit cap pour Saint-Domingue, où il arriva en septembre, quatre mois après son départ d'Espagne. Ce ne fut qu'au mois de juin 1500 qu'il arriva à Cadix avec un chargement de malheureux Indiens qu'il vendit comme esclaves (1).

Si pauvre qu'il ait été en résultats importants, ce voyage fut pourtant, pour le plus obscur des trois

(1) W. Irving, *Companions of Columbus, Ojeda*, p. 613 et seq.

associés, l'occasion de parvenir à une éclatante célébrité. De retour en Espagne, Amerigo Vespucci, qui n'était même pas marin, eut le talent de se faire nommer *piloto mayor de la casa de Contratacion* ou chef pilote au tribunal de commerce pour les affaires des Indes. Parvenu à ce poste important, il se mit à dresser des cartes marines où il se permit de désigner le continent nouvellement découvert par Christophe Colomb sous le nom de *tierra de Amerigo* ou terre d'Amerigo, et répandit des relations de son voyage de société, dans lesquelles, en falsifiant les dates et en omettant les noms de ses associés, il s'attribua l'honneur de la découverte (1). Tel est l'ignoble procédé par lequel le Nouveau-Monde obtint son nom d'*Amérique*. Même s'il était vrai qu'Amerigo Vespucci eût le premier reconnu la côte de Paria comme faisant partie d'un continent, la postérité se justifierait difficilement d'avoir élevé cet aventurier ignorant au rang de rival du grand Colomb par l'adoption de son nom pour désigner le continent occidental. Entre ces deux hommes, en effet, nulle comparaison ne peut s'établir, car aucun mérite ne saurait égaler celui de l'initiateur. La gloire de Colomb ne consiste pas dans le plus ou le moins grand nombre de contrées qu'il a découvertes, mais dans la découverte générale du monde occidental. En abordant le premier rivage de ce monde inconnu jusqu'à lui, il résolvait le grand problème océanique et accomplissait tout entière son œuvre merveilleuse. Tous les navigateurs partis sur ses traces ne sont plus que

(1) Baralt, *Historia de Venezuela*, t. I, ch. VI, p. 107.

ses disciples et ses imitateurs ; et Amerigo Vespucci, de même que les Ojeda, les La Cosa et toute la phalange des *descubridores* ou explorateurs, ne peuvent être considérés que comme des satellites gravitant autour de cet astre resplendissant (1).

Les voyages de découverte et d'exploration entrepris à cette époque n'entrant pas tous dans le cadre de ce travail, nous nous bornerons à mentionner, à la suite de celui d'Ojeda, ceux qui se rattachent à l'île dont nous avons entrepris de retracer l'histoire.

En la même année 1499, au commencement du mois de juin, et peu de jours conséquemment après le départ d'Alonso de Ojeda, une nouvelle expédition partait du port de Palos, le berceau de la découverte du Nouveau-Monde. Elle était entreprise par Pedro Alonso Niño, compagnon de Christophe Colomb à son premier voyage et pilote de grand renom sur la route des Indes orientales. Pour pouvoir entreprendre ce voyage de découverte, Niño, qui était pauvre, avait eu à se pourvoir d'un associé riche, après avoir obtenu sa licence de navigation de l'évêque Fonseca. Parmi les marchands de Séville, il s'en trouva un qui accepta de lui équiper une caravelle, mais avec la condition formelle que son frère, le nommé Christoval Guerra, en aurait le commandement. Forcé de subir cette stipulation humiliante, le pilote s'était embarqué avec son triste compagnon sur une petite caravelle de cinquante tonneaux à peine ; et, guidé par la carte de Colomb, avait abordé le continent par sa côte septentrionale, un peu

(1) W. Irving, *Companions of Columbus*, app. X, p. 834.

au-dessus du golfe de Paria qu'Alonso de Ojeda et ses associés n'avaient quitté que depuis une quinzaine de jours à peine. Il y pénétra, en explora tous les rivages et reçut le meilleur accueil des Indiens, avec lesquels il trafiqua prudemment, échangeant sa verroterie et sa quincaillerie contre leurs colliers et leurs bracelets de perles fines. Il y prit aussi un chargement de bois de teinture, et de là se rendit à l'île de la Marguerite et sur la côte de Cumaná, où il continua son commerce de perles et de guanin. Après avoir échangé toutes ses babioles, il s'en retourna en Espagne, satisfait du succès de son opération commerciale, et arriva à Bayonne, en Galice, vers le milieu d'avril 1500 (1). Il est à remarquer que l'intrépide Pedro Alonso Niño est le premier navigateur qui ait osé entrer dans le golfe de Paria par les bouches du Dragon. Avant lui, on n'y avait pénétré que par la bouche du Serpent, estimant que les premières n'étaient propres qu'à la sortie, à cause de la violence avec laquelle s'en échappent les eaux de l'Orénoque.

Aux deux expéditions précédentes succède celle de Vicente Yañez Pinzon, un des membres de la célèbre famille de Palos qui, au premier voyage de Colomb, avait mis en jeu sa vie et ses biens dans l'entreprise si aventureuse et si périlleuse à la fois de la découverte du Nouveau-Monde (2). Pinzon, muni de l'autorisation de l'évêque Fonseca, partit de sa ville natale au commencement du mois de décembre de la même année

(1) W. Irving, *Companions of Columbus*, **P.-A. Niño**, p. 620 et sqq.

(2) *Id., ibid., V. Yañez-Pinzon*, p. 624.

1499, avec quatre caravelles équipées à ses propres frais. Plus hardi que ses prédécesseurs, il s'était proposé de ne pas suivre les traces de Colomb, et, dans ce but, il avait en effet résolument passé l'équateur en se dirigeant au sud-ouest. Le 28 janvier 1500, se trouvant par le huitième degré de latitude australe, il découvrit une terre à laquelle il donna le nom de *Santa-Maria de la consolacion* ou Sainte-Marie de la consolation ; c'est celle connue aujourd'hui sous celui de cap Saint-Augustin, partie la plus avancée de l'immense empire du Brésil. Dans ces parages, il trouva l'eau de mer potable ; et, pour se rendre compte de ce phénomène, il se mit à gouverner vers la terre. Ce fut alors qu'il découvrit l'Amazone, le plus grand fleuve du monde, dont les eaux, plus légères que celles de la mer, surnagent jusqu'à une distance considérable des côtes. Après avoir visité quelques-unes des îles de l'embouchure du fleuve, dont il trouva les naturels doux et hospitaliers, il se mit à remonter au nord le long de la côte, et, traversant les embouchures de l'Essequibo et de l'Orénoque, entra dans le golfe de Paria. Mais il n'eut que peu de rapports avec les Indiens de ses bords, et après avoir pris un chargement de bois de teinture, il en sortit par la grande bouche du Dragon pour se rendre à Saint-Domingue, où il arriva le 23 juin de la même année. Cette entreprise, peu heureuse comme opération commerciale, est restée l'une des plus célèbres de toutes par la découverte du Brésil et le passage de la ligne équinoxiale (1).

(1) W. Irving, *Companions of Columbus, V. Yañez-Pinzon,* p. 625 et sqq.

Au départ de cette fameuse expédition de Pinzon, déjà il s'en préparait une autre à Palos, cette pépinière de navigateurs transatlantiques. Celle-ci était entreprise par Diego de Lepe, marin habile, mais non encore célèbre. Muni de l'autorisation du surintendant des affaires des Indes, il quitta le port avec deux caravelles un mois après le départ de Pinzon, en janvier 1500, et, suivant exactement la route que celui-ci avait faite, arriva au cap Saint-Augustin. De là il se mit à parcourir la côte au sud de l'Amazone, puis, remontant au nord, se rendit au golfe de Paria, d'où il partit pour s'en retourner en Espagne, avec la seule satisfaction d'avoir pénétré plus avant dans le sud qu'aucun de ses devanciers (1).

L'année suivante, la fièvre des expéditions transatlantiques arrivait à un si haut degré d'intensité, que les rois catholiques eux-mêmes, prétend-on, n'échappèrent pas à la contagion. Non seulement ils avaient enlevé toute entrave à la concession des licences de navigation, mais même ils s'associaient, à ce qu'il paraît, à certaines de ces entreprises. Au nombre de ces dernières se trouve, dit-on, celle de Christoval Guerra, le compagnon de Pedro Alonso Niño à son fameux voyage de 1499. Christoval Guerra, en compagnie de son frère Luis, partit avec deux caravelles, en 1501, du port de Cadix selon les uns, et de celui de San-Lucar selon les autres. Il suivit la route de Colomb et arriva dans le golfe de Paria, où il se procura de l'or et des perles fines en échange de ses bibelots. De là, il se rendit à

(1) Baralt, *Historia de Venezuela*, t. I, ch. vii, p. 129.

l'île de la Marguerite et sur la côte de Cumaná, où il trafiqua aussi avec avantage. Dans ces différentes stations, il parvint ainsi à se faire un riche chargement; puis il s'en retourna en Espagne au commencement du mois de novembre de la même année (1).

Dans le mois de janvier 1502, nous voyons le célèbre Alonso de Ojeda entreprendre un deuxième voyage. En récompense de ses entreprises passées, son patron, l'évêque Fonseca, lui avait obtenu la concession de six lieues de terrain dans la partie méridionale de Saint-Domingue et le gouvernement de la province continentale de Coquibacoa qu'il avait découverte. Avec de si grandes ressources, Ojeda, cette fois, n'éprouva aucune difficulté pour se procurer l'argent nécessaire à l'équipement d'une flottille, et put bientôt pénétrer dans le golfe de Paria avec quatre belles caravelles. Mais il n'y séjourna que le temps nécessaire au radoub de ses navires; et le 11 mars suivant, après avoir obtenu des perles fines des Indiens de ses rives, il en sortit par la grande bouche du Dragon pour se rendre au siége de son gouvernement. Le récit de la suite de cette expédition n'entrant pas dans le plan de cette histoire, nous nous bornerons à dire qu'elle se termina par la mise aux fers d'Alonso de Ojeda à Saint-Domingue (2).

Parmi les célèbres navigateurs dont nous venons de raconter les expéditions, il s'en trouve deux qui eurent

---

(1) Baralt, *Historia de Venezuela*. t. I, ch. VII, p. 130.
(2) *Id., ibid.*, p. 133.

à guerroyer contre les Indiens pour se défendre de leurs attaques. Le premier, Pedro Alonso Niño, eut à repousser une expédition de Caraïbes. Ces hardis forbans du golfe de Paria et de la mer des Antilles attaquèrent, avec dix-huit pirogues, sa petite caravelle à sa sortie du golfe ; il lui fallut employer l'artillerie du navire pour parvenir à faire cesser leur pluie de flèches et à les disperser. Cette expédition formidable ne pouvait être partie que de l'île de la Trinidad ou de la côte de Paria. Le second, Vicente Yañez Pinzon, eut à engager un combat sanglant contre les Indiens féroces du cap Saint-Augustin. Quelques autres de ces naviga-teurs, mécontents du succès de leurs entreprises, suivirent l'exemple d'Alonso de Ojeda à son premier voyage, et, contre tout droit et toute justice, se récupérèrent de leurs frais de voyage en transportant en Espagne des chargements d'Indiens qu'ils vendirent clandestinement comme esclaves (1).

Indépendamment de ces voyages autorisés, il s'en fit, dans le même temps et dans les années suivantes, une grande quantité d'autres plus obscurs et sans licence du gouvernement. Ceux-là étaient entrepris par des aventuriers dont la cupidité avait été éveillée par le récit exagéré des profits réalisés par les navigateurs. Et si déjà les malheureux Indiens de la Trinidad avaient eu à souffrir des déprédations de quelques-uns de ces navigateurs, quels brigandages ne durent-ils pas avoir à subir de la part de ces nouveaux visiteurs, hommes rapaces pour lesquels sont acceptables tous les moyens

____

(1) Baralt, *Historia de Venezuela*, t. I, ch. VII, p. 127 et sqq.

de faire fortune ! Semblable à ces nuées de vautours qui suivent d'instinct les armées en campagne, cette partie dégradée de la population de tous les pays se mit à marcher sur les traces de la glorieuse phalange des navigateurs, et, sous prétexte de trafiquer avec les Indiens, vint s'abattre sur les côtes que celle-ci avait explorées. Uniquement avides de richesses et dédaigneux de toute gloire comme de toute honte, ces vils aventuriers ne venaient pas y fonder des comptoirs ou des colonies ; comme des pirates, au contraire, ils se contentaient d'équiper une caravelle, s'armaient jusqu'aux dents, et après avoir échangé leurs hochets de nulle valeur contre l'or et les pierreries des Indiens, les faisaient eux-mêmes prisonniers à leur bord, et allaient les échanger, nouveaux hochets entre leurs mains avides, contre les espèces sonnantes, objets de toute leur convoitise. Ruse, astuce, violence, ils se servaient de tous les moyens pour s'emparer des Indiens et de leurs biens ; le meurtre et la dévastation se promenèrent sur ces contrées naguère florissantes et paisibles. Par ces bourreaux envahisseurs pour lesquels tout était proie et butin, l'âge et le sexe étaient également méprisés. L'histoire du genre humain n'offre pas de scènes de barbarie semblables à celles qui décimèrent alors ces populations innocentes et inoffensives (1). Le détail de tous ces crimes n'est malheureusement pas parvenu jusqu'à nous, les scélérats, d'ordinaire, ne tenant pas registre de leurs forfaits ; mais, de source

(1) Bryan Edwards, *History of the B. W. Indies,* book I, ch. III, p. 104.

certaine, nous savons que les expéditions entreprises
sur les côtes trinidadiennes, dans le but de s'emparer de
ses naturels par fraude ou par force, étaient fréquentes
à cette époque.

La mort de la reine d'Espagne, survenue en 1504,
vint mettre le comble à l'infortune des pauvres Indiens.
Après une maladie de quatre mois, Isabelle de Castille
et d'Aragon, le 26 novembre, ferma les yeux à Medina-
del-Campo, dans sa cinquante-quatrième année. Dès les
premiers temps de la découverte, la sainte princesse
s'était sentie prise de compassion pour ses malheureux
sujets des Indes ; leur sort lui avait toujours inspiré
la plus vive sollicitude. Gagnée par les récits de Colomb
sur leur douceur et leur simplicité, et se regardant,
en sa qualité de souveraine, comme commise à leur
garde spéciale par les décrets de la Providence, son
sensible cœur débordait de chagrin de les savoir
plongés dans l'ignorance et destitués de secours spirituels (1). Elle voulait qu'on prît soin de leur instruction religieuse, qu'on les traitât avec bonté et qu'on
infligeât des châtiments sévères à tout Espagnol qui se
serait rendu coupable d'outrage ou d'injustice à leur
égard. L'idée que ses sujets, même rebelles, pussent
être réduits en esclavage lui était particulièrement anti-
pathique, en dépit des sophismes de son époque. Jusqu'à sa mort, elle n'avait cessé de veiller sur eux d'un
œil maternel. Son dernier soupir, en privant les
Indiens de sa haute protection, les livrait à la fureur de

(2) W. Irving, *Life and voyages of Colombus,* book V, ch. VIII,
p. 180.

leurs plus implacables oppresseurs, les aventuriers espagnols (1).

Les plus grandes horreurs de ces guerres et de cette boucherie commencèrent aussitôt qu'on sut en Amérique que la reine Isabelle venait de mourir.

(1) Llorente, *OEuvres de Las Cases*, 1er Mémoire, p. 21.

CHAPITRE V

LA TRAITE DES INDIENS. — LAS CASAS
ET LA TRAITE DES NOIRS

(1505-1527)

L'année même de la mort d'Isabelle-la-Catholique, une loi inhumaine vint augmenter encore l'oppression que subissaient déjà les Indiens des îles et de la partie explorée des côtes du continent. Les Caraïbes, appelés alors *cannibales* ou anthropophages, c'est-à-dire mangeurs de chair humaine, ayant été représentés au gouvernement métropolitain comme des êtres féroces, insociables et sans disposition aucune à se convertir à la religion, les Espagnols obtinrent la permission de s'en saisir et de les vendre comme esclaves (1). A la faveur de cette autorisation, il s'établit une véritable traite des Indiens ; et aux aventuriers déjà si redoutables se joignirent les *armateurs* (2), nom par lequel on désignait les voleurs d'hommes, armés de la loi de 1504.

Les débouchés ne faisaient pas défaut à cette marchandise humaine. Plus les établissements américains prenaient de l'importance et augmentaient en nombre,

(1) Llorente, *OEuvres de Las Casas*, t. I, p. 260.
(2) *Id., ibid.*, p. 71.

et plus la demande d'esclaves indiens se développait et
prenait de l'extension. A peine s'était-il écoulé dix
années depuis la conquête de Saint-Domingue que les
naturels de cette île, considérablement diminués par
les guerres et le travail meurtrier des mines, ne suffi-
saient déjà plus aux besoins des colons. La culture
naissante de la canne à sucre, qui s'y introduisit en
1506 (1), vint s'ajouter encore à la pénurie de bras qui
s'y faisait sentir. Il fallut avoir recours au recrutement
forcé pour se procurer des travailleurs et combler les
vides. Bientôt de nouveaux établissements se formèrent
dans les autres grandes Antilles. Le fils de l'amiral des
Indes, Don Diego Colomb, après avoir réussi à obtenir
la succession de son père, inaugura son administration
par de nouvelles conquêtes. Celle de Porto-Rico, commencée en 1509, sous le gouvernement de Don Nicholas
de Ovando, par le fameux capitaine Juan Ponce de
Léon, fut d'abord achevée. Puis furent entreprises,
cette même année et la suivante, celles de la Jamaïque
et de Cuba, heureusement sans effusion de sang, la
première par Don Juan de Esquibel, et la seconde par
Don Diego Velasquez. Dans ces deux dernières îles, et
principalement dans celle de Porto-Rico, qui ne s'était
pas livrée sans de longues et cruelles guerres, la
population indienne n'avait pas tardé à diminuer dans
de si grandes proportions, que leurs colons, comme
ceux de Saint-Domingue, pour se procurer des cultivateurs, s'y étaient bientôt vus forcés de recourir à la
traite des Indiens (2).

(1) Llorente, *OEuvres de Las Casas*, t. II, p. 407.
(2) W. Irving, *Descendants of Columbus*, app., p. 800 et sqq.

Mais ce fut avant tout la pêche des perles qui, en faisant succomber le plus d'Indiens, donna le plus d'essor à ce trafic honteux et barbare. Dès les premières années de la découverte, les Espagnols n'avaient pas manqué de s'y livrer sur tous les bords du golfe de Paria, qu'ils désignaient alors par le nom de *golfo de las perlas*, et jusque dans les caños de l'Orénoque et du Guarapiche. Après qu'ils en eurent épuisé toutes les huîtres à perles, ils en découvrirent un banc considérable sur la côte de la petite île de Cubagua, connue alors sous le nom de *isla de las perlas,* et située à sept lieues de la côte de Cumaná. Là, Don Diego Colomb, en prenant les rênes de son gouvernement, fonda en 1509, d'après les ordres formels du souverain, un grand établissement de pêcherie de perles. Cette pêcherie, après épuisement du banc de Cubagua, fut transportée en 1523 sur l'îlot voisin de Coche, et en 1524 sur l'île de la Marguerite qui y touche. Les Caraïbes, bons plongeurs, étaient principalement employés à cette pêche ; mais ils ne résistaient pas à ce rude travail sous-marin et succombaient bientôt (1). Les îles Lucayes, les côtes de Paria et de Cumaná et l'île de la Trinidad étaient les principaux points où s'approvisionnaient les Espagnols de ces plongeurs caraïbes. On n'estime pas à moins de quarante mille le nombre d'Indiens arrachés des Lucayes pour être réduits en servitude (2) ; eu égard à sa population con-

____

(1) Llorente, *OEuvres de Las Casas*, t. I, p. 73. Le contact continuel des eaux salées de la mer produit sur la peau des gerçures semblables à des écailles.

(2) Llorente, *OEuvres de Las Casas*, t. I, p. 261.

sidérable, il n'y aurait peut-être pas exagération à porter à un chiffre égal ceux que ravirent les armateurs à l'île de la Trinidad pendant la période qui nous occupe.

Les ravages des armateurs y furent en effet considérables. En 1510, Pedro de Cordova, provincial de l'ordre de Saint-Dominique, conduisit un certain nombre de ses religieux à Saint-Domingue, pour y établir un couvent (1). Trois ans plus tard, il eut l'idée généreuse, et jusqu'alors sans exemple en Amérique, d'entreprendre la conquête de notre île, non plus par voie d'extermination comme à Saint-Domingue et à Porto-Rico, mais pacifiquement et par la prédication de l'Évangile. Dans ce but il fit partir pour la Trinidad les pères Francisco de Cordova et Juan Garces, le premier probablement un de ses proches parents (2). Ces religieux, quoique très-imparfaitement versés dans la langue du pays, avaient accepté de grand cœur la noble mission qui leur avait été confiée, espérant bien parvenir à se faire comprendre des insulaires à l'aide de leurs signes et de leurs gestes. Dès leur arrivée, en effet, le succès le plus heureux sembla couronner leurs efforts. Les Indiens, écoutant favorablement leurs leçons, témoignèrent bientôt le désir d'embrasser le christianisme. Tous promettaient de renoncer à leurs superstitions et demandaient les eaux du baptême pour avoir des noms chrétiens qu'ils aimaient à prononcer. En un mot, l'essai de la conquête de l'île par la conversion des insulaires réussissait au-delà même des

____

(1) Llorente, *Œuvres de Las Casas*, t. I, p. 262.
(2) *Id., ibid.*, p. XXVII.

espérances de celui qui l'avait conçu, lorsqu'un déplorable événement vint le faire échouer.

Pendant que les religieux étaient occupés à évangéliser dans une bourgade de la côte, un navire espagnol vint mouiller dans le port. Les Indiens, en pareil cas, avaient l'habitude d'abandonner le village et de s'enfuir ; mais, jugeant cette fois que la présence des pères était une protection suffisante pour eux et leurs familles, ils restèrent chez eux et accueillirent les Espagnols avec de grandes démonstrations d'amitié. Ceux-ci, comme de coutume, se mirent à éveiller leur curiosité en étalant à leurs yeux des couteaux, des verroteries et des grelots. Ce moyen infaillible les attira en foule et sans méfiance à bord du navire. Don Alonso, le chef de la tribu, sa femme, et un grand nombre de personnages de distinction s'y rendirent en même temps, sur l'invitation expresse du capitaine. Celui-ci, satisfait de la réussite de son infâme stratagème, fait immédiatement lever l'ancre, se rend à Saint-Domingue, et y vend comme esclaves tous ceux qu'il a si indignement ravis.

Justement irrités de cet acte inqualifiable de brigandage, les Indiens résolurent d'en tirer vengeance ; ils accusèrent les pères Dominicains d'avoir trempé dans le complot et se révoltèrent contre eux. Les religieux, cependant, témoignant de la plus grande horreur pour cette honteuse trahison et s'engageant à faire rendre à la liberté Don Alonso, sa femme et tous leurs compatriotes emmenés captifs s'il leur était accordé le temps voulu pour en référer à leurs supérieurs, réussirent à obtenir un sursis de quatre mois au moment où ils allaient être massacrés. Un second navire espagnol, qui aborda dans le même port peu de jours après, emporta leurs réclamations au gouvernement de Saint-Domingue, et la relation fidèle de l'affreuse position qui leur avait été faite au provincial de leur ordre. Pedro de Cordova, comme bien l'on pense, usa de tout son crédit pour arriver à continuer son œuvre d'évangélisation à la Trinidad en conservant la vie à ces deux religieux, mais ses efforts furent inutiles. Plusieurs conseillers de la cour souveraine de la *real audiencia* ou audience royale de Saint-Domingue, établie en 1510 (1), avaient acheté de ces Indiens, et il était de leur intérêt que cette malheureuse affaire fût assoupie. Elle le fut en effet, et si bien que, non seulement les quatre mois de sursis qui leur avaient été accordés, mais quatre autres longs mois, s'écoulèrent sans que les deux pauvres missionnaires reçussent aucune satisfaction. Las d'attendre en vain, les Indiens résolurent enfin de les mettre à mort. Le père Juan Garces fut égorgé le premier ; puis vint le tour du père Francisco de Cordova. Les Indiens renoncèrent au christianisme, qu'ils crurent perfide et sanguinaire, et se promirent de ne pas avoir à l'avenir plus de confiance dans les missionnaires que dans les autres Espagnols.

Ainsi se termina misérablement cette première tentative de conquête pacifique en Amérique, tentative dont le succès eût épargné tant de sang humain (2).

(1) W. Irving, *Descendants of Columbus,* app., p. 801.

(2) Llorente, *OEuvres de Las Casas,* t. I, p. 68 et sqq. Ce traducteur et biographe de Las Casas, et, avec lui, historien du Venezuela, M. Baralt, mettent, par erreur, la scène de cet événe-

Nous verrons le gouvernement espagnol, plus d'un siècle et demi plus tard, recourir au moyen inauguré par le père Pedro de Cordova pour obtenir la soumission des Indiens. Les pères Francisco de Cordova et Juan Garces périrent en 1513 ; ils furent les premiers martyrs de la foi à l'île de la Trinidad.

Trois ans plus tard, en 1516, il se commit un second attentat, aussi grave que le premier, contre les malheureux Indiens de cette île. Un Espagnol, dont le nom ignoré échappe à la flétrissure, débarqua un jour sur la côte à la tête de soixante-dix hommes ; il désirait, disait-il, s'y établir avec ses gens. Les Indiens qui, depuis l'exécution des deux pères Dominicains, n'avaient cessé de subir les violences et les outrages des armateurs, le reçurent avec joie, se flattant de ce que sa présence dans le pays mettrait un terme à leurs déprédations. Mais lui, abusant de leur confiance, se mit aussitôt à leur tendre un piége. Il les appela en grand nombre pour l'aider à construire une vaste maison, sous le prétexte de vouloir s'y loger en commun avec tout son monde. A peine la construction était-elle arrivée à l'étage supérieur que le perfide y assemble, pour un travail, tous ses ouvriers indiens, au nombre de plus de deux cents. Divisant alors ses hommes en deux compagnies, dont l'une doit envahir la maison et l'autre en garder toutes les issues, il donne le signal de l'attaque. Les Espagnols, armés de leur épée et munis d'un bout de corde, se précipitent sur les Indiens, qui

ment sur la côte de Cumana. Dans sa relation, Las Casas indique pourtant *deux fois* l'île de la Trinidad, comme le lieu où les deux pères Dominicains subirent le martyre, en 1513.

sont faits prisonniers. Ceux qui cherchent à se sauver en sautant par les fenêtres sont pris à leur tour et liés ; mais ceux qui résistent sont impitoyablement mis à mort. Il n'y en eut qu'un très-petit nombre qui réussit à s'échapper. Les prisonniers une fois mis en lieu de sûreté, tous les morts et les blessés furent jetés pêle-mêle dans la maison en construction et livrés aux flammes. A la vue de ce nouveau guet-apens, les autres Indiens s'armèrent de leurs flèches pour se venger des Espagnols ; mais ceux-ci, se jouant d'adversaires nus et mal armés, les acculent dans une de leurs maisons, où ils se voient cernés à leur tour. On y mit aussi le feu ; et cette nouvelle troupe subit le sort de la première. Deux cents Indiens furent ainsi ravis de leur pays, embarqués et vendus comme esclaves à Saint-Domingue et à Porto-Rico. Le commandant de cette honteuse expédition déclara qu'il n'avait jamais reçu meilleur accueil des Indiens qu'à la Trinidad (1).

Un nombre considérable de pareilles expéditions se fit dans l'île, d'après le témoignage de Las Casas (2), dans le cours des années dont nous nous occupons, mais le détail ne nous en est malheureusement pas parvenu.

De si graves excès émurent profondément le cœur généreux et compatissant de Don Bartolomé de Las Casas, le licencié qui avait accompagné le gouverneur Orando à Saint-Domingue en 1502. Las Casas était né à Séville en 1474 d'une famille espagnole d'origine

(1) Llorente, *OEuvres de Las Casas,* t. I, p. 68 et sqq.
(2) *Id., ibid.*

française ; il avait reçu une éducation soignée à l'université de Salamanque et obtenu ses grades dans sa ville natale avant de faire le voyage du Nouveau-Monde. En 1510, la même année de l'arrivée des Dominicains à Saint-Domingue, il recevait l'ordre de la prêtrise, et chantait la première grand'messe qu'on eût entendue d'un prêtre ordonné en Amérique. Les religieux, dès leur arrivée, s'intéressant au sort des Indiens, Las Casas se joignit à eux pour dénoncer en chaire le cruel traitement qu'ils subissaient. A partir de ce jour, sa longue existence ne fut consacrée qu'à plaider leur cause. Témoin oculaire des scènes déplorables qui se passaient dans les îles et sur le continent, il mit tout en œuvre pour éclairer le gouvernement et faire cesser le désordre. Il attaqua, dans des mémoires restés célèbres, le système des *repartimientos* ou distributions, véritable esclavage auquel furent d'abord soumis les indigènes, puis celui des *encomiendas* ou commanderies, espèce de servage qu'on essaya de substituer à cette servitude. Pour prix de son zèle et de son mérite, il reçut en 1516 le titre de protecteur universel des Indiens, avec des honoraires annuels de cent piastres, puis, en 1544, à l'âge de soixante-dix ans, l'évêché de Chiapa, au Mexique, en échange de celui de Cuzco, au Pérou, qu'il avait refusé l'année précédente. Ce ne fut qu'en 1523 qu'il fit profession et prit l'habit de l'ordre de Saint-Dominique. Comme protecteur des Indiens, il fit plusieurs voyages en Espagne, revendiquant leurs droits dans les assemblées et par devant les rois. Les nombreux mémoires qu'il rédigea en leur faveur témoignent d'une constance, d'un zèle et d'une intrépidité dignes des plus grands éloges. Comme missionnaire, il fut bien réellement l'apôtre des Indiens, car il traversa les déserts du Nouveau-Monde dans toutes les directions pour les convertir à l'Évangile (1).

Une vie si pure et si sainte devait pourtant être calomniée. Las Casas eut des ennemis puissants parmi ceux de son temps, dont il lésait les intérêts ; mais il en eut surtout d'acharnés dans les philosophes du XVIIIᵉ siècle. Ceux-ci l'accusèrent, torturant un passage du chroniqueur Herrera, soit d'avoir établi la traite des noirs, soit d'en avoir conseillé l'établissement en Amérique. La critique moderne a fait justice de cette double accusation. Las Casas n'a pas pu être le promoteur de la traite des noirs, puisque ce trafic date d'avant sa naissance ; il n'a pas pu non plus l'avoir conseillée pour l'Amérique, puisqu'elle y date de 1501, c'est-à-dire d'un an avant son arrivée dans le Nouveau-Monde. Tout ce qu'on peut dire relativement à cette question, c'est qu'il était de son siècle, mais que ses intentions étaient pures. Personne, en ce temps-là, n'éprouvait le plus petit scrupule à l'égard de l'esclavage. S'il s'opposa à celui des Indiens, c'est que les résultats en étaient désastreux ; s'il ne s'opposa pas à celui des noirs, et si même il s'en servit comme expédient pour alléger les maux de ses protégés, c'est que : 1º il estimait un nègre aussi fort que quatre Indiens, et ne voyait par conséquent qu'une économie de misère humaine à mettre ceux-là à la place de ceux-ci ; 2º il savait les nègres habitués à l'esclavage dans leur

---

(1) Llorente, *Œuvres de Las Casas,* t. I, p. ix et sqq.

pays, et il les voyait prospérer étonnamment dans le Nouveau-Monde ; 3° il estimait enfin que les Indiens étaient d'une race supérieure, et que leur préservation et leur bonheur étaient d'une plus grande importance que ceux des noirs au point de vue des intérêts généraux de l'humanité (1). Ces raisons, qui nous semblent aujourd'hui spécieuses, étaient alors péremptoires, puisque l'esclavage lui-même n'était pas mis en question. Chaque époque a ses préjugés, et l'historien impartial doit en tenir compte dans ses jugements. Il est donc au moins étrange, comme le fait observer un des biographes de cet homme illustre, que l'indignation que devait inspirer un jour le commerce des noirs ait choisi pour sa victime le héros le plus sensible et le plus infatigable de l'humanité (2).

La traite des noirs prit naissance en 1443 ou 1444, sous le règne de l'infant Don Henri ; ce sont les Portugais qui, les premiers dans les temps modernes, allèrent chercher des esclaves sur les côtes de la Guinée. Ils vendaient ces esclaves noirs aux Espagnols, chez lesquels, comme chez eux-mêmes, l'esclavage était loi de l'empire. Ce ne fut que plusieurs années plus tard que les Espagnols, pour augmenter leurs profits, se mirent à faire, eux aussi, la traite des noirs. Ce commerce était devenu très-actif en Espagne longtemps avant la découverte du Nouveau-Monde. En 1474, c'est-à-dire trente ans avant l'inauguration de ce commerce en Amérique, les noirs étaient nombreux à Séville ;

(1) W. Irving, *Companions of Columbus*, app., p. 886 et sqq.
(2) Llorente, *OEuvres de Las Casas*, t. II, p. 503.

ils y avaient leur police particulière. Une cédule de cette année établit l'un d'eux *moyoral* ou chef des nègres et mulâtres des deux sexes résidant en cette ville. Ils étaient employés aux travaux de la canne à sucre, qui se cultivait alors dans le sud de l'Espagne. C'est un fait digne de remarque que l'esclavage des noirs a toujours suivi la culture de la canne à sucre ; comme celle-ci, il s'établit successivement en Espagne, à Madère, aux Açores, aux Canaries et enfin en Amérique (1).

L'introduction des esclaves noirs dans le Nouveau-Monde date, nous l'avons dit, de 1501 ; une ordonnance royale de cette année permet de les y transporter, à la seule condition qu'ils soient chrétiens, c'est-à-dire nés en Espagne ou en Portugal. Il paraît que cette autorisation en amena un assez grand nombre à Saint-Domingue, car, dès 1503, nous voyons le gouverneur Ovando demander d'en faire cesser l'introduction pour ce motif qu'ils prennent la fuite et entraînent les Indiens avec eux. Mais cette requête ne fut sans doute pas consentie, puisque, en 1506, le gouvernement espagnol confirme l'ordonnance de 1501 et ne prohibe que le transport des esclaves noirs du Levant qui, il y a lieu de le croire, étaient à cette époque frauduleusement introduits à Saint-Domingue. En 1510, le roi ordonne que cinquante esclaves noirs soient envoyés de Séville à Saint-Domingue pour le travail des mines. Cet essai ayant bien réussi, il ordonne encore, l'année suivante, que les nègres de la Guinée y soient transportés

_____

(1) Llorente, *OEuvres de Las Casas*, t. II, p. 339.

en grand nombre ; c'est donc en 1511 que commence
la traite directe des noirs entre l'Afrique et l'Amérique.
De nouveaux ordres relatifs au même objet paraissent
les deux années suivantes. En 1516, le roi Ferdinand
étant mort et l'archevêque de Tolède, cardinal Ximenez
de Cisneroz, étant régent du royaume, les pères Hiéro-
nymites sont envoyés pour gouverner les Antilles ; dès
leur arrivée, ils demandent des esclaves noirs, et le
gouvernement contracte avec les Portugais pour la
fourniture d'un grand nombre de ces esclaves. Cette
même année, Charles-Quint accorde des licences aux
Flamands pour le transport des Africains aux colonies
américaines. Et ce ne fut que l'année d'après, en 1517,
que Las Casas approuva ce commerce pour les motifs
mentionnés plus haut (1). Tels furent les commencements de cet odieux trafic qui dura plus de trois siècles
et pèse encore, au moment où nous écrivons ces lignes,
d'un poids immense sur les destinées de l'Amérique.

Les guerres de la conquête, l'avarice des chercheurs
d'or et de pierreries, et les travaux excessifs imposés à
une race molle et jusqu'alors livrée à l'oisiveté, eurent
bientôt détruit un nombre considérable d'Indiens. A
mesure que des établissements nouveaux se formaient
et que les regards des Espagnols se tournaient vers
l'agriculture, le manque de travailleurs se faisait de
plus en plus sentir. Il fallut songer à s'en procurer,
sous peine de renonciation forcée à de vastes acquisitions territoriales, à tout un monde nouveau. L'Espagne
s'en préoccupa avec anxiété. Elle envoya en Amérique

(1) W. Irving, *Companions of Columbus,* app., p. 887.

ses paysans, mais ils ne purent supporter les travaux
de défrichement sous les rayons d'un soleil brûlant (1).
Elle y transporta alors ses esclaves noirs, et ceux-là
réussirent si bien dans les travaux des mines et dans la
culture de la canne à sucre, que le recrutement forcé
en Afrique, autrement dit la traite des noirs, en ré-
sulta (2). Cette fautive organisation de travail dut donc
être considérée comme une nécessité de l'époque, et ce
qui le prouve, c'est que toutes les nations européennes
qui vinrent s'établir en Amérique après les Espagnols se
virent contraints de suivre leur exemple pour se procurer des travailleurs.

Cependant les esprits clairvoyants de ces temps
reculés n'avaient pas manqué de prévoir les conséquences politiques de l'introduction des noirs en Amérique, et le cardinal Ximenez prédisait dès lors que les
noirs, doués d'un caractère entreprenant, s'y révolte-
raient en se multipliant, et feraient peser un jour sur
les Espagnols le joug que ceux-ci leur imposaient (3).
Mais les prévisions politiques, de même que les aspira-
tions philanthropiques, cèdent toujours le pas aux dures
exigences de la nécessité.

(1) Raynal, *Histoire phil. et polit.*, t. IV, l. II, p. 142.
(2) W. Irving, *Companions of Columbus,* app., p. 887.
(3) *Id., ibid.,* p. 888.

CHAPITRE VI

LE PREMIER CONQUISTADOR, DON ANTONIO SEDEÑO

(1528-1531)

Depuis trente ans que la Trinidad était découverte, elle n'avait été exploitée que comme une riche mine de travailleurs indiens ; et nul effort sérieux, sauf celui des pères Dominicains, n'avait encore été tenté par les Espagnols pour y fonder un établissement permanent. Cette apparence d'abandon était due à des entreprises plus considérables qui les appelaient ailleurs. Après s'être établis dans les grandes Antilles, les premières terres découvertes, ils avaient dû naturellement tourner les regards vers ce continent, que leur imagination, fortement excitée, leur représentait comme jonché de pierreries et de métaux précieux. Ses immenses territoires et les grands empires qui s'y étaient formés offraient d'ailleurs un plus vaste champ à leur activité dévorante. Ce fut donc sur les côtes de ce continent que leurs premiers conquistadores dirigèrent leurs expéditions. Les plus mémorables d'entre elles furent celle de Basco Nuñez de Balboa à l'océan Pacifique, en 1513 ; celle de Fernand Cortez au Mexique, en 1519, et celle de Francisco Pizarro au Pérou, en 1524.

Mais une île si souvent visitée, et dont la renommée proclamait aux quatre coins du vent la richesse et la

fertilité, une terre assez étendue, et dont la position
géographique devait être si avantageuse pour les expéditions futures dans les vastes terrains de la Guyane,
cette île importante ne pouvait pas demeurer indéfini-
ment négligée par les hardis Espagnols de cette époque
aventureuse. Il s'en trouva un parmi les fonctionnaires
de l'île de Porto-Rico qui résolut de consacrer à sa conquête sa fortune et sa vie. Cet homme énergique et
audacieux était le *contador* ou trésorier du roi, Don
Antonio Sedeño (1). Pour en obtenir la licence, il se
rendit en Espagne en 1528. Là, il n'éprouva aucune
difficulté à se la faire accorder en récompense des services qu'il avait rendus à la monarchie. Le roi lui fit
remettre des lettres-patentes par lesquelles il était
nommé gouverneur et capitaine général de l'île de la
Trinidad. Sur sa demande, il lui accorda aussi le titre
de *adelantado* ou gouverneur civil et militaire de toutes
les terres qu'il pourrait conquérir, lui conférant ainsi
la plus haute dignité que l'Espagne eût encore accordée
à ses conquistadores américains, à la condition, toujours stipulée en pareil cas, qu'il y érigeât des fortifications et y élevât des églises et des hôpitaux. Pour
qu'il pût jouir des prérogatives de cette éminente
distinction, la cour exigeait donc que sa conquête fût,
non pas seulement entreprise, mais achevée et complète (2).

Muni de ces pouvoirs étendus et de munitions de
guerre et de bouche considérables, Don Antonio Sedeño

---

(1) Fr.-A. Caulin, *Historia de la N. Andalucia,* l. II, ch. IV, p. 119.
(2) *Id., ibid.*

s'en retourna l'année suivante, 1529, à Porto-Rico, où
il s'employa activement à faire les préparatifs de son
expédition. Toutes ses dispositions prises, il se hâta de
s'embarquer, plein de confiance dans son entreprise
et dévoré de l'ambition d'arriver à la célébrité. Son
armement consistait en deux caravelles marchandes
montées par soixante-dix hommes qu'il avait choisis
pour partager sa fortune, et chargées de provisions,
d'armes à feu, d'armes blanches, de chevaux, d'animaux domestiques et de bibelots à l'usage des Indiens.
L'expédition quitta Porto-Rico au commencement de
1530, et arriva saine et sauve à la Trinidad. Comme il
était d'usage à cette époque, elle aborda l'île par sa
côte méridionale, et ce fut sur ce terrain que Sedeño
résolut de s'établir. Les motifs de ce choix étaient
sages et prudents. Cette côte, en effet, est la seule qui
fût alors bien connue; elle est abritée des vents et se
trouve à petite distance du continent où, en cas de
revers, il est facile de se transporter avec armes et
bagages. Le conquistador opéra son débarquement à
peu de distance de l'extrémité occidentale de l'île, dans
la baie d'Erin, suppose-t-on, et sur le territoire d'un
Cacique du nom de Chacomar. Loin d'opposer la
moindre résistance à la descente des Espagnols, les
Indiens, au contraire, accoururent en foule sur la plage
où Don Antonio Sedeño, attentif à s'attirer leur amitié,
s'était mis dès son arrivée à leur distribuer des couteaux, des miroirs, des peignes, des grelots et des verroteries. Le Cacique Chacomar y vint lui-même en
personne pour souhaiter la bienvenue aux Espagnols.
Il les accueillit avec de grandes démonstrations de joie,

et, dès ce jour, voua à leur gouverneur une amitié qui ne se démentit jamais. Il fit comprendre à Don Antonio Sedeño qu'il était heureux de trouver en lui un allié qui le mît désormais à l'abri des incursions des peuplades avec lesquelles il se trouvait en guerre (1).

La nouvelle de l'arrivée des Espagnols sur les terres de Chacomar ne tarda pas à se répandre dans l'île entière, et l'on vit bientôt tous les Caciques, les uns après les autres, se rendre auprès du gouverneur pour lier amitié avec lui, et sans doute pour assouvir aussi leur curiosité naturelle et recevoir les brillants cadeaux que celui-ci ne manquait jamais de leur offrir à chacune des visites qu'il en recevait. Les Indiens se montraient satisfaits au-delà de toute expression. La vue de tous ces bibelots les plongeait en extase ; mais ce qui les émerveillait par dessus tout, c'était de voir des hommes blancs et barbus. Leur étonnement augmentait encore lorsqu'ils se trouvaient en présence de nos animaux domestiques, et particulièrement des chevaux, des chiens et des cochons. Tout faisait présager le plus grand succès à l'entreprise de la conquête de l'île (2).

Cependant, après un court séjour parmi les Indiens, l'œil scrutateur de Don Antonio Sedeño ne manqua pas d'observer parmi eux une certaine inquiétude provenant de l'inconstance qui leur est particulière ; et le gouverneur, malgré toutes leurs protestations d'amitié,

______

(1) Fr.-A. Caulin, *Historia de la N. Andalucia*, l. II, ch. IV, p. 120.
(2) *Id., ibid.*

ne put négliger de craindre qu'ils ne se soulevassent tôt ou tard contre lui et ne missent en péril la foi jurée et la paix qui en était la conséquence. Dans cette prévision, et pour mettre à profit leur amitié passagère, il voulut s'occuper de la sûreté de son monde avant d'entreprendre la visite de l'île, qu'il avait projetée dans le but de s'assurer de son étendue et de ses ressources, et de se mettre en communication directe avec les différentes peuplades de son territoire. Avec l'aide de son fidèle ami Chacomar et de quelques autres chefs indiens qui avaient continué à entretenir de bons rapports avec lui, il entreprit en toute hâte la construction d'un fortin ou camp retranché qui protégeât ses soldats en cas d'hostilités et les mît en état de résister au nombre. Les travaux furent poussés avec la plus grande activité. L'enceinte achevée, le gouverneur s'occupa d'élever à l'intérieur des baraques pour servir de casernes aux soldats et de magasins pour les munitions de guerre et de bouche (1).

Pendant le cours de ces travaux, Don Antonio Sedeño, qui ne désespérait pas de se concilier les Indiens de nouveau à force de bons procédés, les avait libéralement récompensés en leur donnant chaque jour de ces hochets qui étaient d'un si grand prix à leurs yeux; malheureusement, ils finirent par s'épuiser. Chose . encore plus grave, les provisions qu'il avait apportées de Porto-Rico touchèrent aussi à leur fin. Ce double accident eut les conséquences les plus funestes. Il occasionna d'une part la disparition graduelle des

_____

(1) Fr.-A. Caulin, *Historia de la N. Andalucia,* l. II, ch. iv, p. 120.

Indiens du camp espagnol, et de l'autre la nécessité où se trouva le gouverneur de nourrir ses gens aux dépens du pays, sans avoir les moyens de rétribuer des fournisseurs qui ne donnaient volontiers leurs racines et leur maïs que quand ils recevaient en échange ce qu'ils estimaient être l'équivalent de leurs libéralités. Tout le temps que son ami Chacomar put lui fournir des vivres, il le fit avec empressement ; mais il arriva un moment où ses provisions aussi s'épuisèrent. Il ne resta alors aux Espagnols d'autre moyen de se procurer des aliments que d'en soustraire des conucos indiens. La nuit, ils allaient à la maraude pour se procurer le pain du lendemain (1).

A peine les Indiens s'aperçurent-ils du ravage de leurs plantations, qu'ils décidèrent de s'opposer à l'établissement des Espagnols dans leur pays. Ils eurent peur que ceux-ci, en s'y fixant définitivement, ne se rendissent maîtres de leurs cultures et de leurs habitations, et même de leurs femmes et de leurs enfants. La perspective d'un si cruel avenir ne leur laissa ni repos ni trève qu'ils ne se fussent tous concertés sur les moyens de chasser les étrangers. Ils tinrent un conseil de guerre où il fut décidé à l'unanimité que toutes les peuplades de l'île, celles même qui se trouvaient momentanément en guerre entre elles, se confédéreraient contre l'ennemi commun. On y prit l'engagement solennel de tuer tous les Espagnols qui persisteraient à vouloir se maintenir dans l'île. Il n'y eut que le brave et fidèle Chacomar et sa peuplade qui se tinrent en

____

(1) Fr.-A. Caulin, *Historia de la N. Andalucia*, l. II, ch. IV, p. 121.

dehors de la conspiration. Le cri de guerre une fois poussé, il ne fut plus question parmi les Indiens que de vaincre ou mourir. Partout où l'on arrivait, on les surprenait préparant du curare, des arcs et des flèches, ou renouvelant les ornements de plumes de couleurs variées qu'ils portaient à la guerre (1).

Les Indiens ne se virent pas plus tôt en état de commencer cette guerre d'extermination, qu'ils se montrèrent en troupes nombreuses devant les palissades espagnoles, les attaquant avec acharnement et intrépidité. Mais tous leurs efforts réunis venaient échouer devant les défenses et les moyens d'action dont disposaient les Espagnols. Ceux-ci, bien que fort inférieurs en nombre aux assaillants, retranchés derrière leurs fortifications et munis d'armes à feu et de chevaux, en faisaient un grand carnage qui ne se terminait que par la retraite générale des Indiens sur des hauteurs où la cavalerie ne pouvait continuer à les poursuivre. Mais ces attaques de jour et de nuit si souvent répétées tenaient les Espagnols en telle vigilance et si grande alarme, qu'ils trouvaient à peine le temps de prendre un peu de nourriture et de repos. Ils n'avaient pas sitôt repoussé un corps d'Indiens d'un côté, qu'une autre troupe encore plus acharnée, et quelquefois plus nombreuse, venait les assaillir d'un autre côté. L'épuisement et les flèches indiennes en détruisaient toujours un certain nombre, et la défense en devenait par conséquent de jour en jour plus difficile et plus pénible. Don Antonio Sedeño, pour ne pas enhardir les ennemis à continuer leurs

____

(1) Fr.-A. Caulin, *Historia de la N. Andalucia*, l. II, ch. IV, p. 121.

rudes attaques, eut la précaution de cacher ses pertes en faisant enterrer secrètement ses morts. Cet artifice trompa si bien les Indiens, qu'ils finirent par se persuader que les Espagnols étaient invulnérables ou que leurs flèches étaient impuissantes à leur ôter la vie (1). Cette conviction les détermina enfin à mettre un terme à leurs incessantes attaques.

Ainsi débarrassés de leurs farouches ennemis, les Espagnols eussent pu reprendre haleine si la disette qui régnait dans le camp leur en eût laissé le loisir, mais le soin de leur subsistance continuait à les tenir sur pied jour et nuit. Leurs privations étaient arrivées à ce point qu'ils seraient tous morts de faim si les Indiens avaient poursuivi leurs hostilités quelques jours de plus. Dans ce péril extrême, Don Antonio Sedeño eut recours encore une fois à son ami Chacomar. Il lui confia avec sincérité le secret de sa position difficile et lui demanda conseil. Le Cacique, non seulement lui concéda de bonne grâce toutes les provisions dont il pouvait disposer, afin de porter un prompt soulagement à sa grande détresse, mais poussa la bienveillance jusqu'à lui signaler des villages ennemis qu'il savait être riches en vivres, l'engageant à s'en emparer, en représailles des hostilités dont il avait été l'objet de leur part. Ce conseil, bientôt mis à exécution, procura quelque soulagement aux Espagnols (2).

Mais les Indiens, de leur côté, n'avaient point abandonné le dessein qu'ils avaient formé de chasser les

(1) Fr.-A. Caulin, *Historia de la N. Andalucia*, l. II, ch. iv, p. 121 et sqq.

(2) *Id., ibid.*, p. 121.

Espagnols de leur territoire. Ils s'étaient de nouveau réunis en conseil de guerre dans le but de concerter des plans de campagne plus efficaces que les premiers. L'emploi de la ruse combinée avec la force obtint l'assentiment général. Il fut décidé que, avant de rien entreprendre contre les usurpateurs du sol, on ferait pénétrer dans le camp ennemi des émissaires qui s'assureraient du nombre exact des Espagnols et de la force de leurs retranchements, et qui se renseigneraient sur leurs habitudes et leurs pratiques de guerre. Le premier espion qui y fut dépêché eut la chance d'y arriver à l'heure de la *siesta* ou temps de la plus grande chaleur du jour, pendant lequel les Espagnols s'endorment. Il les trouva tous endormis en effet, et eut tout le loisir de s'apercevoir de leur petit nombre et de la négligence qu'ils mettaient à se garder. Ainsi renseigné, il s'en retourna auprès des siens et leur fit le rapport fidèle de tout ce qu'il avait observé. Les Indiens reçurent ces informations avec une foi nouvelle et plus vive dans le succès définitif de leur cause, et résolurent de tenter un suprême effort de délivrance (1).

Après une quinzaine de jours de préparatifs secrets, par une nuit obscure, les Indiens se mirent en marche sur deux colonnes et en silence. L'une était celle d'attaque ; l'autre formait la réserve. On voit, par cette disposition, combien nos insulaires étaient rompus à la guerre. Vers minuit, ils arrivèrent devant le camp des Espagnols et les trouvèrent profondément endormis.

_____

(1) Fr.-A. Caulin, *Historia de la N. Andalucia*, l. II, ch. IV, p. 122.

7

Le camp était surpris, et les Espagnols auraient été tous massacrés si les aboiements de leurs chiens ne les eussent avertis de la présence des ennemis. Ils n'eurent que le temps de seller leurs chevaux, de prendre leurs armes et de sortir pour les recevoir en rase campagne. Le combat dura depuis le milieu de la nuit jusqu'aux premières lueurs du jour. Les Indiens se battirent avec le plus grand acharnement. Mille fois ils se jetèrent pêle-mêle et sans ordre sur les Espagnols, mais ils furent toujours repoussés et avec de grandes pertes. Ceux-ci, guidés au milieu de l'obscurité par la voix de leurs chiens, les délogeaient de leurs positions et les poursuivaient dans leurs retraites en en faisant un horrible carnage. Les Indiens se retirèrent enfin du champ de bataille, vaincus, mais nullement abattus, et prêts à recommencer la lutte à la première chance favorable. Les Espagnols, de leur côté, rentrèrent dans le camp en chantant victoire, mais de plus en plus affaiblis par leurs pertes en hommes, en chevaux et en chiens. Il serait même mort un bien plus grand nombre des leurs, si les Espagnols n'avaient pris l'habitude de se couvrir de boucliers sur lesquels venaient se planter les flèches empoisonnées de leurs ennemis (1).

Une victoire si chèrement achetée, bien que promettant quelques jours de répit aux Espagnols, ne laissait pas que d'inspirer de graves inquiétudes au chef, sur lequel pesait la responsabilité de l'expédition. Il comprenait les dangers qu'il avait à courir en s'exposant à

____

(1) Fr.-A. Caulin, *Historia de la N. Andalucia*, l. II, ch. IV, p. 122.

un nouvel assaut des insulaires, maintenant qu'il
n'avait plus que le tiers des soldats qu'il avait embarqués à Porto-Rico, avec la triste perspective d'une
famine imminente. Bien qu'il crût pouvoir continuer à
compter sur les libéralités du Cacique Chacomar, il
pensa qu'il était prudent de mettre un terme à un état
de choses si plein de périls pour son entreprise et pour
les compagnons de sa fortune. Son plan arrêté, il
assembla en conseil de guerre les vingt-cinq hommes
qui lui restaient, et, dans un discours éloquent et
habile, leur exposa leur triste position en même temps
que le déshonneur qui résulterait de leur abandon de
la conquête de l'île. Il se montra, quant à lui, disposé
à faire le sacrifice de ses titres de capitaine général et
d'adelantado pour le salut commun, mais il ne manqua
pas de faire ressortir tout l'opprobre qui s'attacherait
à leurs noms s'ils s'en retournaient à Porto-Rico
pauvres et vaincus. Après cet exorde, il leur fit la pein-
ture la plus entraînante des honneurs et des richesses
que leur promettait la victoire ; puis il leur demanda
de le laisser partir seul pour Porto-Rico, afin de
recruter de nouvelles troupes et de refaire les approvisionnements. Cette harangue éveilla l'enthousiasme
espagnol ; elle obtint le plus grand succès. Il fut décidé
à l'unanimité que Don Antonio Sedeño partirait pour
leur amener des renforts et des provisions, mais que
ses soldats abandonneraient momentanément l'île pour
se retirer sur la côte opposée du continent, où ils
espéraient pouvoir vivre en bonne intelligence avec
les naturels dont ils n'avaient pas à convoiter le territoire. Pour plus de sécurité néanmoins, il fut décidé

qu'on y élèverait une nouvelle forteresse qui mît les Espagnols à l'abri d'un coup de main (1).

Le gouverneur s'occupa immédiatement de mettre à exécution le projet adopté. Il en fit part à son ami Chacomar, auquel il demanda les Indiens qui lui étaient nécessaires pour la construction du fort, ne voulant pas y employer ceux du continent, dans la crainte de leur déplaire. Le Cacique reçut avec une expression visible de tristesse la nouvelle de son départ ; il lui accorda de bon cœur les hommes dont il avait besoin, mais sous promesse de les lui renvoyer aussitôt que sa construction serait achevée. Les deux chefs se quittèrent les larmes aux yeux. Don Antonio Sedeño s'embarqua avec ses soldats et ses Indiens sur les deux caravelles que, par précaution, il avait constamment tenues à la voile. Ce fut ainsi qu'il abandonna le poste de la Trinidad qu'il avait occupé une année entière. Le même jour, il débarquait avec tout son monde vers l'embouchure du caño de Pedernales, sur la côte d'Uriapari, ainsi appelée du nom du Cacique qui y commandait (2). Cet Indien, accompagné de ses principaux officiers, s'empressa d'accourir au devant des Espagnols, pour lier amitié avec eux ; de son côté, Sedeño leur offrit les quelques verroteries et autres bagatelles qui lui restaient encore de ses approvisionnements. Ce commencement de bons rapports fut mis à profit par les Espagnols pour activer la fabrique de leur nouveau camp retranché qui, sous le nom de *casa fuerte de Paria*, ou forteresse de

____

(1) Fr.-A. Caulin, *Historia de la N. Andalucia*, l. II, ch. IV, p. 123.
(2) Humboldt, *Voyage aux rég. équin.*, t. VIII, ch. XXIV, p. 463.

Paria, acquit, ainsi que nous le verrons bientôt, une si grande célébrité parmi les conquistadores de l'époque. En peu de temps, ce fort, bâti mi-partie de pierre et de *tapià* ou terre mélangée de paille, fut en état de loger les Espagnols et de les mettre à l'abri d'un coup de main de leurs nouveaux voisins. On s'occupa ensuite de le ravitailler; et le gouverneur mit tous ses soins à y amasser autant de vivres qu'il put s'en procurer. Puis le fort étant achevé et aussi bien muni de provisions que possible, il y laissa ses gens sous la conduite de son lieutenant, Juan Gonzáles, et partit pour Porto-Rico avec quelques Indiens, ses prisonniers de guerre, et après avoir renvoyé au fidèle Chacomar tous ceux qu'il lui avait prêtés comme ouvriers (1).

Mais, après le départ de Sedeño, la bonne intelligence ne fut pas de longue durée entre les Espagnols et les Indiens d'Uriapari. Ceux-ci, bientôt instruits des sanglantes batailles qui s'étaient livrées à la Trinidad, et craignant que, s'ils donnaient au gouverneur le temps de revenir avec des forces nouvelles, ils n'eussent à en soutenir d'aussi désastreuses, résolurent d'attaquer les étrangers pendant qu'ils ne se trouvaient encore qu'en petit nombre. Ils s'assemblèrent aussitôt en troupes nombreuses, dans le but de démolir le fort et d'exterminer les envahisseurs, et tombèrent à l'improviste sur les malheureux Espagnols, qui n'eurent que le temps de s'enfermer dans leur forteresse. Les Indiens l'investirent et l'attaquèrent de tous les côtés à la fois, mais en vain, les flèches n'étant pas un engin assez puissant

____

(1) Fr.-A. Caulin, *Historia de la N. Andalucia*, l. II, ch. IV, p. 123.

pour y faire brèche. Après plusieurs jours d'efforts
inutiles, ils prirent enfin le parti de lever le siége, se
contentant de surveiller la forteresse, sur laquelle ils
ne cessèrent de diriger des bandes armées, dans l'espoir
de surprendre les Espagnols. Mais ceux-ci, soit qu'ils
restassent dans le fort, soit qu'ils fussent dans l'obligation d'en sortir, étaient si bien sur leur garde, qu'il leur
fut impossible de les prendre en défaut. Malheureusement, les provisions diminuaient d'une manière effrayante,
et déjà les Espagnols pouvaient compter les jours qu'il
leur restait à vivre. Bloqués et sous le coup de la
famine, ils eurent recours au seul moyen qu'il leur
restât de prolonger leur existence, et se mirent coura-
geusement à la ration la plus restreinte, attendant avec
anxiété le retour de leur gouverneur, horrible situation où l'homme ne peut rien par ses propres
efforts, et se voit contraint d'attendre sa délivrance de
secours extérieurs, toujours sujets à d'innombrables
accidents (1).

Don Antonio Sedeño, de son côté, était arrivé à Porto-
Rico avec ses Indiens prisonniers de guerre, et, pressé
par le besoin d'argent, les avait mis en repartimiento,
selon la coutume de l'époque. Mais ses ennemis et ses
envieux mettant à profit les ordres sévères qui arrivaient
de temps en temps de la cour d'Espagne pour réprimer
ce commerce honteux, avaient dénoncé ces ventes illé-
gales; et pendant que le gouverneur était occupé à
recruter des soldats et à préparer des approvisionne-

____

(1) Fr.-A. Caulin, *Historia de la N. Andalucia*, l. II, ch. IV,
p. 123 et sqq.

ments, les autorités de Porto-Rico exigeaient qu'il mît
les Indiens en liberté et leur procurât les moyens de
s'en retourner dans leur pays (1). Les soins de cette
malencontreuse affaire, et les difficultés qu'il éprouva
dans le recrutement de nouvelles troupes et dans
l'acquisition de ses provisions de guerre et de bouche,
lui occasionnèrent une grande perte de temps ; et ce
fut sur ces entrefaites que les malheureux défenseurs de la
forteresse de Paria se trouvèrent réduits à l'affreuse
extrémité que nous venons de décrire.

(1) Fr.-A. Caulin, *Historia de la N. Andalucia,* l. II, ch. IV, p. 124.

CHAPITRE VII

RIVALITÉS ENTRE CONQUISTADORES. — LES RICHESSES DE RIO-MÉTA

(1532-1540)

Pendant que Don Antonio Sedeño s'occupait à Porto-Rico de la levée d'une troupe nouvelle pour reprendre sa conquête interrompue de l'île de la Trinidad, et que ses vieux soldats faisaient des efforts inouïs pour se maintenir dans leur forteresse, Don Diego de Ordaz, un des héroïques compagnons de Fernand Cortez, entrait dans le golfe de Paria porteur de lettres-patentes royales lui conférant le titre d'adelantado de tout le vaste territoire continental compris entre le cap de la Vela et le promontoire de Paria au nord, et le Rio-Marañon ou rivière des Amazones au sud. Après que la conquête du Mexique avait été achevée, cet homme audacieux, qui se vantait d'être descendu dans le profond cratère du pic de Popocatepetl pour en retirer du soufre, et qui portait dans ses armes un volcan enflammé en témoignage de ce haut fait, n'avait pu se résoudre à mener une vie simple et tranquille, et s'était remis à courir les aventures avec le désir alors si ardent d'ajouter de nouveaux fleurons à la couronne d'Espagne (1). Il était parti de San-Lucar avec une forte expédition pour

____

(1) Humboldt, *Voyage aux rég. équin.*, t. VIII, ch. XXIV, p. 462.

entreprendre la conquête du pays qui lui avait été concédé, et il était arrivé sans encombre vers l'embouchure de la rivière des Amazones. Là, il avait vu entre
les mains des Indiens de leurs pierres vertes qu'il avait
prises pour des émeraudes, et avait appris d'eux que,
sur les bords du fleuve, il en trouverait une montagne
entière. Alléché par l'appât d'un si riche butin, il avait
immédiatement entrepris de le remonter; mais, chemin
faisant, il avait fait naufrage, et ce n'avait pas été sans
courir les plus grands dangers qu'il était parvenu à
se sauver avec ses gens dans deux petites embarcations. Contraint d'abandonner ainsi sa proie, il avait
regagné la mer, et les courants qui suivent la côte
l'avaient porté d'abord à l'embouchure de l'Orénoque,
et de là dans le golfe de Paria, par la bouche du Serpent (1).

En entrant dans le golfe, Don Diego de Ordaz apprit
des Indiens l'existence d'un poste espagnol sur le continent. Courroucé de savoir qu'on avait osé s'établir sur
son territoire sans sa permission, il donna ordre à son
trésorier, Géronimo de Ortal, de se rendre immédiatement à ce poste, de s'en emparer et de faire prisonniers tous ceux qu'il y trouverait. Le trésorier, piloté
par les Indiens, y arriva en peu d'heures et y fut reçu
avec de grandes démonstrations de joie par les infortunés soldats de Don Antonio Sedeño, qui le prirent
pour un lieutenant de leur gouverneur chargé des
secours qu'il leur avait promis. Mais ils ne tardèrent
pas à se désabuser, car Geronimo de Ortal, une fois

(1) Humboldt, *Voyage aux rég. équin.*, t. VIII, ch. XXIV, p. 463.

débarqué avec les siens, s'apercevant qu'il n'avait affaire
qu'à un petit nombre d'hommes désarmés, se mit à
réprimander sévèrement le lieutenant Juan Gonzáles
qu'il cassa, et prit possession de la forteresse en attendant que Don Diego de Ordaz disposât des hommes
comme il l'entendrait. Celui-ci, averti par son trésorier, s'empressa de se rendre sur les lieux avec le reste
de sa troupe. Aussitôt arrivé, il offrit au lieutenant de
Sedeño et à ses hommes de les prendre à son service ;
plusieurs acceptèrent sa proposition ; mais d'autres, et
à leur tête le lieutenant Gonzáles, la refusèrent, décla-
rant ne pouvoir accepter ses offres bienveillantes sans
la permission de leur chef légitime. Cette belle conduite, tout en excitant l'admiration d'Ordaz, lui fit
craindre la contagion de l'exemple sur ceux qu'il avait
déjà gagnés, et pour éviter qu'ils ne revinssent sur
leur détermination, se hâta d'éloigner le lieutenant Gonzáles et ceux qui lui étaient restés fidèles, en les char-
geant de l'exploration des caños de l'Orénoque dont il
avait décidé de remonter le cours (1).

A peine Don Diego de Ordaz eut-il reçu du lieutenant de Sedeño les renseignements qui lui étaient nécessaires, qu'il se mit à faire les préparatifs de cette fameuse
expédition de l'Orénoque de laquelle il comptait recueillir
les richesses les plus considérables. Toutes ses dispositions prises, il embarqua son monde sur de grandes
chaloupes qu'il avait fait construire dans ce dessein, et
se mit à voguer contre le courant du fleuve. Mais en
partant, il n'avait pas voulu quitter la forteresse sans y

______

(1) Fr.-A. Caulin, *Historia de la N. Andalucia*, l. II, ch. v, p. 126.

mettre une garnison qui pût la disputer à son rival, en
cas qu'il s'y présentât pendant son absence. Bien résolu
à en garder la propriété, non seulement parce qu'elle
se trouvait sur son territoire, mais encore pour que
son droit de possession pût faire contrepoids au droit
de priorité de Don Antonio Sedeño, il avait décidé d'y
laisser cinquante hommes à la tête desquels il avait mis
le capitaine Martin Yañez, avec les pouvoirs les plus
étendus. L'expédition remonta le fleuve lentement et
péniblement. Pendant tout le cours du voyage, elle eut
à supporter les fatigues et les traverses les plus grandes.
Elle eut aussi à engager les combats les plus meurtriers
avec les Indiens des bords du fleuve, sans pouvoir parvenir à découvrir le moindre de ces trésors fabuleux
qu'elle avait cru devoir y rencontrer à chaque pas.
Parvenue au confluent de l'Orénoque et du Rio-Meta,
elle apprit cependant que sur les bords de ce nouveau
Pactole il y avait des richesses telles que les peuples
de ces heureuses contrées étaient littéralement couverts
d'or et de pierreries. Malheureusement, elle se trouvait
alors si exténuée de fatigue, de privations et de maladie,
qu'elle ne put profiter de ce renseignement, et, remettant à une nouvelle et plus heureuse entreprise la conquête de ses trésors, elle se vit forcée de redescendre le
fleuve dont le courant rapide la reporta, en peu de
jours, à la forteresse de Paria. Là, on retrouva le capitaine Yañez et ses cinquante hommes sains et saufs, mais
fort désappointés de la misère dans laquelle ils voyaient
revenir une si brillante expédition. Don Diego de Ordaz,
craignant une révolte et se voyant menacé de disette,
prit le sage parti de se rendre à Cumaná pour se ravi-

tailler, emmenant avec lui Martin Yañez et ses cinquante hommes, et ne laissant à la garde du fort que vingt-cinq des soldats de l'expédition de l'Orénoque, sous le commandement du capitaine Agustin Delgadó (1).

Informé des événements survenus à Paria, mais se voyant impuissant pour le moment à combattre des forces aussi imposantes que celles dont disposait son rival, Don Antonio Sedeño n'avait eu d'autre recours que de se plaindre au conseil suprême des Indes en Espagne ; et cette cour supérieure et sans appel avait décidé qu'il lui serait payé par Ordaz, non seulement le prix de la forteresse, mais encore une indemnité proportionnée à toutes les pertes qu'il avait eues à souffrir du fait de la violence exercée contre lui. Une seconde plainte avait aussi été portée contre Ordaz, au même tribunal, par le grand juge de Cubagua, Pedro de Ortiz Matienzo, qui l'accusait d'avoir porté les armes dans la limite de la juridiction de Cubagua, lors de son expédition sur l'Orénoque ; et le conseil suprême des Indes n'avait pas encore statué sur cette dernière affaire lorsque Ordaz et les siens arrivèrent à Cumaná, ville alors dépendante du gouvernement de Cubagua. Le grand juge le fit arrêter à son débarquement et jeter en prison. Certains disent qu'il l'y fit empoisonner ; le fait est qu'il y mourut. Ainsi périt un des hommes les plus marquants de la conquête américaine (2).

Don Antonio Sedeño, pensant que la mort de son rival ferait cesser toute résistance à ses prétentions

______

(1) Fr.-A. Caulin, *Historia de la N. Andalucia*, l. II, ch. v, p. 126 et sqq.

(2) *Id., ibid.*, p. 133.

continentales, s'empressa de partir pour Cubagua et de présenter au grand juge ses titres à la conquête de la Trinidad et à la possession de la forteresse de Paria. Mais le juge, auquel était déjà parvenue la renommée des richesses du Rio-Meta, et qui, lui aussi, voulait entreprendre sur le continent des découvertes et conquêtes, repoussa tous ses droits à la forteresse, jusqu'à ce que l'audience royale de Saint-Domingue, à laquelle il en référa, décidât du litige. Presque en même temps arriva de Saint-Domingue à Cubagua un certain Alonso de Herrera, nommé par l'audience royale lieutenant-gouverneur de Don Diego de Ordaz, pour continuer sa conquête. Don Antonio Sedeño, dont cette nomination contrariait souverainement les visées, eut avec lui de si vives altercations, que le juge se vit dans la nécessité de les mettre en prison tous les deux, de peur qu'ils n'en vinssent aux mains. Mais Sedeño, pour obtenir la liberté, fit la promesse au juge de partir immédiatement de Cubagua pour ne s'occuper désormais que de la conquête de la Trinidad. Sous cette condition, il fut relâché et s'embarqua avec seulement une trentaine d'hommes qu'il avait réussi à recruter ; mais les vents ne lui furent pas propices, et à quelques lieues de la côte de l'île il eut à subir un si gros temps, qu'il perdit dix de ses hommes. Avec ceux qui lui restait, il put enfin arriver sur la côte ferme, où, s'embarquant de nouveau dans une grande pirogue de pêche, il réussit à atteindre sa forteresse, après avoir couru les plus grands dangers (1).

Faible maintenant, et obligé de recourir à la ruse

_____

(1) Fr.-A. Caulin, *Historia de la N. Andalucia,* l. II, ch. v, p. 135.

comme auxiliaire, Don Antonio Sedeño, après avoir
manqué à la promesse qu'il avait faite au grand juge
de Cubagua, se vit obligé, pour reprendre sa forteresse,
de tromper à son tour le capitaine Agustin Delgado
qu'y avait laissé Don Diego de Ordaz, comme nous
l'avons vu plus haut, avec une compagnie de vingt-
cinq hommes. Cachant soigneusement au commandant
du fort la nomination d'Alonzo de Herrera à la succession de Don Diego, il se contenta de lui annoncer la mort
de ce dernier ; puis, le tenant comme dégagé de son serment de fidélité, il lui fit l'offre de sa lieutenance générale, s'il consentait à partager sa fortune en poursuivant
ses conquêtes. Cet artifice eut un complet succès ; et le
commandant, séduit, accepta avec empressement l'offre
brillante qui lui était faite. Maître de nouveau de sa
forteresse, le premier soin du gouverneur fut de s'in-
génier à trouver un moyen efficace de la soustraire à la
convoitise de son rival. Persuadé que Herrera ne man-
querait pas de venir la revendiquer, il voulut en laisser
la garde à celui de ses compagnons dans lequel il avait
le plus de confiance. Ce fut Bartolomé Gonzáles qu'il
nomma à ce poste important, avec l'ordre secret et
péremptoire de s'opposer par la force à toute entreprise
d'Alonso de Herrera, s'il osait se présenter au fort, et
de le prévenir sur le champ de l'arrivée de son rival.
Ces dispositions prises, Don Antonio Sedeño s'embarqua
pour la Trinidad avec son lieutenant Delgado et sa
troupe (1).

____

(1) Fr.-A. Caulin, *Historia de la N. Andalucia*, l. II. ch. v,
p. 135 et sqq.

Alonso de Herrera, mis à son tour en liberté par le grand juge de Cubagua, vint en effet se présenter à la forteresse de Paria, et le gouverneur Sedeño, à peine établi dans son camp retranché à la Trinidad, reçut l'avis qu'il avait été indignement trahi par le commandant Bartolomé Gonzáles. A la première sommation d'Alonso de Herrera, cet homme faible et pusillanime s'était rendu corps et biens, s'engageant avec les siens à n'obéir qu'aux ordres de l'audience royale de Saint-Domingue. Une si lâche conduite enflamma de colère Don Antonio Sedeño, qui résolut d'en tirer une vengeance prompte et éclatante. S'embarquant secrètement de la Trinidad avec toute sa troupe, il vint tomber de nuit et à l'improviste sur la forteresse, la surprit et s'en empara sans coup férir. Le traître Gonzáles fut mis aux fers. Quant à Alonso de Herrera, il eut peur que, en le gardant prisonnier, ses anciens soldats ne finissent par se soulever en sa faveur, et lui fit offre de le renvoyer à Cubagua, moyennant qu'il consentît à prêter serment de ne jamais plus remettre les pieds dans sa forteresse. Cette condition n'ayant pas été agréée, Sedeño se vit contraint de le mettre aussi aux fers avec les siens, et de les conduire tous à la Trinidad, en laissant comme commandant du fort Agustin Delgado à la place de Bartolomé Gonzáles. Arrivé à la Trinidad, il eut le tort de faire subir à ce dernier, pour lui faire avouer sa trahison, une si cruelle torture, que tous ses membres en furent, dit-on, disloqués. On raconte qu'il eut aussi la cruauté de vouloir faire pendre Alvaro de Ordaz, neveu du conquistador et compagnon d'Alonso de Herrera, avec deux de ses amis, mais qu'il en fut heureusement détourné par ses conseillers, qui lui exposèrent combien seraient funestes pour lui les résultats d'une si grande violence (1).

A la nouvelle de la conduite si audacieuse et si téméraire de Don Antonio Sedeño, l'audience royale de Saint-Domingue députa à la Trinidad le juge Alonso de Aguilar, accompagné d'un notaire, avec ordre de mettre Herrera en liberté, et Sedeño et ses partisans aux fers, et d'appliquer rigoureusement la loi, selon la culpabilité des parties. Aussitôt arrivé dans l'île, le juge fit signifier par notaire au gouverneur le décret de l'audience royale ; mais celui-ci, loin de s'y soumettre, fit jeter le notaire en prison. Il eût fait partager son sort au juge lui-même, s'il n'eût craint de voir ses propres soldats se révolter contre la violence de ces procédés. A la vue de la résistance de Sedeño et de l'impuissance du juge à le contraindre à l'obéissance, Alonso de Herrera prit le parti de gagner quelques-uns de ses anciens soldats, qui vinrent le délivrer la nuit et qui, s'emparant de l'une des embarcations du gouverneur, le conduisirent, en compagnie du juge et de son notaire, à la forteresse de Paria. La garnison fut séduite, et le commandant Agustin Delgado et plusieurs de ses amis mis aux fers à leur tour (2).

Ainsi trahi de tous côtés et hors de ses sens, le malheureux gouverneur ordonna d'assembler un conseil de guerre et de mettre aux fers tous ceux de ses soldats qui auraient trempé dans l'évasion de son rival ;

(1) Fr.-A. Caulin, *Historia de la N. Andalucia*, l. II, ch. v, p. 136.
(2) *Id., ibid.*, p. 136 et sqq.

mais les soldats ne lui laissèrent pas le temps de mettre
cette menace à exécution. Ces hommes, pour la plupart
accablés de maladie et exténués de fatigue, après avoir
inutilement employé prières et supplications pour fléchir
leur gouverneur, se révoltèrent enfin une nuit au cri de :
« Vive le roi qui nous délivre ! » et : « A bas Sedeño qui
nous maltraite sans pitié ! » Ils se rendirent en armes
dans son quartier, le désarmèrent et placèrent des sen-
tinelles à sa porte. Sedeño demeura ainsi leur prisonnier jusqu'à ce que la discorde s'étant mise parmi eux,
et les Indiens devenant de jour en jour plus menaçants,
les plus compromis, qui formaient le grand nombre, se
fussent enfuis à Cubagua. Le gouverneur, délivré par
le reste des soldats, mais ne se trouvant plus à la tête
que d'une poignée d'hommes restés fidèles, et se voyant
désormais incapable, soit de donner suite à la conquête
de l'île, soit de se lancer dans aucune entreprise continentale, se décida enfin, en 1533, à s'en retourner à Porto-Rico, pour protester contre les mesures
dont il avait été l'objet de la part de l'audience
royale de Saint-Domingue. Seul, Agustin Delgado resta
à la Trinidad avec quelques amis qui lui étaient dé-
voués (1).

En attendant qu'il plût au roi d'Espagne de prendre
une détermination relativement à la succession de Don
Diego de Ordaz, Alonso de Herrera occupa pendant
deux longues années le poste de Paria avec une garnison de seulement une vingtaine de soldats dont il
avait réussi à capter la bienveillance. Pendant ce long

____

(1) Fr.-A. Caulin, *Historia de la N. Andalucia,* l. II, ch. v, p. 137.

espace de temps, sa faible troupe eut souvent à se défendre contre les Indiens qui ne manquaient jamais l'occasion de l'attaquer à l'improviste. Mal nourris et mal vêtus, ces hommes eurent à endurer de cruelles maladies. Une vie d'alarmes continuelles et de privations de toute espèce en avait fait de véritables squelettes ambulants lorsque, en 1535, l'ex-trésorier de Don Diego de Ordaz, Geronimo de Ortal, leur arriva tout à coup d'Espagne, porteur de lettres-patentes royales le nommant gouverneur du territoire précédemment concédé à ce conquistador. Alonso de Herrera et Ortal étaient de vieux amis. Ils éprouvèrent la plus grande joie de se trouver réunis et se promirent de mettre leurs efforts en commun dans la poursuite de cette conquête. Le nouveau conquistador nomma d'emblée Herrera son lieutenant, et, après quelques journées de repos et plusieurs conférences intimes avec lui, le chargea de poursuivre l'entreprise de Don Diego de Ordaz et de remonter l'Orénoque à la recherche des trésors du Rio-Meta. Mais cette expédition d'Alonso de Herrera, dans laquelle ce capitaine perdit la vie, ne fut pas plus heureuse que la première (1).

Après avoir expédié son lieutenant sur l'Orénoque, Ortal avait passé avec un détachement à l'île de la Trinidad pour en prendre possession. Il y avait trouvé Agustin Delgado et ses compagnons occupant le fort de Sedeño depuis deux ans. Au lieu de leur chercher querelle, il s'était mis à capter leur amitié et, à force

____

(1) Fr -A. Caulin, *Historia de la N. Andalucia*, 1. II, ch. v, p. 142.

de bienveillance, avait réussi à les prendre à son service
pour travailler, conjointement avec ses troupes, à la
conquête de l'île. Ce fut à la Trinidad que lui arriva la
fatale nouvelle de la mort de son lieutenant Herrera
et de la perte totale de son expédition. Ce double
malheur, en dérangeant tous ses plans, le lia plus
étroitement encore à Delgado ; et celui-ci lui ayant
donné le conseil d'abandonner l'île, vu la faiblesse de
ses ressources, pour ne plus s'occuper désormais que
de celle du Rio-Meta, il désoccupa entièrement la Trinidad et se rendit avec armes et bagages à la forteresse
de Paria, où il arriva juste à temps pour recueillir les
débris de sa brillante expédition. Il voulut essayer d'en
organiser une seconde immédiatement après ; mais il ne
put réunir un nombre d'hommes suffisant, et se vit
contraint de prendre le parti de s'en aller à Cubagua
pour tâcher de s'y procurer des renforts. Marchant de
déception en déception, il ne put trouver dans cette île
que son ancien ami Alvaro de Ordaz et seulement trois
hommes qui consentissent à le suivre. Fatigué de tant
d'efforts inutiles, il s'en revint avec eux à la forteresse,
espérant trouver un capitaine qui voulût bien se risquer
à la tête d'une nouvelle et trop faible expédition à la
conquête des richesses du Rio-Meta ; mais ni Delgado
ni Ordaz n'osèrent prendre le commandement d'une
entreprise aussi hasardeuse avec des moyens aussi pré-
caires que ceux dont ils pouvaient disposer. Pour pourvoir à leur subsistance, les trois chefs convinrent alors
de se partager en autant de bandes de maraudeurs, et,
à la faveur des lois contre les Caraïbes, ils se mirent à
capturer les malheureux Indiens qu'ils allaient vendre

ensuite sur les marchés de Cubagua, de Porto-Rico et de Saint-Domingue (1).

En même temps que se poursuivait dans l'île sur le continent ce honteux commerce d'esclaves indiens, Don Antonio Sedeño, après avoir vidé ses différends avec l'audience royale de Saint-Domingue, faisait à Porto-Rico de nouveaux efforts pour enrôler des soldats sous ses drapeaux et reprendre sa conquête de la Trinidad. Mais les Espagnols, appréciant avec raison la difficulté de l'entreprise par les désastres passés, s'étaient fait une si haute idée de la valeur de nos insulaires, qu'ils n'osaient plus s'aventurer à les combattre, et les années s'écoulaient sans que le gouverneur entrevît la possibilité d'organ ser une force suffisante pour le rétablissement de son autorité. Telle était la position critique de notre conquistador lorsque la nouvelle des expéditions de Don Diego de Ordaz et d'Alonso de Herrera, se répandant et s'exagérant de plus en plus, il conçut la pensée de faire servir à sa conquête de la Trinidad l'enthousiasme nouveau des Espagnols pour les fabuleuses richesses du Rio-Meta. A cet effet, il raconta, dit-on, que, en interrogeant une de ses esclaves indiennes du continent, il avait appris d'elle qu'une masse prodigieuse d'ornements de guanin et d'argent, et de pierres vertes, venant du Rio-Meta, descendait chaque jour de l'Orénoque et formait l'objet d'un commerce considérable avec les Indiens du littoral de ce fleuve, de la côte de Paria et de l'île de la Trinidad. Il ajouta que, avec l'aide de son Indienne, il se faisait fort de con-

______

(1) Fr.-A. Caulin, *Historia de la N. Andalucia,* l. II, ch. v, p. 142.

duire une expédition à la conquête de ces trésors. Ce récit eut un succès merveilleux ; les Espagnols s'en enflammèrent à ce point qu'ils voulurent tous faire partie de l'entreprise. Don Antonio Sedeño se rendit sur le champ à Saint-Domingue, où il sollicita et réussit à obtenir de l'audience royale la faculté d'établir son quartier général sur le continent, pour diriger plus sûrement ses futures opérations pour la conquête définitive de l'île. Cette importante concession obtenue, il s'en revint à Porto-Rico où, au bruit des trésors du Rio-Meta et du plateau de Cundinamarca, il réussit à réunir, en peu de jours, cent quarante hommes et quarante chevaux. Il se hâta de diriger cette troupe sur le continent, sous la conduite d'un lieutenant du nom de Juan Baptista, avec ordre de s'y établir solidement pendant le temps qu'il serait encore forcé de rester à Porto-Rico pour compléter un corps suffisant pour la campagne qu'il avait en vue (1).

Juan Baptista débarqua ses gens sur le territoire de Maracapana qu'occupait alors Geronimo de Ortal. Celui-ci, jaloux de la présence de ce rival, essaya à plusieurs reprises de le déloger. Ne pouvant y parvenir, il donna l'ordre à Agustin Delgado d'aller lui livrer bataille. La rencontre eut lieu, et ce dernier ayant eu l'avantage, Juan Baptista, blessé et abandonné de la plupart des siens qui se réunirent aux troupes de Delgado, se retira accompagné du petit nombre de ceux qui lui restèrent fidèles. Ortal et ses lieutenants se voyant, à la suite de cette victoire, à la tête de près de cent cinquante

____

(1) Fr.-A. Caulin, *Historia de la N. Andalucia*, l. II, ch. v, p. 133.

hommes, se déterminèrent enfin à entreprendre leur expédition, si longtemps différée, au Rio-Meta. Ils se mirent en marche pleins d'espoir ; mais à peine eurent-ils fait quelques lieues que Delgado, dans un combat avec les Indiens, reçut à l'œil une flèche empoisonnée, et succomba à sa blessure. Ortal, en dépit de cet accident, avait ordonné de continuer la marche, et déjà, en effet, il avait avancé de plusieurs journées, lorsque ses soldats se révoltèrent tout à coup contre son autorité et se donnèrent de nouveaux chefs. Déposé de son commandement et renvoyé avec seulement dix hommes d'escorte, il réussit néanmoins à échapper à tous les dangers et à regagner la côte, d'où il se rendit à Saint-Domingue pour porter ses plaintes à l'audience royale. Quant à l'expédition, il est inutile de dire qu'elle échoua comme les deux précédentes. Les nouveaux chefs se montrèrent inhabiles à la diriger, et elle se débanda ; les soldats se retirèrent, les uns à Coro et les autres sur différents points du territoire vénézuélien (1).

Depuis trois ans cependant qu'ils avaient été vaincus par Agustin Delgado, les hommes restés fidèles à Juan Baptista s'étaient réunis en corps pour résister aux attaques des Indiens, et sous le commandement de ce chef, bientôt guéri de sa blessure, attendaient dans le dénument le plus complet que Don Antonio Sedeño réalisât sa promesse de les rejoindre avec un grand renfort de troupes, pour marcher à la conquête de leurs fabuleuses richesses. Ils n'attendirent pas en vain, car

____

(1) Fr.-A. Caulin, *Historia de la N. Andalucia*, l. II, ch. v, p. 144 et sqq.

leur conquistador, un beau jour, vint tomber au milieu
d'eux avec bon nombre de soldats, de chevaux et
d'esclaves, et une grande provision de munitions de
guerre et de bouche. Mais aussitôt arrivé, et contrairement à ses promesses, il se mit à travailler l'esprit de
sa troupe dans le sens de la détourner de l'entreprise
du Rio-Meta, à laquelle il n'avait jamais sérieusement
pensé, pour le porter sur la conquête de la Trinidad (1).
Pour arriver à cette fin, il ne négligea ni les moyens
persuasifs, ni les offres brillantes. Mais ce fut en vain ;
les soldats se montrèrent inébranlables, et il fut contraint de se mettre en route pour le Rio-Meta. Il ne se
trouvait encore qu'à une toute petite distance de Cumaná,
avec ses troupes, lorsque lui vint la nouvelle de l'arrivée
du licencié Irias, fiscal de l'audience royale de Saint-
Domingue, envoyé sur les réclamations de Gerónimo de
Ortal, pour lui faire rendre compte de son usurpation
continentale. Le licencié se rendit en effet peu de jours
après au camp de Sedeño pour y tenir une enquête ; mais
celui-ci refusa de se soumettre à son jugement et le fit
prisonnier avec toute sa suite. Puis il les renvoya tous
à Cubagua, après les avoir dépouillés de leurs papiers,

(1) Dans le récit de Fr.-A. Caulin, il existe évidemment une con-
tradiction manifeste entre le motif qui fait agir Don Antonio Sedeño
à Porto-Rico et celui qui le porte à diriger ses forces sur la Trinidad dès son arrivée sur les côtes du continent. Il est clair que si
le conquistador a montré pour l'entreprise du Rio-Meta de l'enthousiasme à Porto-Rico et de la répugnance sur le continent, il
faut en inférer que cet enthousiasme ne fut alors qu'un subterfuge
qui lui permit de lever des troupes pour soumettre les Indiens de la
Trinidad que les Espagnols n'osaient plus entreprendre de combattre. Donc Sedeño n'a jamais pensé à abandonner la conquête de
l'île.

de leurs effets, et même, dit-on, de leurs vêtements.
Aussitôt qu'il apprit que le fiscal et sa suite étaient
arrivés au lieu de leur destination, il leva le camp et
poursuivit sa marche sur le Rio-Meta. Peu de jours
après, et à une grande distance encore du but qu'on se
proposait d'atteindre, une femme esclave, on ne sait
pour quelle raison, mêla du poison aux aliments qu'elle
lui avait préparés, et lui ravit ainsi la vie, en 1540, au
milieu d'horribles souffrances. Les soldats se donnèrent
un nouveau chef, dans l'espoir de continuer leur entreprise ; mais, désabusés bientôt du rêve brillant de leur
imagination, et accablés de privations et de fatigue, ils
se mutinèrent et finirent par se disperser (1).

La mort violente de Don Antonio Sedeño vint mettre
un terme à son entreprise de la conquête de l'île, car
aucun de ses lieutenants n'eut la hardiesse de la poursuivre après lui ; nous avons déjà vu, en effet, combien
grande était devenue la répugnance des Espagnols à
entrer en lutte ouverte avec nos belliqueux Indiens.
Elle termina aussi les bruyantes rivalités qui répandi-
rent tant de sang espagnol sur le continent sud-américain, sang dont les chroniqueurs en général voudraient
rendre responsable notre premier conquistador, pour
avoir refusé d'obéir aux injonctions de l'audience royale
de Saint-Domingue. En portant un semblable jugement,
ces écrivains, ce semble, n'ont pas assez tenu compte
de la décision du conseil suprême d'Espagne, car il est
permis de se demander si Sedeño, après la mort de
Don Diego de Ordaz, mort qui venait mettre obstacle à

____

(1) Fr.-A. Caulin, *Historia de la N. Andalucia*, l. II, ch. v, p. 147.

l'exécution de la sentence de ce tribunal supérieur, pouvait ou même devait, sans compensation aucune, abandonner ses droits sur la forteresse de Paria qu'il avait construite. La question ainsi posée, il est difficile de se défendre de quelque penchant pour ce glorieux et hardi capitaine, surtout lorsqu'on ne perd pas de vue que cette forteresse était alors considérée comme la clé des fabuleuses richesses du Rio-Meta. Comme tous les hommes marquants des petites localités, Sedeño eut des ennemis acharnés que lui créa l'envie. Nommé contador du roi en 1512, puis regidor perpétuel en 1515, dès cette époque il était représenté au gouvernement, par le licencié Sancho Velasquez, comme un ancien valet du conquistador Ponce de Leon. En 1518, le même juge Velasquez l'accusait de complicité dans une affaire de rapt d'une jeune fille à Séville, et le jetait en prison. En 1521, le juge Velasquez le mettait encore en prison pour concussion des deniers du roi, et en 1524 il lui était demandé compte de ses recettes par le licencié Vasquez de Ayllon, par suite de cette dernière accusation. Mais ces accusations, évidemment calomnieuses, tombent d'elles-mêmes devant le fait du maintien de ses emplois jusqu'à sa mort et devant cet autre fait, également concluant, de sa nomination, en 1528, comme gouverneur et capitaine général de l'île de la Trinidad, en récompense des longs services qu'il avait rendus à la monarchie. Ne craignons donc pas de contempler avec orgueil cette grande figure des premiers temps de notre histoire, et soyons glorieux de rendre hommage à cet énergique et audacieux Espagnol qui, le premier, consacra ses trésors et sa vie à la conquête de notre pays.

CHAPITRE VIII

EL DORADO. — LE DEUXIÈME CONQUISTADOR, DON JUAN PONCE

(1541–1579)

Depuis la mort de Don Antonio Sedeño jusqu'à l'année 1570, les côtes de l'île et celles du continent avoisinant ne furent plus visitées que par les armateurs marchands d'esclaves indiens. Pendant cette longue période de trente ans, la loi barbare qui mettait au ban de l'humanité toute population américaine rebelle à la conquête espagnole fut surtout activement exécutée à la Trinidad, où les Indiens avaient si vaillamment résisté aux armes de notre premier conquistador. Accusés de cannibalisme, et convaincus de s'être opposés à la propagation de l'Évangile en faisant la guerre aux Espagnols, les malheureux insulaires avaient été condamnés, dès 1533, à subir la condition d'esclaves (1). Tel était le fanatisme de l'époque.

Mais la cause de la négligence apportée à la conquête de l'île pendant un si long temps fut encore moins la difficulté de l'entreprise que l'inconcevable notion qui se répandait de plus en plus parmi les Espagnols d'une contrée tellement riche en or et en pierreries, que la découverte de ce nouveau jardin des Hespérides était

---

(1) Llorente, *OEuvres de Las Casas*, sup. IIe Mém., t. I, p. 276.

devenue l'objet unique de la convoitise de nos modernes hercules. Ce pays imaginaire, que la crédulité publique plaça d'abord, ainsi que nous l'avons vu, sur les rives du Rio-Meta, s'était alors transporté sur le revers oriental des Andes du nouveau royaume de Grenade (1). On racontait qu'un Indien de Tacunga avait fait au gouverneur de Popayan, l'adelantado Don Sebastian de Belalcazar, la confidence de richesses extraordinaires existant sur le plateau de Cundinamarca ; que, dans ce lieu féerique, les palais étaient couverts de lames de métaux précieux ; que les champs en portaient des épis, et que la poussière des rues elle-même était de la fine poudre d'or. Quant au souverain du pays enchanté, on le représentait le corps sans vêtement, mais tout couvert de paillettes d'or appliquées sur la peau. Il resplendissait comme le soleil lui-même, et c'est pour cette raison que les Espagnols l'appelèrent le *dorado*, c'est-à-dire le doré ou le roi doré, nom qui s'appliqua plus tard à la contrée soumise à ce chef puissant. Ce fut bientôt à qui volerait le plus vite à la conquête de ce paradis terrestre : toutes les têtes, même les plus fortes, subirent alors le joug de cette chimère. Elle donna lieu à un nombre considérable d'expéditions pendant les deux siècles suivants, expéditions toutes malheureuses et toutes inutiles aussi, si elles n'avaient servi à la géographie des immenses pays situés entre l'Orénoque et l'Amazone ; c'est ainsi que tout, même la folie humaine, aboutit en définitive au bien général de l'humanité (2).

(1) Humboldt, *Voyage aux rég. équin.*, t. VIII, ch. XXIV, p. 439.
(2) *Id.*, *ibid.*

L'île de la Trinidad, placée à l'embouchure du premier de ces deux grands fleuves, et par conséquent appelée fatalement à subir le contre-coup d'un grand nombre de ces entreprises, se trouve historiquement liée aux aventures de ces nouveaux conquistadores du Dorado ; et c'est pour cette raison qu'il nous est indispensable de retracer brièvement celles d'entre elles qui se rapportent le plus étroitement au travail que nous poursuivons.

Après les expéditions déjà relatées d'Ordaz, d'Herrera, d'Ortal et de Sedeño, nous trouvons, en première ligne, la triple entreprise des deux adelantados Don Sebastian de Belalcazar et Don Gonzalo Ximenes de Quesada, et de Nicolas Federmann, de la Factorerie allemande des Welzer. Le premier et le dernier partis, l'un de Venezuela et l'autre de Popayan, trouvèrent le second déjà établi sur le plateau de Cundinamarca. Cette rencontre fortuite de trois armées tendant au même but témoigne de l'avidité avec laquelle était poursuivie la chimère du Dorado. Elle faillit mettre à feu et à sang la partie du continent déjà soumise aux Espagnols, sans autre résultat que la découverte du pays de Cundinamarca ou Nouvelle-Grenade. C'est l'événement le plus extraordinaire et le plus dramatique de tous ceux qui marquèrent les pas des guerriers ardents à la conquête de ce nouvel Éden (1). Nous retrouverons, au chapitre suivant, le même Don Gonzalo Ximenes de Quesada, toujours le jouet de sa folle imagination, se lançant, jusqu'à la fin de sa vie, dans de nouvelles et incessantes entreprises à la recherche du Dorado.

(1) Humboldt, *Voyage aux rég. équin.*, t. VIII, ch. XXIV, p. 466.

Deux autres expéditions du même genre, entreprises, en 1539 et 1540, par Hernan Perez de Quesada et Gonzalo Pizarro, tous deux frères des conquistadores de la Nouvelle-Grenade et du Pérou, n'aboutirent de même qu'à la découverte de la province de *las Canelas* ou des Canelliers (1).

Ce fut dans cette expédition de Gonzalo Pizarro que l'un de ses capitaines, Francisco de Orellana, entreprit de chercher le Dorado en descendant le cours de l'Amazone. Voici comment il s'y hasarda. Après toute une année de marches qui n'avaient abouti qu'à la découverte du Rio-Napo, un des affluents de l'Amazone, l'expédition se trouva réduite, par la fatigue et par le manque de nourriture et de vêtement, à un tel degré de prostration de force, que son chef s'était résolu à construire, sur le bord de la rivière, une barque qu'il pût utiliser pour le transport des bagages de l'armée et des hommes les moins valides. A force de travail et de patience, une caravelle, solidement construite, avait été mise à flot, et le commandement en avait été confié à Francisco de Orellana. Celui-ci s'y était embarqué avec un grand nombre de malades ; et, pendant que les hommes encore sains continuaient la marche le long du Napo, il en descendait parallèlement le cours, poussé par le courant. De cette manière, l'armée entière avançait de front, sans être gênée dans sa marche. Mais la fatigue était si grande, qu'il ne tarda pas à arriver un moment où toutes les forces s'étant épuisées, les soldats

(1) Humboldt, *Voyage aux rég. équin.*, t. VIII, ch. xxiv, p. 478 et sqq.

les plus robustes eux-mêmes ne purent plus continuer à aller en avant. La caravelle ne pouvant contenir tout le monde, il devint indispensable de s'arrêter et de camper sur le bord du fleuve pour reprendre haleine. Ces dispositions prises, Gonzalo Pizarro voulut utiliser la caravelle pour le ravitaillement de ses troupes. Le capitaine Orellana fut chargé de descendre le cours du Napo pour reconnaître le pays, entrer en communication avec les Indiens, et se procurer des secours en vivres et provisions. Il s'embarqua à la tête de cinquante hommes bien armés et se laissa bravement pousser par le courant jusqu'à la jonction du fleuve avec l'Amazone. Arrivé à ce point, et trouvant la contrée toujours aussi dépeuplée et aussi dépourvue que par le passé, il ne voulut pas s'en retourner les mains vides et se résolut à abandonner son chef à son malheureux sort. Il se mit à descendre alors le cours de l'Amazone, sur les rives de laquelle il chercha en vain, pour son propre compte, le pays du Dorado. Il eut pourtant le bonheur d'exécuter son audacieux voyage d'un bout à l'autre en échappant à des périls et à des difficultés de toute sorte, et arriva sain et sauf à l'embouchure du fleuve. Il se mit ensuite à remonter la côte du continent et, vers le milieu de 1541, traversa le golfe de Paria pour se rendre à Cubagua et s'embarquer pour l'Espagne (1).

Tandis qu'Orellana terminait ainsi sa fameuse expédition, sans autre succès que la découverte du cours de l'Amazone, un Allemand, de la même Factorerie des Welzer, Philippe de Huten, connu dans les chroniques

(1) Prescott, *Conquest of Peru*, book IV, ch. IV, p. 319 et sqq.

espagnoles sous les noms de *Urre* et de *Utre*, se mettait
en campagne à la tête de cent trente hommes pour faire
la conquête du Dorado. Parti de Coro vers le mois de
juin 1541, il suivit les traces de son compatriote Federmann. En interrogeant les Indiens sur la direction à
prendre pour parvenir à la mystérieuse contrée qu'il
convoitait, il ne fut pas médiocrement surpris d'apprendre qu'une armée considérable, commandée par Don
Hernan Perez de Quesada, et destinée aussi à la recherche
du Dorado, venait de quitter les lieux où il se trouvait
alors. De crainte de se laisser devancer par l'Espagnol,
il s'avança à marches forcées dans une autre direction.
Mais, comme bien l'on pense, ils ne furent pas plus
heureux l'un que l'autre, et Philippe de Huten, après
la perte d'une année entière employée à des marches
inutiles, se vit contraint, par la fatigue et les privations
de toute espèce, à s'en retourner à Coro vers la fin
de 1542, sans avoir pu atteindre le mirage trompeur
qui semblait reculer à mesure qu'on croyait avancer
vers lui (1).

Deux nouvelles expéditions partirent à la fois du Tocuyo
en 1547, l'une commandée par le gouverneur du Venezuela en personne, Don Juan de Villegas, et l'autre par
son lieutenant, Alonso Perez. Cette double entreprise
fut des plus malheureuses ; ce ne fut que trois ans
après, en 1550, que les débris des deux corps d'armée
purent enfin rentrer au Tocuyo dans un état de dénument complet (2).

(1) Humboldt, *Voyage aux rég. équin.*, t. VIII, ch. xxiv, p. 478.
(2) Baralt, *Historia de Venezuela*, t. I, ch. ix, p. 171 et sqq.

L'expédition de Don Pedro de Ursua, entreprise en 1560, par ordre du marquis de Cañete, Don Andres Hurtado de Mendoza, vice-roi du Pérou, mérite de fixer plus particulièrement notre attention à cause du retentissement qu'elle eut sur les côtes du continent voisines de notre île. Voici ce qui en occasionna toute la célébrité. Au nombre des gens embarqués par le général Ursua pour faire la conquête du Dorado, se trouvait un nommé Lope de Aguirre, homme d'un naturel inquiet et féroce. Quoique de très-basse naissance, il était dévoré de l'ambition de commander ; il se mettait volontiers à la tête de toute rébellion. Déjà il avait été condamné à mort pour une insurrection au Pérou, et n'avait dû son salut qu'à une évasion. A peine fut-il incorporé dans l'armée d'Ursua, qu'il se mit à y fomenter une révolte, laquelle se termina par l'assassinat du général et de son lieutenant. Après ce premier succès, Aguirre usa d'artifice pour ne pas se compromettre, et ce fut son complice, Fernando de Guzman, qu'il fit élever au commandement en chef, ne se réservant que le poste de maître de camp. Usant alors de son influence sur son nouveau chef, il lui fit accueillir le conseil insidieux de faire faire volte face à l'armée, pour reprendre le chemin du Pérou et en faire la conquête. Il n'avait en vue, par ce projet insensé, que de provoquer un nouveau soulèvement des troupes, afin qu'il pût en profiter pour se débarrasser de tous ceux qui lui faisaient obstacle. Ceux qui s'opposèrent à cet absurde commandement furent, en effet, mis à mort, et parmi eux une malheureuse femme et l'aumônier de l'armée. Ainsi délivré de toute opposition, il ne lui resta plus qu'à se mettre à la tête des troupes, et c'est là ce qu'il ne tarda pas à faire en tuant, de sa propre main, son complice Guzman. Dès qu'il se vit chef absolu de l'armée, il se garda bien de s'en retourner au Pérou, ou même de s'occuper de la conquête du Dorado. Estimant que les établissements des Espagnols lui offraient une proie plus facile, il descendit l'Orénoque, traversa le golfe de Paria et se rendit à l'île Marguerite, où il s'empara traîtreusement de la personne du gouverneur, Juan Villandrando, vola le trésor royal, et mit à feu et à sang la ville et les campagnes. Mais ces forfaits ne restèrent pas longtemps impunis, et le *tyran* (nom par lequel il est le plus souvent désigné), bientôt attaqué par des troupes réunies à la hâte, se trouva enfin réduit à la dernière extrémité. Se voyant alors sans aucune chance de salut, il tua sa fille de sa propre main, comme il avait tué son complice, et se fit tuer ensuite par ses gens. Ainsi finit Lope de Aguirre, en 1561, comme avait fini, quinze siècles avant lui, son prototype, l'empereur Néron (1).

A la suite de ces malheurs consécutifs, les entreprises à la recherche du Dorado prirent un caractère nouveau. Ces échecs, sans ébranler la foi aveugle des Espagnols dans la réalisation du rêve qui troublait alors toutes les imaginations, ralentirent un peu la fougue des ambitieux. Nous ne les verrons plus se lancer tête baissée dans des expéditions qui consommaient leur ruine ; plus circonspects désormais, nous les retrouverons à la cour d'Espagne sollicitant des gouverne-

______

(1) Baralt, *Historia de Venezuela*, t. I, ch. xii, p. 197 et sqq.

ments américains, dans le but d'asseoir sur une base solide leurs projets de conquête du Dorado. En 1568, Don Diego Fernandez de Zerpa demande et obtient des lettres-patentes royales (cedula) lui conférant le titre et les pouvoirs de gouverneur et conquistador de la Nouvelle-Andalousie et de la Guyane (1), et l'année suivante, 1569, Don Pedro Malaver de Silova, déjà fort éprouvé par une première entreprise à la recherche du Dorado, obtient aussi le gouvernement du pays des Indiens Omaguas, des bords de l'Orénoque, et le titre de conquistador des contrées qu'il pourrait découvrir (2). Ces deux entreprises ne furent pas plus heureuses que les précédentes ; les chefs périrent l'un et l'autre de la main des Indiens.

Telles furent les premières entreprises à la découverte du Dorado. Nous avons déjà dit qu'elles jetèrent une vive lumière sur la géographie des contrées qui en furent le théâtre ; nous ajouterons maintenant qu'elles servirent aussi, par leur insuccès même, la cause de la conquête américaine, en asseyant des villages européens là où la force des armes n'avait pu encore fonder aucun établissement permanent. Ce fut, en effet, des débris de ces expéditions malheureuses que se formèrent, petit à petit, ces nouvelles communautés espagnoles ; elles naquirent de la force des choses et des circonstances, sans qu'il soit même possible d'assigner une date certaine à leur fondation. Ces villages, qui ne furent d'abord que des sortes de lieux d'asile

______

(1) Fr.-A. Caulin, *Historia de la N. Andalucia*, l. II, ch. IX, p. 147 et sqq.

(2) Baralt, *Historia de Venezuela*, t. I, ch. XIII, p. 288 et sqq.

où les traînards et les blessés des armées espagnoles étaient recueillis et pansés par les Indiens hospitaliers, devinrent, par la suite, des espèces de territoires neutres pour les Américains comme pour les Européens, quand ceux-ci eurent mérité la confiance de ceux-là par les résultats obligés de tout commerce prolongé : leur union avec les Indiennes et l'adoption de leur langue, de leurs mœurs et de leurs usages. Insensiblement et naturellement ils devinrent alors les rendez-vous des armateurs et servirent d'entrepôts aux marchandises européennes, quand le contact de la civilisation eut commencé à rendre sensibles les Indiens aux douceurs des outils d'acier, des ornements de verroterie, des cotonnades à vives couleurs, et surtout des liqueurs fortes, car c'est toujours en flattant les mauvais côtés humains que se fait accepter la civilisation : il n'y a que le christianisme seul, ainsi que l'observation en a été faite bien des fois, qui ne se soit établi que sur les instincts généreux de l'humanité.

C'est ainsi que se formèrent simultanément deux bourgades sœurs peuplées d'Espagnols indianisés (1) : l'une sur la rive droite de l'Orénoque, à son confluent avec le Caroni, vis-à-vis l'île Fajardo, et l'autre sur le golfe de Paria, à l'île de la Trinidad. La première, nommée *Santo Tome de Guayana* ou Saint-Thomas de la Guyane, occupait le site d'un ancien village indien ; nous verrons bientôt que son existence ne fut pas de longue durée. Sur son emplacement s'élève aujourd'hui

(1) Ces deux bourgades sœurs n'ayant pas de fondateurs, il est impossible de se rendre compte de leur formation d'aucune autre manière ; elles durent commencer à naître vers l'an 1560.

Puerto de las Tablas ou port des Planches. La seconde, appelée *Porto,* et plus tard, après modification de la langue, *Puerto de los Hispanioles* ou port des Espagnols, occupait de même le site d'un ancien village indien du nom de *Conquerabia* (1). Cette dernière bourgade, dont le nom se changea, par suite, en celui de *puerto de España* ou port d'Espagne, est aujourd'hui la capitale de l'île. C'est une des plus belles et des plus grandes villes des Antilles ; elle est située au coude septentrional que forme la côte occidentale de l'île, et se présente tout d'abord au voyageur qui pénètre dans le golfe de Paria par les bouches du Dragon. L'emplacement en est admirable ; c'est une vaste plaine, à pente insensible, de plus de trois lieues de superficie, arrosée par les deux rivières de Sainte-Anne et de Maraval, baignée par les eaux du golfe et fermée de collines et de montagnes pittoresques. Elle pourrait contenir une ville de plus d'un demi-million d'habitants.

A l'époque où nous voilà parvenus, Puerto de los Hispanioles et Santo Tome de Guayana n'étaient pas fréquentés par les seuls Espagnols ; déjà les Français, les Anglais et les Hollandais, bien que n'étant pas encore établis dans le Nouveau-Monde, venaient y trafiquer avec les Indiens. Souvent même les corsaires de ces trois nations pénétraient alors dans le golfe de Paria, et remontaient l'Essequibo et l'Orénoque à la recherche des navires espagnols qu'ils voulaient intercepter, en représaille du droit de capture qu'exerçait l'Espagne sur tout navire étranger surpris au-delà du tropique (2).

(1) Sir Walter Ralegh, *Voyages to Guiana,* p. 19.
(2) Raynal, *Histoire philos. et politique,* t. IV, l. X, p. 34.

Cependant, le bruit de la déconfiture de Don Antonio Sedeño à la Trinidad, et de sa fin tragique sur le continent, s'était répandu en Espagne, et nul Espagnol n'avait encore osé solliciter l'héritage de son gouvernement, quand un brave capitaine, créole de Saint-Domingue, qui s'y trouvait, résolut à son tour de former un établissement dans cette île guerrière, jusqu'ici si rebelle à la conquête espagnole. Il se nommait Don Juan Ponce et était parent, ce semble, du célèbre conquistador de Porto-Rico, Don Juan Ponce de Leon. Après de longues négociations avec la cour, le capitaine réussit à obtenir des lettres-patentes royales lui concédant, pour trois générations (*tres vidas*), la conquête et le gouvernement de l'île. Selon la coutume de l'époque, ses pouvoirs devaient se borner à ceux d'un simple gouverneur pendant tout le cours de la conquête, mais avec faculté de s'étendre jusqu'à ceux d'un adelantado après réduction des Indiens à la vie chrétienne et édification d'une ville fortifiée. On voit qu'ils furent les mêmes que ceux accordés à Don Antonio Sedeño, plus la transmissibilité à sa descendance. La cédule royale lui conférait aussi le droit de se faire accompagner par douze religieux. Cette faculté d'embarquement d'un si grand nombre d'ecclésiastiques, et cette concession d'une si haute autorité héréditaire, témoignent hautement du dessein que formait le conquistador d'arriver par voie pacifique à la conquête de l'île, et aussi de l'importance attachée à cette conquête par la cour d'Espagne.

Les négociations terminées, Don Juan Ponce se mit aussitôt à l'œuvre. Il demanda ses religieux à l'ordre de l'Observance de Grenade, et les réunit à Séville

sous le commissariat du R. P. Fr. Juan à Dios dado,
lequel s'était muni des pouvoirs nécessaires pour fonder
couvent et province dans la colonie. Il y assembla aussi
un grand nombre de *pobladores* ou émigrants. Après
avoir fait tous ses arrangements, il embarqua son monde,
et mit à la voile vers la fin de 1571. La brillante expédition arriva à la Trinidad, après un heureux voyage.
On ne sait pas au juste où elle débarqua ; mais tout porte
à croire que ce fut, non pas sur la côte méridionale de
l'île, comme celle de Don Antonio Sedeño, mais sur sa
côte occidentale, à Puerto de los Hispanioles. Quoi qu'il
en ait été, elle n'eut malheureusement pas de succès ;
mal accueillie des insulaires, elle eut à subir leurs hostilités dès le début. Elle fut aussi assaillie par les moustiques et par les chiques (genre de puces qui se mettent entre
cuir et chair pour faire leurs pontes). Bientôt accablés
de maladies et d'ulcères, les malheureux Espagnols
n'eurent pas la force de se mettre au travail des champs ;
ils manquèrent de vivres, et presque tous moururent
de faim. Le petit nombre de ceux qui eurent la force
de résister à toutes ces misères prit le parti, pour ne
pas succomber à son tour, de quitter la plage inhospitalière de l'île et de s'embarquer, les uns pour l'Espagne,
et les autres pour le continent et le nouveau royaume
de Grenade. Parmi les premiers se trouvaient le père
commissaire Juan à Dios dado et plusieurs religieux.
Un autre religieux, le père Diego Ramirez, fit route
avec ceux qui se dirigèrent sur le continent. On ne sait
pas ce qui advint du conquistador (1).

____

(1) Fr.-A. Caulin, *Historia de la N. Andalucia*. l. II, ch. ix, p. 150.

Ce sont là les seuls détails qui nous aient été conservés de cette deuxième tentative de conquête. Elle fut encore plus déplorable que la première, et l'île demeura, comme par le passé, au pouvoir des seuls insulaires, sans perspective de prochaine colonisation.

Quatre ans plus tard, néanmoins, en 1576, deux zélés missionnaires jésuites, les pères Ignacio Llauri et Julian de Vergara, vinrent, comme l'avaient fait les deux martyrs dominicains de 1513, prêcher l'Évangile à Puerto de los Hispanioles (1). Ils y convertirent et baptisèrent un grand nombre d'Indiens, les disposant ainsi, sans qu'ils s'en doutassent, à subir le joug inévitable de la puissante Espagne. Après un séjour assez prolongé dans l'île, ils se rendirent à Santo Tome de Guayana, où ils espéraient trouver un plus vaste terrain à leurs travaux apostoliques. Là aussi ils convertirent et baptisèrent beaucoup d'Indiens ; mais leur apostolat n'y fut pas de longue durée. En 1579, les Hollandais, qui cherchaient à s'établir sur les côtes du continent, remontèrent l'Orénoque sous le commandement du capitaine Adrien Janson, et détruisirent la ville. A la suite de ce désastre, les deux religieux et tout le reste de la population se trouvèrent réduits à une si grande misère, qu'ils se virent forcés d'abandonner les décombres fumants de leur ville pour chercher à gagner

____

(1) P. Gumilla, *Orinoco ilustrado*, t. I, ch. I, p. 30... *Despues de haber hecho mucho fruto en San Joseph de Oruña.* — Le R. Père veut sans doute dire Puerto de los Hispanioles, puisque c'est la seule ville qui existât alors dans l'île, San Jose de Oruña n'ayant été fondé que quinze ans plus tard, en 1591, par Don Antonio de Berrio y Oruña, comme nous le verrons plus tard.

Cumaná à travers les terres. Mais presque tous périrent de faim, de fatigue et de maladie, et parmi eux le vénérable P. Llauri. Le P. Julian de Vergara, qui survécut, fut forcé de se retirer, par la suite, dans les missions de Casanare (1).

Que de maux les Espagnols, tant décriés, n'eurent-ils pas à subir pour conquérir l'Amérique !

(1) Fr.-A. Caulin, *Historia de la N. Andalucia*, l. I, ch. I, p. 8.

CHAPITRE IX

LA MANOA DEL DORADO. — LE TROISIÈME ET DERNIER
CONQUISTADOR, DON ANTONIO DE BERRIO Y ORUÑA

(1580-1594)

Comme ces mythes de l'antiquité païenne qui se revêtaient de formes diverses pour s'adapter aux différentes localités où ils pénétraient, la fable du Dorado eut à subir de fréquentes altérations, en remontant au nord pour s'avancer ensuite vers l'est. Dans la période où nous entrons, elle se fixe dans la partie orientale de la Guyane, en devenant tour à tour le *Dorado de la Parime,* la *Manoa del Dorado,* et plus simplement, enfin, la *Manoa* (1).

Un certain Juan Martinez, qui avait été de l'expédition de Don Diego de Ordaz, en 1531, d'après sir Walter Ralegh, ou, d'après le baron de Humboldt, et plus vraisemblablement, un nommé Juan Martin de Albujar, qui avait fait partie de celle de Don Pedro Malaver de Silva, en 1570, est celui qui éveilla l'idée du Dorado dans la région de l'Orénoque, voisine de la Trinidad. On racontait que ce personnage, qui avait la charge des munitions de guerre dans cette entreprise, ayant laissé sauter, par négligence, le magasin aux poudres, avait

____

(1) Humboldt, *Voyage aux rég. équin.,* t. VIII, ch. XXIV, p. 485.

été condamné à mort par Silva, mais que les soldats chargés de son exécution et qui l'aimaient beaucoup, ayant voulu le sauver, avaient imaginé de le faire disparaître sans le tuer, en l'embarquant de nuit dans un petit canot, et le livrant ainsi tout seul au courant de l'Orénoque. Le moyen, quoique désespéré, réussit. Le nouveau Moïse eut la chance d'être sauvé par des Indiens qui, voyant pour la première fois un homme blanc, le recueillirent comme une bête curieuse, et le promenèrent de ville en ville jusqu'à la grande cité de la Manoa, la capitale d'un second empire du Pérou. L'empereur le reconnut chrétien en le voyant, car il n'y avait pas trop longtemps encore que ses frères péruviens avaient péri de la main des Espagnols. Il fut pourtant généreux pour lui et le logea dans son propre palais. Mais, durant les sept mois qu'il habita le palais de ce monarque, il ne lui avait jamais été permis de visiter le pays, qu'on ne lui avait du reste fait traverser, pour arriver à la capitale, qu'avec les yeux bandés, afin qu'il ne pût en voir la richesse. Ce n'avait été qu'en entrant dans la grande cité qu'on lui avait enlevé le bandeau. Le voyage à travers le pays avait été d'une quinzaine de jours, et celui de l'entrée de la ville au palais impérial de deux jours entiers. Mais quelle ville! Le Londres et le Paris de nos jours ne seraient que de minces bourgades en comparaison de cette gigantesque capitale. Au bout de son séjour de sept mois à la Manoa, et après qu'il eut commencé à parler un peu la langue du pays, l'empereur lui avait demandé s'il n'aimerait pas mieux rester avec lui plutôt que de s'en retourner chez les Espagnols. Juan Martin de Albujar ayant préféré s'en aller rejoindre les siens, le riche souverain l'avait alors renvoyé en le faisant accompagner jusque sur les bords de l'Orénoque par une grande troupe d'Indiens chargés d'autant d'or qu'ils pouvaient en porter, comme présent d'adieu. Mais, pendant le voyage, des Indiens d'une autre nation en guerre avec l'empereur l'avaient dépouillé de ce cadeau vraiment impérial, à l'exception de deux calebasses remplies de grains d'or habilement ouvrés en colliers, qu'ils lui avaient laissés, croyant qu'elles ne contenaient que des provisions de voyage. Ayant ainsi perdu tout son trésor, il était enfin arrivé sur les bords de l'Orénoque et s'était mis dans un canot avec ses deux calebasses, et après avoir descendu le fleuve, il avait abordé à la Trinidad ; de là, il s'était rendu à la Marguerite, et enfin à Porto-Rico, d'où il avait voulu passer en Espagne, mais où il était tombé gravement malade. Se voyant à l'article de la mort, il s'était confessé et, en recevant les derniers sacrements, avait remis au prêtre, avec la relation écrite de son voyage, les deux calebasses de grains d'or en paiement de messes pour le repos de son âme (1). Ainsi se transforma la légende du Dorado en avançant du côté de la Trinidad. Ce récit fabuleux, avidement accepté, enflamma de plus belle les imaginations ardentes.

C'est surtout dans la personne du fameux conquistador de la Nouvelle-Grenade, l'adelantado Don Gonzalo Ximenes de Quesada, que nous avons laissé, en 1538, sur le plateau de Cundinamarca, que s'étaient en quelque sorte incarnées les folies qui se débitaient

(1) Sir W. Ralegh, *Voyages to Guiana,* p. 29 et sqq.

alors. Cet homme éminent, et maintenant âgé, qui avait déjà passé une grande partie de sa vie à poursuivre la conquête du Dorado, était revenu en Espagne en 1569, plus entiché que jamais de sa chimère. Il avait obtenu du roi une concession de quatre cents lieues carrées de territoire, à partir des limites de la Nouvelle-Grenade jusqu'aux frontières des concessions précédemment faites à Don Diego Fernandez de Zerpa et à Don Pedro Malaver de Silva, et c'est sur ce territoire, d'une étendue considérable, qu'il espérait découvrir enfin l'objet de toute sa convoitise. Le titre de marquis pour lui et sa descendance, titre qui jusqu'alors n'avait été accordé, en Amérique, qu'à Fernand Cortez et à Francisco Pizarro, était la récompense attachée au succès de son entreprise (1).

Aussitôt arrivé à Santa Fé de Bogotá, l'illustre et infatigable vieillard se mit à préparer une brillante expédition qui ne lui coûta pas moins de trois cent mille piastres d'or. Il réunit trois cents Espagnols des plus aguerris, beaucoup de femmes, quinze cents Indiens des deux sexes, un grand nombre de têtes de bétail, et se mit en route pour ses opulents domaines. Mais, hélas ! plus il avançait, et plus le mirage trompeur semblait reculer. Enfin, las d'aller sans trouver des trésors, de parcourir inutilement pendant trois ans les rives de plusieurs rivières tributaires de l'Orénoque, l'adelantado, après avoir perdu presque tout son monde de faim et de fatigue, rentra, en 1572, à Santa Fé de Bogotá à la tête de vingt-cinq hommes seulement. On

____

(1) Acosta, *Descubrimiento de la N. Granada*, ch. XVIII, p. 345.

se sent pris de tristesse à la vue de ces géants de la
conquête luttant corps à corps avec un vain fantôme, et
toujours terrassés par lui (1).

L'intrépide adelantado, cependant, toujours plein de
confiance dans l'existence dü Dorado qu'on commençait
alors à placer dans le bas Orénoque, mais âgé déjà de
soixante-quinze ans, criblé de dettes contractées pour
subvenir aux frais de sa dernière entreprise, et atteint
de la cruelle maladie dont il mourut, l'adelantado, se
sentant désormais impuissant à entreprendre une nouvelle expédition, fit venir auprès de lui son compagnon, Don Antonio de Berrío y Oruña, auquel il donna
la main de sa nièce, et qu'il institua son légataire universel,
sous la condition expresse et le serment solennel, dit-
on, de poursuivre jusqu'au dernier soupir la réalisation du rêve de toute sa vie (2). Ces dispositions prises,
et son esprit plus tranquille, Don Gonzalo Ximenes de
Quesada pensa à se soigner, et se rendit dans ce dessein aux bains sulfureux de Tocaïma ; mais, n'en éprou-
vant pas de bons effets, il se fit transporter à Mariquita,
où il mourut de la lèpre (3), le 16 février 1579.

Don Antonio de Berrío y Oruña était un homme sur
lequel son père d'adoption avait pu compter. Il était
plein de cœur et de droiture, ouvert et courageux (4).
Issu d'une famille honorable, il avait servi son pays à
Milan, à Naples et dans les Pays-Bas. Dès qu'il lui eut

____

(1) Acosta, *Descubrimiento de la N. Granada,* ch. xviii, p. 347
et sqq.
(2) Sir W. Ralegh, *Voyages to Guiana,* p. 34.
(3) Acosta, *Descubrimiento de la N. Granada,* ch. xx, p. 372.
(4) Sir W. Ralegh, *Voyages to Guiana,* p. 23.

fermé les yeux, il se mit en devoir de tenir sa promesse. Riche par lui-même, et ayant crédit sur place,
il réussit bientôt à former la plus grande expédition
qu'on eût encore conduite à la recherche du Dorado. Il
partit de la Nouvelle-Grenade en 1584 (1), emmenant
à sa suite plusieurs religieux, sept cents chevaux, une
nombreuse troupe d'Espagnols et d'Indiens, beaucoup
de femmes et d'esclaves noirs, et un millier de têtes
de bétail. Passant la Cordillère à l'est de Tunja, il vint
s'embarquer sur le Rio-Casanare, dans des bateaux
plats qu'il y avait fait construire. La cavalerie avançait,
tantôt sur une rive et tantôt sur l'autre, pour éviter
les obstacles; elle était aussi embarquée sur les bateaux
lorsque la configuration du sol de l'une et l'autre rive
ne se prêtait pas à la marche des chevaux (2). Une
entreprise tellement pénible et hardie éveille une profonde admiration ; on demeure émerveillé de la somme
d'audace et de résolution dépensée pour triompher de
semblables difficultés. Embarquer un si grand nombre
de chevaux pour les mettre à terre chaque fois que la
cavalerie peut agir est un tour de force étonnant pour
celui qui ne dispose que de moyens si bornés (3).

Après avoir descendu le Casanare, Don Antonio de
Berrío tomba dans le Rio-Meta, qu'il parcourut jusqu'à
sa jonction avec l'Orénoque, et se mit alors à suivre le
cours de ce dernier fleuve. Ce fut dans cette grande
rivière que les hommes et les chevaux commencèrent
à mourir ; les maladies qui vinrent l'assaillir et les

(1) Cette date ressort de la relation de sir W. Ralegh.
(2) Sir W. Ralegh, *Voyages to Guiana,* p. 34 et sqq.
(3) *Id., ibid.,* p. 37 et sqq.

combats incessants qu'il eut à livrer aux Indiens de ces parages lui en enlevèrent un grand nombre. Après une année de cette marche embarrassée, son armée se trouva considérablement réduite. Pour laisser passer la saison des inondations et faire reprendre haleine à son monde, il fut forcé de s'arrêter et de camper pendant six mois dans un lieu élevé et situé à huit journées de marche du confluent du Caroni et de l'Orénoque. Là il reçut des Indiens les premières notions de la Manoa del Dorado et de ses fabuleuses richesses, et se fortifia dans ses rêves de conquête. Mais il eut malheureusement à y subir une épidémie de dyssenterie, causée par la mauvaise qualité des eaux, qui lui enleva la plupart des chevaux qui lui restaient et une soixantaine de ses plus vaillants soldats. L'infortuné Berrío ne se trouva bientôt plus qu'à la tête de cent vingt-cinq hommes seulement, et sans chevaux et sans bétail. Les eaux alors ayant baissé, et le temps s'étant mis au beau, il leva le camp et voulut essayer avec ses faibles forces de pénétrer vers le sud dans le pays de la Manoa ; mais il trouva, à quelque distance de la rive méridionale de l'Orénoque, une chaîne de montagnes que ses soldats invalides étaient peu en état de franchir, et que le manque de vivres et l'hostilité des Indiens de ces parages ne lui permettaient pas d'entreprendre de contourner. Forcé d'abandonner la voie de terre et de se rembarquer, il se remit à redescendre l'Orénoque, dans le double but de se ravitailler et de recueillir de nouveaux et plus amples renseignements sur le Dorado. Parvenu à peu de distance du delta du fleuve, il aborda dans un pays riche en provisions de toute espèce, et habité par une nation d'Indiens pacifiques. Il y fut si bien accueilli, qu'il se décida à y séjourner pendant quelque temps pour se refaire, laisser reposer ses troupes et s'arrêter à une détermination dernière (1).

Le pays où arriva Don Antonio de Berrío était gouverné par un Indien octogénaire, sage et subtil, du nom de Carapana. Ce vieillard avait été élevé dans un village de Yaïos de l'île de la Trinidad, appelé Parico, où son père l'avait envoyé tout enfant pour le soustraire aux périls des dissensions civiles régnant alors dans la contrée. Dans cette île, de même qu'à la Marguerite et à Cumaná où, dans sa jeunesse, il avait fait plusieurs voyages avec les Indiens de la Trinidad, il avait souvent eu occasion de voir des Européens. Avec sa perspicacité indienne achevée, il avait compris que les hommes blancs qu'il voyait appartenaient à différentes nationalités : espagnole, française, anglaise et hollandaise, et il s'était appliqué à s'instruire des forces respectives de ces différentes nations européennes. Le résultat de ses recherches l'avait convaincu de l'impossibilité où il se trouvait de pouvoir jamais leur opposer une résistance sérieuse, et, en politique prudent, il avait dès lors jugé nécessaire de travailler à gagner leur amitié, et de s'accommoder aux temps et aux circonstances. Cette conduite habile lui avait procuré la satisfaction de maintenir son pays dans la paix et l'abondance (2).

Le Cacique Carapana confirma les rapports qui avaient

(1) Sir W. Ralegh, *Voyages to Guiana*, p. 42.
(2) *Id,, ibid.*, p. 41.

été faits à Berrío que les richesses de la Guyane et lui donna des conseils sur la manière de pénétrer dans le pays. Mais le conquistador, se trouvant alors avec trop peu de forces, ne voulut pas s'exposer à manquer sa proie dans ce moment difficile. Se déterminant à en remettre la conquête à des temps plus prospères, il décida de continuer à descendre l'Orénoque jusqu'à la mer, et d'aller s'établir dans l'île de la Trinidad pour y préparer ses moyens de conquête. Après six semaines de séjour dans le pays de Carapana, il s'embarqua avec tout son monde, sous la conduite de pilotes indiens fournis par le Cacique, et, traversant la bouche du Serpent, il pénétra dans le golfe de Paria et aborda, ce semble, à Puerto de los Hispanioles. En prenant ainsi possession de l'île comme base de ses opérations futures sur la partie orientale de la Guyane, le conquistador faisait preuve de discernement et de science militaire, mais outrepassait, évidemment, les bornes de la concession dont il avait hérité de son père d'adoption, et en vertu de laquelle il agissait de cette façon. Il convient pourtant de faire observer ici que la mort des conquistadores Don Juan Ponce, Don Diego Fernandez de Zerpa et Don Pedro Malaver de Silva, les concessionnaires titulaires des contrées qu'il convoitait, lui conférait plus de droits à la conquête de la Trinidad et de la Guyane, par cause de contiguité de territoire, que n'en pouvait réclamer un nouveau venu sans titre spécial (1).

Les Indiens de la Trinidad opposèrent-ils de la résis-

(1) C'est donc à tort que l'établissement de Don Antonio de Berrio y Oruña à la Trinidad et à la Guyane a été censuré par plusieurs auteurs, entre lesquels se trouvent Humboldt et Baralt.

tance à l'établissement de Don Antonio de Berrío ?
Malgré le silence des chroniqueurs à cet égard, il semble
qu'il est difficile d'en douter, après le mauvais accueil
qu'en reçurent nos deux premiers conquistadores. Il est
probable pourtant que, arrivant à la suite de Don
Antonio Sedeño et de Don Juan Ponce, le nouveau conquistador n'eut à y entreprendre qu'une invasion comparativement facile, car les Indiens, d'un côté, se
trouvaient alors très-fatigués de luttes et bien diminués
en nombre, et les Espagnols, de l'autre, se sentaient
déjà comme établis à Puerto de los Hispanioles. Quoi
qu'il en ait été, Don Antonio de Berrío, après avoir
solidement affermi ses troupes dans la bourgade, se mit
en quête de renforts qui lui permissent de mettre à
exécution ses projets de conquête du Dorado. Dans ce
dessein, il se rendit à la Marguerite et à Cumaná. Le
gouverneur de l'île, Don Juan Sarmiento, émerveillé de
ses récits sur les splendeurs de la ville enchantée,
entra dans ses plans et lui accorda un contingent de
cinquante soldats ; mais il n'en fut pas de même de
celui de Cumaná, Don Francisco de Vides, qui refusa
d'emblée toute association à son entreprise. Celui-ci,
incluant arbitrairement la Trinidad et la Guyane dans
son gouvernement de Cumaná, prétendit avoir seul le
droit de faire la conquête de ces contrées et se promit,
en attendant qu'il pût porter plainte à la cour d'Espagne
contre son rival, de traverser tous ses plans, en lui
suscitant l'inimitié du Cacique Morequito. Ce chef d'un
territoire considérable des bords de l'Orénoque s'était
lié de la plus étroite amitié avec Vides, depuis un
voyage qu'il avait fait à Cumaná, où il avait payé tous

ses achats en croissants, en plaques et en images d'or fabriqués au Pérou. La vue de tout cet or avait éveillé la cupidité du gouverneur, qui lui avait promis sa protection pour mieux le dépouiller, et c'est à la faveur de cette protection qu'il dénonçait au Cacique les futures entreprises de son concurrent (1).

A son retour à la Trinidad, Don Antonio de Berrío s'était mis résolument à l'œuvre. Avec les forces dont il disposait déjà et le renfort qu'il avait reçu du gouverneur de la Marguerite, il avait achevé de soumettre les Indiens carinepagotos des environs de Puerto de los Hispanioles, et il en avait distribué les terres à ses soldats (2). Pour cultiver ces terres, il avait mis les Indiens en *repartimiento*, c'est-à-dire qu'il les avait répartis par lots entre les Espagnols. Cette organisation de travail, alors en usage dans tous les établissements américains, offrait le double avantage d'habituer les Indiens à la peine et de permettre à leur égard l'exercice d'une active surveillance. Le gouverneur était d'une grande sévérité, principalement à l'égard des chefs, dont il ne pardonnait pas la trahison (3). En peu de temps il organisa un gouvernement assez fort pour tenir en respect les peuplades encore insoumises et en soumettre de nouvelles.

Son autorité ainsi acceptée et assise, le gouverneur Berrío entreprit d'élever deux villes : l'une à la Trinidad, dans l'intérieur de l'île, pour être à l'abri des corsaires qui infestaient le golfe de Paria, et l'autre

(1) Sir W. Ralegh, *Voyages to Guiana*, p. 42 et 43.
(2) *Id., ibid.*, p. 19.
(3) *Id., ibid.*, p. 21.

dans la Guyane, comme première étape de ses futures
entreprises à la recherche des trésors de la Manoa del
Dorado. Ce ne fut que la septième année après son
départ de la Nouvelle-Grenade, en 1591, qu'il se mit à
élever ces deux villes sœurs. A celle du continent qu'il
bâtit sur la rive droite de l'Orénoque, dans le pays du
Cacique Carapana, et à douze lieues à l'est de la première bourgade détruite, comme nous l'avons vu, par
le Hollandais Adrien Janson en 1579, il maintint le
nom primitif de Santo Tome de Guayana ; c'est cette
ville dont les ruines existent encore aujourd'hui sous
les noms de *Vieja-Guayana* ou Vieille-Guyane, et de
las Fortalezas et *el Castillo* ou les Forteresses et le
Château-Fort (1). A celle de l'île, il donna son nom du
côté des femmes, en mémoire peut-être de sa mère, et
l'appela *San-Jose de Oruña* ou Saint-Joseph d'Oruña (2).
Il la construisit à deux lieues à l'est de Puerto de los
Hispanioles, sur une petite éminence au pied de laquelle
coule la jolie rivière appelée aussi Saint-Joseph, une des
tributaires de notre Caroni. C'est par cette dernière
rivière, dont l'embouchure se trouve à peu de distance
du sud de Puerto de los Hispanioles, que s'approvision-
nait la ville des produits étrangers. Au confluent des
deux rivières, à la distance d'une bonne lieue au sud
de la ville, le gouverneur établit un port qu'il nomma
Porto-Grande ou Grand-Port ; ce port, vaste et sûr pour
des bateaux d'un petit tonnage, était gardé par un fortin
qu'occupaient quelques soldats. Il éleva aussi des rem-

---

(1) Fr.-A. Caulin, *Historia de la N. Andalucia,* l. II, ch. xi, p. 162.
(2) *Id., ibid.,* p. 165.

parts pour la défense de la ville et, pour les soins spirituels et temporels de la population, un couvent ou hospice, sous l'invocation de son patron *San-Antonio* ou Saint-Antoine. Ce fut à des religieux observantins qu'il en confia l'administration, les pères Fr. Juan de Peralta, et Fr. Domingo de Santa-Agueda, tous deux chapelains de son expédition (1). Ainsi se fonda l'ancienne capitale de l'île. Son site est admirablement approprié à sa destination première, qui fut de servir d'abri aux Espagnols contre les surprises des corsaires. Des deux chemins qui y conduisaient, celui du Caroni, par eau, et celui de Puerto de los Hispanioles, par terre, le premier était aisément défendu par des barrages qu'on obtenait en faisant de distance en distance quelques abattis des arbres gigantesques qui couvraient les deux rives de la rivière ; quant au second, qui n'était qu'un sentier à peine tracé dans la forêt vierge, le plan était de ne pas le défendre. On se mettait en embuscade dans le bois, et on laissait pénétrer l'ennemi jusqu'à la capitale qu'il trouvait déserte et sans aucune valeur ; mais, au retour, il essuyait d'adversaires invisibles de terribles décharges auxquelles il ne pouvait pas répondre, sans oser s'enfoncer dans ces bois impénétrables où l'attendait un péril encore plus certain (2).

Mais tout en travaillant à la fondation de ces deux villes et à la réduction des Indiens de l'île, le gouverneur Berrío ne négligeait pas de s'occuper aussi de ses préparatifs de conquête de la Manoa del Dorado.

(1) Fr.-A. Caulin, *Historia de la N. Andalucia,* t. II, ch. xi, p. 166.
(2) P. Gumilla, *Orinoco ilustrado,* t. I, ch. i, p. 15.

Cependant, aussi prudent qu'infatigable, il voulut avant tout avoir une connaissance exacte de la contrée où la crédulité publique plaçait alors la grande cité mystérieuse. Dans ce dessein, il se hâta de faire partir de la Trinidad une petite expédition de huit hommes à la tête de laquelle il mit un moine instruit, avec mission de pénétrer dans le pays aussi avant que possible, et de dresser un rapport détaillé de tout ce qu'il y aurait vu et de tout ce qui serait parvenu à sa connaissance. Comme toujours, cette entreprise n'eut pas un résultat heureux. Après avoir remonté l'Orénoque jusqu'à la ville de Carapana, le religieux s'y arrêta plusieurs jours pour prendre du vieux Cacique les renseignements nécessaires à son voyage d'exploration, puis il se rendit sur le territoire de Morequito dont il ignorait la haine violente contre Don Antonio de Berrío. L'Indien dissimulé reçut les Espagnols avec de grandes démonstrations d'amitié et leur fit même accepter des guides pour les conduire dans l'intérieur du pays. Pendant les onze jours que dura le voyage, ils réussirent à se procurer une grande quantité d'or que Morequito, averti par un des guides détaché à cet effet, résolut de s'approprier. Il embusqua, dans cette intention, une troupe d'Indiens qui assaillit l'expédition à son retour ; le religieux et tous ses gens furent massacrés, à l'exception d'un seul homme qui échappa, comme aux Thermopyles, pour porter à la Trinidad la nouvelle de la catastrophe (1).

Une si grande perfidie enflamma de colère Don Antonio de Berrío ; il résolut de tirer une éclatante

(1) Sir W. Ralegh, *Voyages to Guiana*. p. 43 et sqq.

vengeance du Cacique, de son peuple et de son pays.
A la nouvelle de cette menace, l'Indien eut peur de
rester sur ses terres et se réfugia à Cumaná, chez son
protecteur Vides dont il n'avait fait que servir les intentions hostiles à l'égard de son rival. Aussitôt instruit de
la présence de Morequito à Cumaná, le gouverneur
Berrío s'empressa d'y expédier un détachement pour le
réclamer au nom du roi comme assassin. Vides, n'osant
le lui disputer, de crainte de se trouver compromis
dans le massacre de huit Espagnols, le cacha dans la
maison d'un nommé Fajardo, auquel le malheureux
Cacique offrit trois quintaux d'or pour le sauver. Mais
ce fut en vain ; trahi de toutes parts, il fut livré au
maese de campo ou maître de camp de Berrío, Domingo
de Vera, qui le fit exécuter sur le champ (1). Non
satisfait de la mort de Morequito, le gouverneur de la
Trinidad, pour intimider les Indiens de la Guyane et
faire un exemple, envoya Domingo de Vera à la tête de
nouvelles troupes, avec ordre de ravager le pays et
d'en prendre possession. Le maese de campo remplit
de point en point sa mission, et la cérémonie de la
prise de possession eut lieu le 23 avril 1593. Elle se fit
dans les formes accoutumées. Devant toutes les troupes
réunies, il fit planter une grande croix par le chapelain
Francisco Carillo, puis il s'avança devant elle en pro-
nonçant la formule d'usage : « Je prends cette possession au nom du roi Don Felipe, notre maître, et de son
gouverneur, Don Antonio de Berrío y Oruña (2). »

(1) Sir W. Ralegh, *Voyages to Guiana*, p. 44.
(2) *Id., ibid.*, app., note III, p. 44.

Pendant ce temps, le gouverneur s'occupait de peupler l'île de colons espagnols qu'il prenait principalement à la Marguerite (1), où la pêche des perles commençait à devenir improductive, et dont le gouverneur, Don Juan Sarmiento, le secondait de son mieux. Mais le besoin de peupler le nouveau territoire de Morequito, et celui de réunir une forte armée pour entreprendre, avec succès, la conquête de la Manoa del Dorado, lui firent prendre la détermination d'envoyer en Espagne son maese de campo, avec ses pleins pouvoirs pour négocier à la cour de Philippe II le recrutement de trois cents hommes, et faire étendre, en même temps, ses lettres-patentes à la conquête de la Trinidad et de la Guyane. Il le fit partir l'année suivante, en 1594, avec toutes ses instructions, et, pour mieux accréditer à la cour les richesses du Dorado, lui fit emporter les ornements d'or qu'il avait obtenus des Indiens en échange de ses bibelots et de ses outils (2).

Cette même année 1594, il envoya chercher son jeune fils, Don Fernando, qu'il avait laissé à Santa-Fé de Bogota, en lui prescrivant de venir le rejoindre au premier ordre qu'il en recevrait, et dépêcha aussi des émissaires à Caracas et à Santiago-de-Leon, avec mission de lui acheter des mules et des chevaux pour l'équipement de sa cavalerie (3). Ainsi préludait l'infatigable et audacieux Don Antonio de Berrío y Oruña à la conquête de la trop fameuse Manoa del Do-

---

(1) Sir W. Ralegh, *Voyages to Guiana*, p. 104.

(2) Fr.-A. Caulin, *Historia de la N. Andalucia*, l. II, ch. xi, p. 162 et sqq.

(3) Sir W. Ralegh, *Voyages to Guiana*, p. 46.

rado, conquête qui devait lui donner plus de richesses que n'en possédait le Grand-Mogol ; lui valoir, avec le titre d'adelantado, le plus haut emploi civil et militaire ; le doter d'un marquisat ; immortaliser enfin son nom.

CHAPITRE X

INCURSION DE SIR WALTER RALEGH

(1595)

Si, lorsque la paix régnait en Europe, les corsaires d'Angleterre infestaient déjà la mer des Antilles et le golfe de Paria, interceptant les galions espagnols chargés des richesses du Nouveau-Monde, on peut se faire une idée des proportions colossales que prirent les armements anglais en Amérique, quand la reine Elisabeth eut décidé de prendre la défense des Provinces-Unies de Hollande contre Philippe II, et que ce fut principalement dans ses Indes occidentales, qu'elle savait être le siége de sa puissance, en même temps que le point le plus vulnérable de son empire, qu'elle eut entrepris d'attaquer l'Espagne. Ce fut comme une irruption d'expéditions transatlantiques en 1594 et 1595, parmi lesquelles les plus célèbres sont : celle de Richard Hawkins, dans la mer du Sud, et celles de sir Francis Drake et de sir John Hawkins, dans la mer des Antilles. Les deux derniers capitaines saccagèrent et brûlèrent les villes naissantes de Caracas, Santa-Maria, Rio-Hacha, Porto-Belo, etc., etc. (1).

De tous ces hardis marins qu'opposa l'Angleterre à la

(1) Baralt, *Historia de Venezuela*, t. I, ch. xiii, p. 239.

puissance de l'Espagne en Amérique, nous n'avons à nous occuper ici que du célèbre sir Walter Ralegh, capitaine des gardes de la reine. Cet homme d'épée et de plume, d'un esprit peut-être un peu trop romanesque, était doué d'un cœur noble et d'une bravoure chevaleresque. S'il est vrai, comme on le prétend, qu'Elisabeth lui ait accordé ses faveurs, il est juste aussi de reconnaître que son haut crédit à la cour ne fut jamais employé qu'à rehausser la gloire de sa souveraine et la puissance de son pays. Aussitôt que la guerre eut été résolue, il voulut commander une expédition pour l'Amérique. Ce fut comme chef de cette expédition que son imagination ardente le porta d'emblée au-delà des limites du possible. Imbu des récits merveilleux qui circulaient sur les richesses de la Guyane, il dédaigna de suivre les traces des autres capitaines anglais et conçut le dessein téméraire de s'emparer de cette province, s'imaginant que la perte de cette belle contrée serait pour l'Espagne un coup plus rude que le sac et l'incendie de quelques-unes de ses villes du littoral américain. En chef habile et prudent, néanmoins, il expédia d'abord un de ses lieutenants, le capitaine Whiddon, en Amérique, pour sonder le terrain et faire un rapport circonstancié de tous les renseignements qu'il pourrait recueillir sur la Guyane et la fameuse cité impériale de la Manoa (1).

Le capitaine Widdhon mit à la voile en 1594 et vint aborder, la même année, le seul point où il pouvait se renseigner convenablement : la Trinidad. Il mit à l'ancre

____

(1) Sir W. Ralegh, *Voyages to Guiana*, Epistle, p. 9.

à Puerto de los Hispanioles, où il entra bientôt en rapport avec les Indiens, les Espagnols et le gouverneur Berrío. Il feignit d'avoir relâché dans l'île pour refaire ses provisions de bois et d'eau. Le gouverneur, soit qu'il ignorât l'hostilité de sa visite, soit qu'il se sentît trop faible pour lui chercher querelle, lui accorda avec bonne grâce la permission qu'il lui demandait. Le capitaine mit à profit son bon vouloir, et, prolongeant tant qu'il put son séjour dans l'île, eut tout le loisir de prendre les renseignements qu'il désirait avoir. Pendant tout le temps, les communications furent des plus amicales ; mais un jour que Widdhon était allé, dans sa barge, à la rencontre d'un navire des Indes orientales, le *Bonaventure*, entré dans le golfe depuis la veille, quelques Indiens se présentèrent à son bord, dans un canot, avec des chiens, et, en son absence, invitèrent l'équipage à une chasse au cerf. La partie fut acceptée par huit Anglais qui s'embarquèrent avec les Indiens et ne reparurent jamais plus. On prétendit qu'ils avaient été tués par des soldats de Berrío postés en embuscade dans le bois. Quoi qu'il en ait été, le capitaine Whiddon, tout à sa mission, dissimula sa colère, et la reconnaissance terminée, s'en revint en Angleterre faire son rapport à sir Walter Ralegh (1).

Peu de jours avant le départ de Ralegh pour l'Amérique, le 1er février 1595, un autre célèbre marin anglais, sir Robert Dudley, montant le *Bear*, de 200 tonneaux, entra dans le golfe de Paria avec deux caravelles espagnoles qu'il avait capturées dans la mer des

(1) Sir W. Ralegh, *Voyages to Guiana*, p. 20 et sqq.

Antilles. Il venait à la rencontre de sir Walter Ralegh qu'il croyait déjà parti d'Angleterre, et dont l'expédition lui était connue. Celui-ci n'étant pas encore arrivé, il se résolut à l'attendre à la Trinidad, et aborda l'île dans sa partie méridionale où les Espagnols, n'avaient pas encore formé d'établissement. Les Indiens l'accueillirent avec bienveillance, l'entretinrent des merveilles de la Manoa del Dorado, et lui montèrent l'imagination à un point tel que, pour mettre à profit le temps de son séjour dans l'île, il voulut, lui aussi, s'occuper de la découverte de la séduisante cité. A cet effet, il expédia dans l'Orénoque un grand canot monté par quatorze hommes. Seize jours après son départ, la petite expédition était de retour ; elle lui apportait, de la part d'un Cacique des bords du fleuve, un présent de quatre demi-disques en or et d'une paire de bracelets d'argent. Il va sans dire que le canot ne pénétra guère au-delà du delta de l'Orénoque, circonstance qui n'empêcha pas les hommes qui en faisaient partie de rapporter la certitude de l'existence du Dorado, lequel ils eurent le soin, toutefois, de placer à une immense distance. Sir Robert Dudley passa quarante jours dans l'île dont il crut le sol aurifère, sur la foi des Indiens ; il en fut enchanté et y fit quatre longues marches à travers le pays « pour son amusement, écrivit-il, et pour son instruction. » Enfin, après avoir été rejoint par le capitaine Popham qui venait de Plymouth, il se fatigua d'attendre sir Walter Ralegh, et s'en retourna croiser dans la mer des Antilles avec son camarade (1).

(1) E.-L. Joseph, *History of Trinidad,* part. II, ch. IV, p. 136 et sqq.

Ce ne fut que le 22 mars 1595, dix jours après le départ de sir Robert Dudley, que sir Walter Ralegh arriva à son tour dans l'île qui fixait alors les regards de tous ceux dont l'imagination rêvait les merveilles du Dorado. Il était parti d'Angleterre le 6 février de la même année, et avait relâché à Ténériffe, dans l'intention d'y réunir les navires de son expédition, à savoir : le *Lion's Whelp*, appartenant à la flotte de l'amiral Charles Howard et commandé par le capitaine George Gifford ; une petite galéasse montée par le capitaine Keymis, et un troisième navire que commandait le capitaine Annias Preston. Après tout une semaine d'inutile attente, il s'était décidé à reprendre la mer avec seulement deux voiles : le navire au mât duquel flottait son pavillon, et une petite barque commandée par le capitaine Cross. Il emmenait à son bord les capitaines Calfield et Whiddon. Ce dernier est celui qui, l'année précédente, était venu, comme nous l'avons vu, reconnaître le terrain. Il mourut pendant le cours de cette expédition, et ses dépouilles reposent à la Trinidad (1).

Comme sir Robert Dudley, sir Walter Ralegh aborda l'île dans sa partie méridionale, à une pointe appelée *Carao* par les Indiens. Là, il se mit dans sa barge, et pendant que ses deux navires avançaient à la voile vers la bouche du Serpent, il côtoya le rivage, s'arrêtant dans toutes les baies, afin de bien se rendre compte de la configuration de l'île dont il voulait se servir comme base de ses futures opérations sur la Guyane. A la

____

(1) Sir W. Ralegh, *Voyages to Guiana,* p. 17.

punta del Gallo, appelée *Curiapan* par les Indiens, il
mit à l'ancre comme Christophe Colomb. Il s'y arrêta
quatre ou cinq jours pour faire ses dispositions, puis
il dirigea ses navires sur Puerto de los Hispanioles, lui-
même se remettant dans sa barge à longer la côte occidentale de l'île, pour reconnaître le pays, se faire une
idée exacte de ses baies et de ses rivières, et se mettre
en rapport avec les Indiens. Arrivé au village de Parico
où avait été élevé le Cacique Carapana, village probablement situé vers l'embouchure de la rivière de Guapo,
il trouva de la bonne eau, mais pas une âme avec
laquelle entrer en communication au moyen d'un interprète indien qu'il avait amené d'Angleterre avec lui ; il
paraît que les naturels avaient tous pris la fuite à son
approche. Du village de Parico il se rendit à la punta
de Brea, appelée *Piche* par les Indiens, où il trouva
une grande abondance d'asphalte, de meilleure qualité,
dit-il, que celui de Norvége ; il s'en servit pour radouber ses navires. De là, il se dirigea sur une colline
isolée au pied de laquelle s'ouvre la vaste baie appelée
par les Indiens *Anaparime*, nom que les Espagnols ont
corrompu en celui de Naparima, et qui signifie : grande
baie (1). Puis il longea l'embouchure du Caroni, rivière
dans laquelle il savait que se trouvait le port de la
capitale de l'île, et arriva enfin en même temps que
ses deux navires à Puerto de los Hispanioles (2).

(1) Cette interprétation n'est pas celle de M. E.-L. Joseph, qui
fait de *parime* montagne, de sa propre autorité; nous suivons ici
celle du baron de Humboldt, qui en fait lac, baie, amas d'eau, dans
son *Voyage aux régions équinoxiales.*

(2) Sir W. Ralegh, *Voyages to Guiana,* p. 18.

Entrant au mouillage, sir Walter Ralegh aperçut sur le rivage une compagnie de soldats qui surveillait ses mouvements, craignant qu'il ne fît une descente. Peu après, cependant, les Espagnols voyant qu'il ne se disposait nullement à les attaquer, lui firent des signes de paix et d'amitié auxquels sir Walter Ralegh répondit en leur envoyant le capitaine Whiddon, qu'ils connaissaient déjà, pour s'entendre avec eux. L'Anglais proposa des relations d'affaires que les Espagnols acceptèrent avec empressement, et la paix fut conclue, « plutôt, observe sir Walter Ralegh lui-même, parce qu'ils doutaient de leur force que pour tout autre motif. » Pour sceller cette paix, le capitaine Whiddon leur proposa de les conduire à son bord pour examiner les marchandises et s'entendre avec le commandant en chef ; mais ils se méfièrent de son offre et refusèrent péremptoirement. Ce ne fut qu'après qu'il leur eut offert des otages qu'ils consentirent à le suivre, mais en petit nombre. Sir Walter Ralegh les reçut avec de grandes démonstrations d'amitié, leur assura qu'il serait heureux de trafiquer avec eux, et leur fit accroire qu'il n'avait abordé l'île que pour s'y ravitailler, le lieu de sa destination étant la Virginie, où il avait mission d'aller porter des secours aux résidents anglais dont les Espagnols n'ignoraient pas l'établissement dans cette contrée (1).

Le propre soir de l'arrivée de sir Walter Ralegh, deux Indiens se rendirent à son bord dans leur curiara ; l'un d'eux était le Cacique Cantaïman que le capitaine

____

(1) Sir W. Ralegh, *Voyages to Guiana,* pp. 19 et 20

Whiddhon avait connu à son précédent voyage. Ce Cacique fut interrogé à l'aide de l'interprète indien, et par lui on eut connaissance du petit nombre de soldats qu'avait le gouverneur Berrío dans l'île, de la présence de ce conquistador à San-Jose de Oruña, et de la distance de cette capitale à Puerto de los Hispanioles. Ces divers renseignements, venus si à propos, le commandant anglais eut l'adresse de les compléter par un grand nombre d'informations reçues des Espagnols eux-mêmes sur l'objet de son expédition. Il apprit de ceux de ces derniers qui se rendaient secrètement à son bord pour acheter de la toile et d'autres étoffes tout ce qu'on pensait, à la Trinidad, sur les richesses de la Guyane, et tout ce qu'on y savait touchant la manière d'y pénétrer. Pour mieux les faire jaser, il leur donnait à boire. Dieu sait quelles énormités ils lui débitaient quand ils se trouvaient pris de vin ! Mais plus leurs exagérations étaient grandes, et plus elles enflammaient l'imagination déjà surexcitée du favori d'Elisabeth (1).

De son côté, le prudent gouverneur, se sentant impuissant à se défendre, et se sentant menacé par les Anglais sur la prétendue amitié desquels il ne comptait guère, ne s'endormait pas dans l'inaction. Il avait expédié des émissaires aux gouverneurs de la Marguerite et de Cumaná, pour leur faire part de sa position critique et leur demander des secours. Son plan était de se faire assez fort pour être en état de résister, s'il était attaqué, ou, s'il ne l'était pas, pour pouvoir donner chasse à sir Walter Ralegh à son départ de l'ile (2). Il est

---

(1) Sir W. Ralegh, *Voyages to Guiana,* p. 20.
(2) *Id., ibid.,* p. 21.

curieux de voir combien peu scrupuleux se montraient
les deux chefs sur leurs moyens d'action. Don Antonio
de Berrío, demandant la paix parce qu'il se sent le plus
faible, et se proposant, s'il reçoit des secours, à attaquer sur mer celui-là même qui l'aurait épargné sur
terre, faisait preuve d'aussi peu de bonne foi que sir
Walter Ralegh promettant la paix aux Espagnols et se
proposant de leur tomber dessus à l'improviste. De
telles ruses de guerre ne peuvent s'expliquer que par
la rudesse des mœurs du siècle du duc d'Albe. Mention-
nons toutefois ici, à la décharge de notre gouverneur,
que ce projet de *casado* ou chasse ne lui a été
attribué par sir Walter Ralegh que sur la foi d'un
Cacique de la partie septentrionale de l'île, lequel Cacique
était allé clandestinement à son bord pour le pousser
à la guerre contre Berrío. Car, bien que le gouverneur
eût défendu, sous peine de mort, aux Indiens de visiter
les navires anglais et d'y trafiquer, il s'y rendait, nonobs-
tant, un certain nombre de leurs Caciques toutes les
nuits, pour se plaindre de la cruauté des Espagnols et
demander protection aux Anglais. Ils racontaient à sir
Walter Ralegh que Berrío avait divisé leurs territoires
entre ses soldats ; qu'il avait fait d'eux, les seigneurs
de l'île, les serviteurs de ses serviteurs, et qu'il les
mettait à la torture et aux fers toutes les fois qu'il
soupçonnait avoir à s'en plaindre. Les Indiens le con-
juraient de les venger de Don Antonio Berrío, et de
réduire sa capitale en cendre. Il le leur promit (1).

Fort de l'appui des Caciques, sir Walter Ralegh n'at-

____

(1) Sir W. Ralegh, *Voyages to Guiana,* p. 21.

tendit plus que le moment opportun pour se venger de
la mort des huit hommes du capitaine Whiddon, disparus
de l'île l'année précédente, et pour en finir avec une
troupe ennemie qu'il crut de la dernière imprudence
de laisser sur ses derrières pendant qu'il serait à
remonter l'Orénoque pour conquérir le Dorado. Une
nuit donc qu'il trouva l'occasion propice, il tomba sur
le corps de garde de Puerto de los Hispanioles, le surprit et passa tous les soldats au fil de l'épée. Cet
exploit terminé, il fit partir immédiatement le capitaine
Calfield pour San-Jose de Oruña, à la tête de soixante
hommes bien armés, et lui-même, bientôt après, en
prit aussi le chemin avec quarante soldats comme
réserve. Au point du jour, la naissante capitale fut
surprise à son tour, emportée d'assaut après quelque
résistance de la garnison, pillée et livrée aux flammes (1).
Tel fut le sort de San-Jose de Oruña la cinquième
année de sa fondation. Don Antonio Berrío, brave comme
un preux de cet âge chevaleresque, se défendit vaillamment ; mais accablé par le nombre, il eut le malheur
de tomber prisonnier entre les mains de sir Walter
Ralegh. Ainsi s'évanouissaient les rêves de grandeur et
de puissance de notre illustre conquistador, ces fumées
de l'orgueil qui, comme celles du vin, ne nous mon-
tent au cerveau que pour nous faire tomber plus lour-
dement dans l'abîme. Mais, au fond du gouffre où il se
voyait gisant, son esprit indomptable conservait encore
l'espérance, ce dernier mirage qui conduit l'homme
jusqu'à la tombe.

(1) Sir W. Ralegh, *Voyages to Guiana*, p. 22.

Ce fut ainsi que sir Walter Ralegh s'acquitta de la promesse qu'il avait faite aux Caciques. Après sa facile victoire, il délivra cinq d'entre eux qu'il trouva en prison dans les fers, à savoir : Wanawanare, Caroaori, Maquarima, Tarroopanama et Aterima, probablement pour insubordination. Il réunit ensuite tous ceux de l'île qui étaient ennemis des Espagnols et, avec l'aide de son interprète, leur fit comprendre qu'il était le serviteur d'une grande reine, la vierge souveraine du Nord ; que cette reine avait à ses ordres plus de Caciques que les Indiens n'avaient d'arbres dans leur belle caïri ; qu'elle était l'ennemie des Espagnols à cause de leur tyrannie ; qu'elle avait déjà délivré toutes les nations voisines de son royaume qui subissaient leur oppression, et que, après avoir délivré le nord de leur joug, elle l'avait envoyé pour les libérer à leur tour, et pour s'opposer à leur invasion et à leur conquête de la Guyane. Il exposa aussi à leurs regards le portrait de la reine, laquelle ils admirèrent et honorèrent à tel point, dit-il, qu'il lui eût été facile de les en rendre idolâtres. Puis il s'en retourna à Puerto de los Hispanioles, emmenant avec lui comme prisonniers le gouverneur Berrío et un de ses lieutenants ; et là, rassemblant aussi les Caciques qui se trouvaient au village et dans ses environs, il leur tint un discours analogue à celui de San-Jose de Oruña, et tout à la gloire d'Elisabeth que les Indiens n'appelèrent bientôt plus que : *Ezrabeta cassipuna aqueriwana*, c'est-à-dire : Elisabeth la grande souveraine (1).

____

(1) Sir W. Ralegh, *Voyages to Guiana*, pp. 22 et 23.

Deux des trois navires que sir Walter Ralegh avait vainement attendus à Ténériffe, le *Lion's Whelp*, commandé par le capitaine George Giffard, et la petite galéasse montée par le capitaine Keymis, arrivèrent à Puerto de los Hispanioles le propre jour de la prise de San-Jose de Oruña. Il ne manquait plus à l'appel que le capitaine Annias Preston ; mais celui-ci n'ayant pas pu réussir à rallier le commandant en chef et se voyant rejeté, à son entrée dans les bouches du Dragon, sur la côte du continent par la violence des vents et des courants, s'était décidé, pour mettre son temps à profit, à aller piller et brûler la ville de Caracas. Sir Walter Ralegh, maintenant à la tête de quatre des navires de son expédition, et n'ayant plus sur ses derrières aucune troupe qui pût l'inquiéter, se mit à s'occuper activement de ses préparatifs de départ pour l'Orénoque. Dans ce dessein, il se hâta de regagner la pointe Curiapan ou punta del Gallo avec tous ses navires et son prisonnier, l'infortuné Berrío, dont il espérait tirer des lumières utiles à son entreprise de conquête de la Guyane (1). Mais il est à présumer que notre conquistador, qui était à la poursuite de la même chimère que lui, se donna bien de garde de lui communiquer les notions qu'il en avait ; aussi Ralegh s'en plaint-il beaucoup, et le représente-t-il, tantôt comme un gentilhomme de haute naissance et de bonnes manières, et tantôt comme un homme sans culture, et même incapable de s'orienter (2).

______

(1) Sir W. Ralegh, *Voyages to Guiana*, pp. 22 et 23.
(2) Humboldt, *Voyage aux rég. équin.*, t. VIII, ch. XXIV, p. 495.

En arrivant à la punta del Gallo, le premier soin de sir Walter Ralegh fut de faire explorer et sonder par ses capitaines les différentes bouches de l'Orénoque, et particulièrement celles connues aujourd'hui sous les noms de Petite-Bouche, Grand-Manamo et Macareo. Y trouvant trop peu d'eau pour ses navires qui étaient d'un fort tirage, il fit construire des bateaux plats sur lesquels il mit ses gens, se réservant pour lui et pour les officiers de son état-major la petite galéasse sur laquelle il avait aussi embarqué des provisions pour un mois, et qui, à cause de son faible tirant d'eau, pouvait seule pénétrer dans le fleuve (1).

Il n'entre pas dans le cadre de cette histoire que nous suivions plus longtemps le trop crédule et trop aventureux sir Walter Ralegh dans la longue relation qu'il nous a laissée de cette entreprise à la recherche du Dorado. Qu'il nous suffise de dire que, après avoir remonté l'Orénoque pendant un mois, il trouva la crue des eaux trop avancée pour pouvoir continuer son expédition avec quelque chance de succès. Manquant d'ailleurs de vivres, et accablé de fatigue, il se détermina à s'en revenir à la punta del Gallo pour rejoindre ses navires, s'imaginant avoir parcouru le fleuve sur une longueur de quatre cents milles, quand il ne l'avait réellement remonté que jusqu'aux rapides de Camiseta, c'est-à-dire sur une longueur de moins de deux cents milles (2). Telle était l'exagération de cet esprit passionné. Cette expédition, comme toutes celles qui l'ont précédée,

----

(1) Sir W. Ralegh, *Voyages to Guiana,* p. 23.

(2) Humboldt, *Voyage aux rég. équin.,* t. VIII, ch. xxiv, p. 491 et sqq.

fut des plus utiles à la géographie de la partie de la
Guyane limitrophe de la Trinidad ; la relation en est
diffuse, mais il est impossible de la parcourir sans
éprouver un profond respect pour la sagacité qu'y
déploie sir Walter Ralegh, et pour cette espèce de don
de prévision de l'avenir, apanage du génie dont il
semble être doué quand il répète, à plusieurs reprises,
que l'empire de la Guyane est réservé à l'Angleterre.
Nous terminerons ce rapide récit de son expédition en
faisant remarquer qu'il ne fait aucune mention de la
ville naissante de Santo-Tome de Guayana, qu'il aura
peut-être prise pour un village indien (1).

Au départ de sir Walter Ralegh de la Trinidad, Don
Antonio de Berrío qui, nous l'avons vu, n'avait été
gardé comme prisonnier que parce qu'il pouvait fournir
des renseignements sur la Guyane, obtint la liberté et
se retira à Santo-Tome de Guayana (2), heureux de
l'insuccès de son vainqueur, et se promettant bien,
avec l'aide de son fils qui devait bientôt arriver de la
Nouvelle-Grenade, et de son maître de camp qu'il
attendait aussi incessamment d'Espagne, de reprendre
ses entreprises interrompues de découverte de la Manoa
del Dorado. L'île de la Trinidad, avec sa capitale en cendres, fut laissée sous le commandement d'un lieutenant qui, avec l'aide des colons et des soldats échappés
à la mort, réussit à contenir les Indiens et à élever de nouvelles habitations à San-Jose de Oruña.

(1) Humboldt, *Voyage aux rég. équin.*, t. VIII, ch. xxiv, p. 497.
(2) Laharpe, *Histoire des voyages, rel. de Keymis*, t. XVI, p. 344.

CHAPITRE XI

EXPÉDITION DU MAESE DE CAMPO DOMINGO DE VERA

(1596-1597)

Pendant que ces événements se passaient à la Trinidad, Domingo de Vera, le maese de campo du gouverneur Berrío, était à la cour d'Espagne, occupé à répandre par toute la Castille la renommée des splendeurs de la Manoa del Dorado. Pour appuyer ses récits merveilleux, il ne négligeait pas de produire les disques, les idoles, les ornements d'or et les pierres vertes brutes et à demi-ouvrées que lui avait remis Don Antonio de Berrío. Il annonçait que ces objets précieux se trouvaient en grande abondance dans le pays fortuné où son maître allait former un établissement, et il engageait particulièrement les nobles qui, par manque d'argent, avaient laissé déchoir leurs grands noms et leurs illustres lignages à se lancer dans une entreprise où il leur serait facile d'amasser en peu de temps assez de pierreries et de métaux précieux pour redorer leurs blasons et recouvrer leurs rangs. Aussi, les premiers qui s'offrirent à le suivre furent-ils les chefs des principales familles de Tolède, de la Manche et de l'Estramadure (1).

(1) Fr.-A. Caulin, *Historia de la N. Andalucia*, l. II, ch. xi, p. 163.

Domingo de Vera était originaire de Caracas. C'était un homme d'une haute intelligence et d'une grande éloquence. Après s'être assuré de son monde, il se mit à solliciter de la cour une licence d'embarquement pour les trois cents hommes que lui avait demandés Berrío. Ce fut pour l'obtention de ce permis, et surtout pour la négociation des frais de l'expédition, qu'il eut occasion de déployer toute son habileté, tous ses moyens de persuasion. Il s'y prit de telle sorte que le roi d'Espagne lui accorda non seulement l'objet de sa demande, mais encore, et par faveur spéciale, une somme de soixante-quinze mille ducats, dont soixante-dix mille de son trésor royal et cinq mille de celui de Séville (1), pour subvenir aux frais du voyage. Mais le nombre des Espagnols qui demandaient à faire partie de l'expédition grossissant chaque jour, et sa licence d'embarquement devenant par conséquent insuffisante, il eut l'adresse d'obtenir de nouveau, avec une extension de ce permis pour le nombre d'émigrants qu'il lui plairait de faire passer en Amérique, le don de cinq navires assez grands pour pouvoir transporter l'expédition entière. Parmi ceux qui s'inscrivirent pour le suivre dans le Nouveau-Monde, figuraient vingt capitaines d'infanterie, plusieurs desquels avaient servi en Flandre, en Italie et en d'autres lieux, et un grand nombre de vétérans qui perdaient avec bonheur leurs droits à la prime de retraite due à leurs services pour pouvoir obtenir la faculté de faire partie d'une entreprise qui promettait

____

(1) Le ducat d'argent était la piastre *de a ocho*, ou dollar actuel, et celui d'or le double à peu près de celui d'argent. Il est vraisemblable qu'il ne s'agit ici que de celui d'argent.

à leur convoitise les richesses immenses du Dorado.
D'autres vieux militaires se joignirent à eux, les uns
nobles et les autres aînés de famille (mayorazgos).
Parmi ces premiers était un neveu du président du
conseil royal des Indes, le licencié Don Pablo de Laguna.
Enfin, un grand nombre de pères de familles aisés
vendirent leurs propriétés et leurs emplois pour faire
partie de cette croisade à laquelle tous voulaient concourir, grands et petits, riches et pauvres, civils et
militaires, hommes et femmes (1).

Pour les besoins spirituels de sa brillante expédition,
et pour ceux aussi des deux établissements de la Trinidad et de la Guyane, Domingo de Vera sollicita encore
et obtint la permission d'emmener avec lui dix ecclésiastiques séculiers dont le supérieur, homme grave et
docte, jouissait d'une prébende à la cathédrale de Salamanque, et d'un bénéfice de deux mille ducats, outre
son patrimoine. Le maese de campo le nomma adminis-
trateur général de l'hospice ou couvent de San-Antonio,
à San-Jose de Oruña. Douze religieux Observantins,
dont onze de la province de Castille et un de celle de
Séville, furent aussi adjoints à l'expédition. Le père
Fr. Luis de Mieses fut nommé leur commissaire ; c'était
un homme instruit et un excellent prédicateur, comme
plusieurs des autres religieux, entre autres le père
Fr. Juan de Torres, qui avait été nommé prédicateur
au couvent de Guadalajara, à la requête des ducs de
l'Infantado. Parmi eux se trouvait aussi un frère lai de

(1) Fr.-A. Caulin, *Historia de la N. Andalucia,* l. II, ch. XI,
p. 163 et sqq.

beaucoup de mérite, Fr. Juan de Zusao ; mais ceux qui primaient tous les autres, et qui avaient été nommés par le conseil suprême des Indes, à cause de leur grande réputation de sainteté et de science, étaient les pères Fr. Pedro Esperanza, Fr. Juan de Pezuela et Fr. Pedro de Cubillo, tous trois chantres renommés. Ces détails, qui nous sont fournis par un père de leur ordre, ne peuvent être que corrects (1).

Le premier soin de Domingo de Vera, en arrivant en Espagne, avait été de faire réviser la patente de Don Gonzalo Ximenes de Quesada en faveur de son héritier, Don Antonio de Berrío y Oruña, et de son fils, Don Fernando, puisqu'elle avait été accordée pour trois générations, et de l'étendre ensuite au territoire de la Guyane et à l'île de la Trinidad, choses que lui concéda Philippe II par de nouvelles lettres-patentes (2). Toutes ces précautions prises, il se mit à réunir son monde à San-Lucar de Barrameda, le propre port d'où était parti Colomb pour découvrir l'île et le continent ; et, pendant le temps qu'employa l'administration à s'occuper de l'équipement des cinq navires concédés, il parvint à y rassembler au-delà de deux mille émigrants (3). Il mit à la voile le 23 février 1596 (4), et,

____

(1) Fr.-A. Caulin, *Historia de la N. Andalucia*, l. II, ch. XI, p. 164.

(2) *Id., ibid.*, p. 162.

(3) *Id., ibid.*, p. 164.

(4) Malgré la différence de dix jours que produisit la réforme grégorienne entre le calendrier espagnol qui s'y conforma dès 1582 et le calendrier anglais qui resta longtemps encore julien, il est impossible d'accepter ici la date du 23 février au 16 avril 1595 que donne le Père Fr.-Antonio Caulin pour le voyage de Domingo de Vera, puisque la date de l'arrivée de l'expédition de sir Walter

après une heureuse navigation, arriva à Puerto de los Hispanioles le 16 avril de la même année.

Ce ne fut que quand il eut mouillé dans ce port que Domingo de Vera apprit la triste nouvelle de la déconfiture de Don Antonio de Berrío. En même temps il fut aussi informé que, dès que le désastre avait été connu à Cumaná, le gouverneur, Don Francisco de Vides, avait senti renaître toutes ses espérances d'usurpation, et que, sachant son rival vaincu et prisonnier, il s'était résolu à s'emparer de l'île qu'il convoitait depuis si longtemps, et s'était hâté d'y envoyer, avec des troupes nombreuses, son lieutenant, le capitaine Velasco, accompagné de plusieurs autres chefs espagnols pour en prendre possession, et la gouverner en son nom. Il sut, de plus, que des forces avaient été aussi expédiées, par la suite, à Santo-Tome de Guayana par le même gouverneur Vides, mais que là elles avaient trouvé Don Antonio de Berrío, rendu à la liberté par sir Walter Ralegh, qui leur avait opposé une résistance énergique et avait fini par conclure avec le commandant en chef une suspension d'armes, aux termes de laquelle les belligérants s'étaient engagés, sur parole, à attendre le retour d'Espagne de son maese de campo, porteur de la décision du conseil suprême des Indes relativement à la

Ralegh est positivement celle du 22 mars 1595. Il est évident que si Domingo de Vera avait débarqué à la Trinidad le 16 avril 1595, non seulement il n'y aurait pas trouvé Velasco et ses troupes, mais encore il y aurait bien sûrement rencontré sir Walter Ralegh et ses navires. Ce concours de circonstances nous a fait reporter à l'année suivante, 1596, l'expédition du maese de campo de Berrio. Il est pourtant possible qu'elle ait eu lieu en 1595, mais dans le cours du dernier semestre de cette année.

légitimité de son gouvernement, pour s'y soumettre quel qu'il fût. Cet armistice sauva la vie à un grand nombre d'Espagnols, lesquels n'auraient certes pas eu la moindre hésitation à s'entre-tuer pour la possession de cette Guyane dont ils faisaient plus de cas, à cette époque, que de celle de la couronne d'Espagne elle-même (1).

Le propre jour de son arrivée, le lundi ou le mardi de la semaine sainte, Domingo de Vera fit débarquer cent soldats qu'il mit sous les ordres du capitaine Medinilla, et qu'il fit marcher sur San-Jose de Oruña pour combattre Velasco et reprendre possession de la capitale. Velasco surpris n'opposa aucune résistance ; il capitula le lendemain, et demeura prisonnier dans l'île avec tous les siens. A l'arrivée de la nouvelle de cette victoire, Domingo de Vera, débarrassé de l'ennemi intérieur, fit mettre à terre tous les immigrants espagnols et, pour les loger, fit construire à la hâte de grandes baraques sur la plage. Cela fait, on se mit à célébrer les offices de la semaine sainte, et tout le monde se confessa et communia, conformément aux commandements de l'Église. Les religieux, et particulièrement le père Fr. Pedro de Esperanza qui ne se reposait ni nuit ni jour, assistant et confessant les malades, prêchèrent avec zèle et ferveur des sermons appropriés à la circonstance. Ce père Esperanza dont les talents et la charité gagnaient de plus en plus les cœurs, était particulièrement recherché par les femmes qui allaient l'assiéger même alors que, retiré pour quel-

____

(1) Fr.-A. Caulin, *Historia de la N. Andalucia*, l. II, ch. xi, p. 164.

ques instants sous un arbre au bord de la mer, il se
livrait à la prière. Elles venaient en troupe, leurs tendres nourrissons dans les bras, chercher des consolations aux calamités que leurs délicates perceptions
commençaient, dès lors, à leur laisser entrevoir. Le
bon religieux qui, de son côté, n'avait pas laissé que
d'observer certains indices précurseurs de malheurs
graves et prochains, accueillait les pauvres femmes avec
douceur, leur conseillant la résignation à la volonté
divine, et pleurant avec elles la ruine possible d'un si
grand nombre de familles et d'hommes distingués. Tel
fut le spectacle de désolation qu'offrit, dès les premiers
jours de son débarquement, cette expédition naguère si
florissante (1).

Après la capitulation de Velasco et le baraquement
des Espagnols, le plus pressant devoir qu'eut à remplir
Domingo de Vera fut de prendre des mesures pour
débarrasser Don Antonio de Berrío de la présence des
soldats du gouvernenr Vides à Santo-Tome de Guayana.
Dans ce dessein, il lui expédia les nouvelles lettres-
patentes qu'il lui avait obtenues de la cour d'Espagne,
en même temps que des secours en hommes et en provisions. Il lui rendit aussi un compte exact de sa mission en Espagne, et lui donna avis d'un prochain et
plus considérable envoi de vivres, d'hommes, de chevaux
et de bêtes à cornes pour la reprise de ses opérations à
la conquête du Dorado. Pour remplir cet engagement,
il mit à bord de l'un de ses plus gros navires une
grande quantité de marchandises et un grand nombre

---

(1) Fr.-A. Caulin, *Historia de la N. Andalucia,* l. II, ch. xi, p. 165.

de familles, hommes, femmes et enfants, qu'il fit accompagner par des envoyés chargés de s'approvisionner de bêtes de somme au port de la Guaira, et de conduire par terre, en caravane, jusqu'à Santo-Tome de Guayana où les attendait avec anxiété le gouverneur Berrío, ces familles et ces marchandises. Mais les envoyés de Domingo de Vera, sous prétexte de vouloir se soustraire aux malheurs qui menaçaient son expédition, aimèrent mieux se partager le produit de la vente du navire et des marchandises et s'établir riches à Caracas (1). Ils furent les habiles de l'entreprise, car ils furent les seuls à profiter de la ruine générale que leur honteuse désertion contribua sans doute à attirer sur l'expédition. Si, dans les occasions désespérées, il est permis de fuir en poussant le cri de : « Sauve qui peut ! » ce n'est certes pas au moment où l'on emplit ses poches de ce qui appartient à tous. Mais n'anticipons pas sur les événements.

La Pâque passée, Domingo de Vera, après avoir envoyé des secours à son gouverneur, s'occupa du transport des Espagnols qui lui restaient à San-Jose de Oruña, ville destinée à leur résidence. Mais sans bêtes de somme et sans Indiens qu'ils pussent charger de leurs bagages, ces malheureux Européens se virent contraints de les porter eux-mêmes et de faire la route à pied. En cette saison de carême, la chaleur était suffoquante, et l'eau manquait dans le lit de la rivière qui coupe la route à moitié chemin. Quoiqu'ils n'eussent que deux lieues à faire, et cela dans une épaisse forêt, ils subi-

____

(1) Fr.-A. Caulin, *Historia de la N. Andalucia*, l. II, ch. xi, p. 165.

rent pendant ce court trajet les fatigues les plus into-
lérables ; les pauvres femmes surtout, toutes à pied
comme les hommes, et portant dans les bras le précieux fardeau de leurs enfants, souffrirent horriblement
de la chaleur et de la soif. Arrivés enfin à la ville qui,
depuis son incendie par sir Walter Ralegh, ne comptait
plus guère qu'une trentaine de feux environ, ce fut
dans ces quelques cases de paille que furent réduites à
se loger ces malheureuses familles, parquées les unes à
côté des autres, comme des moutons dans une bergerie.
Quant aux ecclésiastiques, ils eurent à s'accommoder de
l'hospice, comme ils purent. Mais à ces misères ne
devait pas s'arrêter leur détresse, car bientôt, hélas ! on
s'aperçut que les provisions ne tarderaient pas à manquer, les bouches étant nombreuses et les vivres
devenant de plus en plus rares (1).

Avant que le mal ne s'aggravât davantage, le maese
de campo, informé de la désertion de ses envoyés à la
Guaira, et toujours préoccupé de la conquête de la
Manoa del Dorado, jugea prudent de diminuer autant
qu'il put le nombre de ses immigrants en en expédiant
la plus grande partie à son gouverneur à Santo-Tome
de Guayana. Malheureusement, il ne put se procurer
d'autres embarcations pour remonter l'Orénoque que
des pirogues, et encore en petit nombre. Il en choisit
six des plus grandes pour le transport des personnes,
et chargea le reste de provisions de voyage. Le tout
était escorté d'une chaloupe montée par des soldats,
sur laquelle il avait embarqué cinq de ses religieux,

(1) Fr.-A. Caulin, *Historia de la N. Andalucia*, l. II, ch. xi, p. 165.

Mais la bonne fortune qui avait favorisé Domingo de Vera en Espagne l'avait abandonné depuis son retour à la Trinidad, et tous ses plans étaient destinés à avorter. En traversant le bras de mer qui sépare l'île du delta de l'Orénoque, la petite expédition, après avoir mis à la voile par une belle matinée, fut tout à coup assaillie par un gros temps qui la mit dans un tel désarroi que, vers les quatre heures de l'après-midi, il n'y avait encore que deux des pirogues qui eussent pu entrer dans le fleuve, non sans qu'on eût été forcé de jeter à la mer, pour les soulager, tout ce qu'elles contenaient de bagages. Ce ne fut qu'au coucher du soleil seulement que la chaloupe montée par les soldats et les religieux put rallier les deux premières pirogues. Les soldats avaient été tellement épuisés de la lutte qu'ils avaient eu à soutenir contre la fureur des vagues, que, n'ayant plus la force de voguer, ce furent les religieux qui, admirables de dévoûment, se saisirent des rames et se mirent à remonter le fleuve. Quant aux autres pirogues de passagers, elles ne purent qu'atteindre les bords du fleuve, sans pouvoir continuer leur navigation en compagnie des premières. Exténués de fatigue, les Espagnols qui les montaient les amarrèrent sur les mangliers pour y passer la nuit et se trouver en état de reprendre le voyage le lendemain matin. Mais les Indiens, qui les avaient observés, tombèrent sur eux au nombre de plus de trois cents pendant qu'ils étaient endormis, massacrèrent tous les hommes, y compris le neveu du président Laguna, et se saisirent des femmes qu'ils emmenèrent avec eux. Enhardis par ce succès, ils se mirent à la poursuite des deux pirogues et de la chaloupe qui remontaient lentement le courant, les atteignirent et se mirent en devoir de leur faire subir le même sort ; mais ils furent repoussés à coups de mousquet par la troupe. En apprenant la mort douloureuse de leurs infortunés compatriotes, les religieux, malgré l'opposition des hommes, des femmes et même des soldats, qui craignaient une nouvelle attaque des Indiens, demandèrent à s'en retourner sur le lieu du massacre pour faire leur enterrement, et décidèrent de s'y rendre tout seuls, en cas que personne n'osât les accompagner. En face d'une détermination aussi arrêtée, tout le monde, à la fin, consentit à les suivre, et les parents des morts eurent la consolation d'apprendre que ceux qui leur étaient chers avaient reçu la sépulture chrétienne sur cette plage inhospitalière (1).

Le maese de campo, tout ahuri par ces malheurs inespérés, eut peur que les nouveaux débarqués, à la nouvelle de cette dernière catastrophe, ne prissent le parti de s'enfuir de la Trinidad à Cumaná, à la Marguerite et à Caracas, et de porter dans ces différentes villes l'annonce des souffrances qu'avaient à subir les Espagnols de son expédition. Il craignit que, en se répandant, ces bruits ne parvinssent à se faire entendre jusqu'en Espagne, et que le roi et le conseil suprême des Indes ne fussent bientôt instruits de l'exagération des récits au moyen desquels il avait réussi à obtenir l'argent nécessaire à son expédition et la permission de l'entreprendre. Afin d'éviter de tomber dans ce

____

(1) Fr.-A. Caulin, *Historia de la N. Andalucía*, l. II, ch. xi, p. 165 et sqq.

dernier malheur, il se décida à se défaire d'un certain nombre de ses gens pour soulager les privations de ceux qu'il garderait auprès de lui, et expédia à Santo-Tome de Guayana une centaine d'autres Espagnols, hommes, femmes et enfants. Malheureusement, ces pauvres gens n'y trouvèrent pas une plus grande quantité de vivres qu'à la Trinidad. La chaleur y était si intense et le vent si humide, que les provisions s'y corrompaient encore plus vite qu'à San-Jose de Oruña, et comme ici, les Espagnols s'y trouvaient en proie à la famine (1).

Aux horreurs de cette famine vinrent s'ajouter les ravages d'une épidémie dégoûtante, peste provenant sans doute de la corruption des aliments dont se nourrissaient les Espagnols. Il survenait à ceux qu'atteignait le fléau des plaies hideuses aux pieds et aux jambes. C'était un spectacle écœurant que celui de ces malheureuses victimes, vrais squelettes vivants, pouvant à peine se traîner sur les fesses pour chercher de la nourriture. Les femmes, décharnées par le manque d'aliments, tendaient un sein tari à leurs nourrissons affamés, et les voyant mourir d'inanition dans leurs bras, remplissaient l'air de leurs cris déchirants. La faiblesse et l'épuisement occasionnés par la maladie étaient tels que, la nuit, les malades étaient rongés par les ravets ou blattes d'Amérique, qu'attirait la suppuration de leurs plaies, sans qu'ils eussent la force de les chasser et même de se plaindre, et sans que personne eût pu

(1) Fr.-A. Caulin, *Historia de la N. Andalucia,* l. II, ch. xi, p. 168 et sqq.

leur porter secours. On les voyait chaque matin avec
les narines, les lèvres et les oreilles entamées par ces
animaux. Il arriva à un religieux, qui s'était rendu à
l'appel d'un mari pour confesser sa femme agonisante,
de trouver, après avoir rempli son ministère, le pauvre
mari mort de faim à l'endroit où il l'avait laissé (1).

Le mal était à son comble lorsque arriva enfin à
Domingo de Vera l'ordre du gouverneur Berrío de permettre à chacun de prendre le parti qu'il jugerait le
meilleur pour échapper à ses souffrances. Aussitôt que
cette permission fut rendue publique, les capitaines
Velasco, Santiago et Lorenzo del Hoyo, prisonniers du
maese de campo, suivis de quelques gens nobles venus
d'Espagne, s'empressèrent de fuir la colonie en s'embarquant à Puerto de los Hispanioles pour la Marguerite ; mais la seule pirogue qu'ils eussent réussi à se
procurer se trouvant beaucoup trop petite pour résister
aux vagues, chavira aux bouches du Dragon par un
mauvais temps, et tous les passagers se noyèrent. Le
père Fr. Pedro de Cubillo, qui s'embarqua aussi pour
la Marguerite, atteint de plaies aux jambes, mourut
dans le voyage, et son corps fut jeté à la mer. Un autre
père, Fr. Espejo, succomba dans l'île, de la même
maladie. Les pères Fr. Pedro de Esperanza, Fr. Pablo
Suazo et Fr. Juan Suazo s'en retournèrent en Espagne
avec la permission de leur commissaire, et celui-ci,
avec les deux derniers de ses religieux qui restaient
dans l'île, partit pour Caracas, d'où il passa à Santa-Fe

____

(1) Fr.-A. Caulin, *Historia de la N. Andalucia,* l. II, ch. XI, p. 169
et sqq.

de Bogotá, dans la province de laquelle ils s'incorporè-
rent tous trois (1).

Tel fut le sort malheureux de la brillante expédition
du maese de campo de Don Antonio de Berrío y
Oruña, une des plus considérables qui soient parties
d'Espagne pour le Nouveau-Monde. Des nouveaux
débarqués qui restèrent dans l'île pour s'y établir, il
n'y eut que ceux dont la constitution fut assez forte
pour résister aux atteintes de la misère et de la maladie
qui survécurent ; tous les autres périrent misérablement. On peut dire, sans crainte d'exagérer, que, sur
les deux mille personnes embarquées par Domingo de
Vera à San-Lucar de Barrameda, près de la moitié
mourut de misère et de maladie, un bon tiers fut
embarqué pour San-Tome de Guayana, et seulement le
reste put réussir à s'acclimater et à vivre dans l'île.
Domingo de Vera lui-même ne survécut pas longtemps
au désastre de son expédition. Atteint d'une rétention
d'urine (mal de orina), il rendit, peu après, le dernier
soupir à San-Jose de Oruña, dans d'atroces souffrances,
et au milieu des malédictions de ceux qui le rendaient
responsable de tous les malheurs qui les accablaient (2).

Le jugement de l'histoire ne peut être que sévère à
l'égard de Domingo de Vera. Sa mission en Espagne
avait été uniquement d'y recruter trois cents hommes
et non d'y prêcher une croisade pour la conquête du
Dorado. Il outrepassa les ordres de son gouverneur et
commit une faute grave en embarquant une multitude

(1) Fr.-A. Caulin, *Historia de la N. Andalucia*, l. II, ch. XI, p. 170.
(2) *Id., ibid.*

de deux mille âmes pour deux établissements à peine
ébauchés à la Trinidad et à la Guyane, sans prendre
les précautions nécessaires, et sans plan conçu d'avance.
Il peut donc être accusé avec raison de s'être, par
excès de zèle, fait un jeu de la fortune et de la vie
d'un grand nombre de familles respectables, d'ecclésiastiques et de personnages nobles et marquants. Mais il
est des circonstances qui militent en sa faveur, et dont
il n'est que juste de lui tenir compte. Alors qu'il recru-
tait tant de monde en Espagne, Domingo de Vera n'avait
nulle connaissance de l'incursion de sir Walter Ralegh,
de la dévastation de l'île et de l'incendie de San-Jose
de Oruña. Après deux années d'absence, il pouvait
croire au contraire que, sous l'administration ferme et
habile de Don Antonio de Berrío, les deux établissements de la Trinidad et de la Guyane devaient s'être
considérablement développés, et pouvaient désormais
fournir des ressources à des populations beaucoup plus
fortes que celles qu'ils possédaient à son départ. Il
convient encore de dire à sa décharge que la fondation
de nouvelles colonies en Amérique était devenue, à
cette époque, une vraie rage, et qu'il lui eût été difficile, sinon impossible, de refuser l'embarquement à
des gens qui n'allaient s'inscrire qu'après avoir réalisé
leurs biens, vendu leurs charges ou abandonné leurs
droits. D'ailleurs, comment eût-il pu échapper, lui
seul, à l'exaltation que produisait alors sur tous les
esprits, même les plus sages et les moins aventureux,
le mirage tentateur du Dorado ?

CHAPITRE XII

NOUVELLE ENTREPRISE DE DON ANTONIO DE BERRIO Y ORUÑA
A LA CONQUÊTE DU DORADO. — SA MORT. — SON FILS DON
FERNANDO LUI SUCCÈDE ; IL EST REMPLACÉ PAR DON
SANCHO ALQUIYA, A QUI SUCCÈDE DON DIEGO PALOMEQUE
DE ACUÑA.

(1598-1617)

L'arrivée de l'expédition de Domingo de Vera avait
comblé de joie le cœur attristé de Don Antonio de
Berrío y Oruña. Il l'avait attendue avec impatience pour
effacer les traces du désastre que lui avait fait subir
sir Walter Ralegh et pouvoir poursuivre ses entreprises
à la conquête de la Manoa del Dorado. Dès qu'il eut
reçu de la Trinidad les premiers secours en hommes et
en provisions que lui avait envoyés son maese de
campo, il s'empressa de pousser des reconnaissances
dans les forêts des alentours de Santo-Tome de Guayana,
dans le but de tirer des Indiens des avis plus précis
sur la position et les richesses de la contrée qui était
devenue l'objet principal de ses préoccupations. Les
renseignements qu'il en recevait ne laissaient plus
aucun doute sur son esprit. La contrée merveilleuse
était située à peu de distance de Santo-Tome de Guayana,
sur les bords d'une rivière large et profonde, tributaire
de l'Orénoque. Cette rivière était appelée par les Caraïbes
Paragua, nom que les Espagnols traduisaient en celui

de *la Laguna* ou le Lac (1). Ces récits exaltaient de plus en plus l'imagination en délire de notre gouverneur, et lui, qui n'avait le plus souvent à manger que des racines achetées aux Indiens, il se figurait déjà regorger de richesses. Une fois muni des renforts qui lui étaient venus de la Trinidad, il voulut tenter une nouvelle et grande entreprise à la découverte et à la conquête de cette fameuse Paragua de la Laguna (2).

Don Antonio de Berrío destina à cette expédition trois cents de ses hommes les plus valides. Il plaça à leur tête le capitaine Alvaro Jorge, Portugais déjà expérimenté dans la guerre contre les Indiens. Dans le but de fonder un établissement sur les bords de la Paragua, il désigna trois de ses religieux pour accompagner les troupes. L'armée se mit en marche dans le plus bel ordre et avec les plus grandes espérances. Elle arriva bientôt à une montagne appelée *los Totumos* ou les Calebasses, au sommet de laquelle elle s'établit, de manière à en faire rayonner de nombreuses reconnaissances. Malheureusement ce lieu était malsain. Les Espagnols ne tardèrent pas à y être atteints de plaies malignes et de fièvres ardentes, auxquelles ne les disposait que trop un corps déjà affaibli par le manque d'aliments sains et de vêtements convenables. En peu

(1) On sait aujourd'hui que, contrairement à l'opinion d'un grand nombre d'historiens, les Indiens ne trompaient pas les Espagnols en leur indiquant cette contrée comme aurifère, car ce fut dans ces parages que se découvrirent, il y a une vingtaine d'années, les mines d'or du Caratal.

(2) Fr ·A. Caulin, *Historia de la N. Andalucia,* l. II, ch. xi, p. 167.

de temps il en périt plus du tiers ; et les survivants les plus valides arrivèrent bientôt à un tel état de maigreur et de débilité, qu'il s'en trouvait à peine d'assez forts parmi eux pour sortir de leurs cabanes et aller acheter des Indiens les aliments sans lesquels seraient morts d'inanition ceux que la maladie clouait à leurs grabats (1). Dans cet état de choses, les reconnaissances elles-mêmes devenant impossibles, l'expédition était frappée d'impuissance.

C'était là le moment de prostration qu'attendaient les Indiens pour fondre sur les Espagnols. Désormais instruits par l'expérience de l'effet destructeur de leur climat sur les hommes blancs, ils les laissaient pénétrer dans les terres sans les inquiéter, et n'entreprenaient de les combattre que lorsqu'ils les savaient aux trois quarts vaincus par la maladie. Aussitôt qu'ils apprirent par leurs espions que les Espagnols étaient à ce point affaiblis par leur puissant auxiliaire, que, se réunissant au nombre de deux ou trois mille, ils tombèrent sur eux un beau jour à l'improviste et en firent un affreux carnage. Ils poussèrent la boucherie jusqu'à massacrer les malades dans leurs lits. La déroute de l'expédition fut complète, car à peine comptait-elle en ce moment une quarantaine d'hommes en état de porter les armes. Tous ceux qui en avaient la force prirent la fuite, poursuivis par cette populace armée qui, à coups de flèche et de casse-tête, abattait les traînards le long de la route. Les trois religieux, les jambes couvertes de plaies, eurent le courage de poursuivre jusqu'au

(1) Fr.-A. Caulin, *Historia de la N. Andalucia*, l. II, ch. XI, p. 168.

bout une marche forcée que leur état de maladie et de maigreur rendait presque miraculeuse. Les épaules chargées de leurs ornements sacerdotaux et de trois lourdes croix qu'ils posaient sur l'autel pour célébrer la messe, ils arrivèrent à Santo-Tome de Guayana, suivis de trente seulement des trois cents hommes qui en étaient partis. Et encore ces quelques hommes y revenaient-ils tellement épuisés de fatigue et de maladie que, peu de jours après leur retour, la mort en diminuait le nombre de plus de moitié (1).

Qu'on se figure les cris et les gémissements de toute cette ville en larmes à la vue de cette poignée de mourants, débris d'une expédition qui en était sortie si nombreuse et si brillante, et dont le succès avait été la dernière espérance des affamés qu'elle laissait derrière elle. Les morts, dont les cadavres privés de sépulture gisaient dans la .forêt, en proie aux animaux carnassiers, n'étaient-ils pas d'ailleurs les pères, les frères, les maris, les fils, les amis de toute cette population de femmes, de vieillards et d'enfants livrés au désespoir ? Dans cette désolation générale, le gouverneur Berrío était assailli de solliciteurs dont il ne pouvait pas toujours, hélas ! soulager les souffrances. Aux pauvres veuves, les enfants dans les bras et les yeux baignés de larmes, lui faisant un tableau déchirant de leur misère, il accordait les secours bien insuffisants dont il pouvait disposer. Mais aux hommes échappés du désastre de l'expédition qui venaient lui demander un ami, une femme, des enfants qu'ils avaient laissés à leur départ

____

(1) Fr.-A. Caulin, *Historia de la N. Andalucia,* l. II, ch. XI, p. 168.

et ne retrouvaient pas à leur retour, il répondait que
ceux qui n'étaient pas partis avec eux avaient eu aussi
à lutter contre la misère et la maladie, et il conseillait
la soumission aux décrets de la Providence. Afin de
mieux les disposer à la résignation chrétienne, il com-
manda, pour le repos de l'âme des victimes de l'expédition, une neuvaine de messes, dont la dernière en
action de grâces à Notre-Dame-des-Neiges, le jour de
la fête de laquelle avait commencé la retraite des Espagnols, retraite qui les avait, bien qu'en petit nombre,
arrachés à une mort certaine (1).

Cependant, les maladies et la famine continuant leurs
ravages dans la ville, malgré les secours que le maese
de campo envoyait de la Trinidad à son gouverneur, il
arriva un moment où les Espagnols n'eurent plus la
force de supporter la cruelle épreuve à laquelle ils
étaient soumis depuis si longtemps déjà. Ils finirent
par perdre patience et formèrent le projet d'assassiner
leur gouverneur, cause première, pensaient-ils, de
toutes leurs infortunes, et principal obstacle à leur
affranchissement. Au jour et à l'heure fixés, les conjurés aiguisaient déjà leurs couteaux, quand un religieux fut averti du complot. Le missionnaire se hâta
d'aller les trouver pour les détourner de cet acte de
désespoir. Il s'efforça de leur faire entendre que la
mort violente du gouverneur était un mauvais remède
aux maux dont ils souffraient, puis il leur parla de la
gravité de ce crime et les exhorta à la patience et à la
soumission aux volontés divines. Ses instances firent

____

(1) Fr.-A. Caulin, *Historia de la N. Andalucia*, l. II. ch. xi, p. 168,

abandonner aux conjurés leur projet insensé ; mais sa démarche ne demeura pas tellement secrète que le gouverneur n'en eût avis. A cette nouvelle, Don Antonio de Berrío fit mander auprès de lui les plus mutins de la ville, et leur parlant avec douceur afin de calmer leurs passions, il leur exposa que la cause de la famine qui sévissait à la Trinidad et à la Guyane était l'œuvre de son maese de campo et non pas la sienne ; que l'ordre qu'il lui avait donné n'avait été que pour le recrutement de trois cents hommes qu'il lui aurait été facile de bien établir à San-Jose de Oruña et à Santo-Tome de Guayana ; que, contre son gré, il en avait reçu plus de deux mille, avec des provisions insuffisantes, et qu'il était injuste de le tenir responsable des malheurs qui en avaient été la suite. Il termina son discours en leur disant que puisqu'il se trouvait dans l'impossibilité de leur fournir désormais les objets de première nécessité, il se faisait un devoir de les dispenser de tout service, et leur donnait pleine et entière liberté de quitter le pays et se retirer là où bon leur semblerait (1).

A peine les Espagnols eurent-ils connaissance de la permission qu'ils avaient de partir, que ceux d'entre eux qui étaient le plus excités contre Don Antonio de Berrío s'empressèrent de fuir son gouvernement. Dans la précipitation de leur fuite, ils s'embarquèrent sans précaution dans de vieilles pirogues peu en état de naviguer, dont ils se firent eux-mêmes les rameurs. Sans maîtres et sans pilotes, ils se mirent à descendre

____

(1) Fr.-A. Caulin, *Historia de la N. Andalucia*, l. II, ch. xi, p. 170.

l'Orénoque, poussés par le courant ; mais, inhabiles et inexpérimentés dans cette navigation, ils eurent le malheur de s'engager dans les canaux inextricables du delta du fleuve, d'où ils ne purent jamais gagner la mer, et où ils périrent presque tous, soit de la faim, soit de la main des Indiens. Au nombre de ceux qui moururent ainsi se trouvaient les deux religieux qui s'étaient embarqués avec eux, les pères Fr. Juan de Peyuela et Fr. Manos-Albas (1).

Don Antonio de Berrío y Oruña ne survécut pas longtemps à ce dernier désastre. Déjà vieux et accablé du poids de l'insuccès de ses différentes expéditions à la recherche du Dorado, il ne tarda pas à suivre au tombeau son maese de campo, Domingo de Vera. Il rendit l'âme à Santo-Tome de Guayana, avec le regret de n'avoir pas réussi à faire la conquête de la contrée du Dorado, conquête à laquelle il avait promis de consacrer et avait, en effet, consacré sa vie et sa fortune, mais aussi avec la consolation, bien grande pour un cœur élevé, d'avoir rempli son devoir à l'égard de son père d'adoption, l'adelantado Don Gonzalo Ximenes de Quesada (2).

Arrêtons-nous un instant à considérer ce conquistador. Avant Don Antonio de Berrío y Oruña, deux vaillants capitaines, Don Antonio Sedeño et Don Juan Ponce, nous l'avons vu, s'étaient livrés corps et âme à la formidable entreprise de soumettre les Indiens de la Trinidad pour y fonder un établissement et échouaient

(1) Fr.-A. Caulin, *Historia de la N. Andalucia*, l. II, ch. XI, p. 170.
(2) *Id., ibid.*

misérablement. Lui, comme se jouant des difficultés, part de Santa-Fe de Bogotá et, suivant le cours du Casanare, du Meta et de l'Orénoque, avec de la cavalerie et une troupe nombreuse, arrive au hasard dans l'île après mille traverses, et y fonde la ville de San-Jose de Oruña. Non content de ce premier triomphe, il élève encore, sur la rive droite de l'Orénoque, la seconde ville de Santo-Tome de Guayana. Dans chacune de ces deux villes il établit les institutions municipales, civiles et criminelles de la mère-patrie, bâtit un hospice, élève des remparts et gagne, par ces travaux et l'avancement de sa colonisation, le titre d'adelantado, que lui ravit l'incursion de sir Walter Ralegh. Les Caraïbes, ces intrépides guerriers du Nouveau-Monde qui arrêtèrent les efforts de tant et de si grands capitaines espagnols, ne réussirent pas à s'opposer à ses armes et à sa politique ; il soumet les plus voisins et tient en respect les plus éloignés. Comme Sedeño et tous les grands capitaines de la conquête américaine, il subit les rivalités de ses compatriotes, et, de plus que Sedeño, il lutte contre l'ennemi du dehors ; mais, vainqueur ou vaincu, c'est avec le même sang-froid et la même énergie qu'il commande et se fait obéir, ou qu'il tombe pour se relever. Rien ne peut résister à la puissance de sa volonté, rien, si ce n'est l'impossible ; c'est contre la chimère du Dorado seulement que se manifeste son impuissance. Et pourtant, que de courage et de vigueur ne déploie-t-il pas à la poursuite de l'insaisissable fantôme ! L'épée à la main, sans cesse il se précipite sur lui, et toujours la vision s'évanouit, mais toujours il revient à la charge ! Il n'abandonne qu'avec la vie l'espoir

de le conquérir. Sans craindre de se tromper, on peut
affirmer que, si le Dorado avait pu être conquis, c'est
lui qui en eût été le conquistador. Tant et de si hautes
qualités, cependant, méritaient d'être mises au service
d'une meilleure entreprise, et il semble qu'on soit en
droit de lui faire le reproche d'avoir consacré sa vie à la
réalisation d'un vain rêve. Mais ce serait une criante
injustice, car, à cette époque, les esprits les plus éminents et les plus remarquables n'entretenaient pas le
moindre doute sur l'existence du Dorado. N'avait-il
pas, d'ailleurs, juré à son père d'adoption couché sur
son lit de mort de consacrer sa vie entière à la poursuite de cette conquête, et ne devait-il pas tenir à son
serment? Quel plus noble exemple de reconnaissance
aux bienfaits reçus et de fidélité à la foi jurée!
Devant cette noble et grande figure de notre conquistador, le fondateur et l'organisateur de notre pays,
inclinons-nous donc avec fierté ; et, s'il ne nous est
pas donné de suivre l'exemple de plus grands peuples
et d'élever des statues à notre héros, sachons du moins
aimer et respecter sa mémoire (1).

A la mort de son père, Don Fernando de Berrío, qui
l'avait rejoint à Santo-Tome de Guayana depuis quelque
temps, fut proclamé gouverneur, en vertu de la cédule

(1) Sir W. Ralegh, *Voyages to Guiana*, p. 23, en trace le portrait suivant : « This Berreo is a gentleman well descended, and has
long served the spanish king in Milan, Naples, he Low Countries
and elsewhere, very valiant and liberal, and a gentleman of great
assurednest, and of a great heart. I used him according to his
estate and worth in all things I could, according to the small
'means I had. »

royale qui l'appelait à sa succession dans le gouvernement de l'île et du continent. Les commencements de
cette nouvelle administration furent heureux. Les Espagnols, après avoir tant guerroyé sous le régime précédent, apprécièrent le caractère doux et les tendances
pacifiques du fils de notre conquistador. Pendant plusieurs années, il eut le bon esprit de gouverner ses
deux territoires sans trop s'occuper de la chimère du
Dorado. Il sut se faire respecter des Indiens, et porta
particulièrement sa sollicitude sur les deux villes fon-
dées par son père. Il les étendit considérablement et y
fit de nouvelles fortifications. Cependant, il paraît que,
parmi ses administrés, il y eut des mécontents, car
des plaintes, jusqu'alors restées secrètes, furent portées
contre lui à la cour d'Espagne. Pour connaître de cette
accusation, le roi nomma le capitaine Don Sancho
Alquiza, dont le terme de pouvoir au gouvernement du
Venezuela expirait en ce moment. Don Sancho se rendit
aussitôt à Santo-Tome de Guayana, où se trouvait Don
Fernando, et, après enquête, le jugea fautif. Il le des-
titua alors de son gouvernement et, selon les ordres
qu'il avait reçus, en prit les rênes provisoirement.
Confirmé ensuite dans sa nouvelle fonction par lettres-
patentes royales, il gouverna la Trinidad et la Guyane
jusqu'en 1615 (1).

Aussitôt déposé, Don Fernando s'empressa de se
rendre en Espagne pour plaider sa cause par devant
le conseil suprême des Indes. Il fit valoir avec éloquence
les preuves qui, dans l'enquête instituée contre lui,

(1) Fr.-A. Caulin, *Historia de la N. Andalucia,* l. II, ch. xi, p. 171.

militaient en sa faveur, et récapitula soigneusement les services rendus à l'Espagne par son père et son grand-père en découvrant, conquérant et peuplant le Nouveau-Royaume de Grenade, la province de Guayana et l'île de la Trinidad. Sa défense fut favorablement écoutée des conseillers, qui en firent un rapport au roi. Le souverain l'accueillit avec bienveillance et consentit à lui remettre de nouveaux titres au gouvernement de la Trinidad et de la Guyane, portant la date du 12 décembre 1615. Mais comme dans ces entrefaites un successeur avait déjà été nommé à Don Sancho Alquiza, il fut convenu que ce nouveau gouverneur, le capitaine Don Diego Palomeque de Acuña, administrerait le gouvernement de l'île et du continent pendant quatre années, de 1615 à 1619, à l'expiration desquelles Don Fernando de Berrío en reprendrait les rênes jusqu'à la fin de ses jours (1).

Don Diego Palomeque et Don Fernando de Berrío quittèrent l'Espagne en même temps, le premier pour se rendre à la Trinidad et à la Guyane, et prendre soin de son gouvernement, et le second pour gagner Santa-Fe de Bogota, où il arriva l'année suivante, 1617, porteur de lettres-patentes royales enjoignant au président de l'audience royale de cette ville (de laquelle, depuis 1591, ressortissaient le gouvernement de la Trinidad et ceux de la Guyane, de Cumaná et de la Marguerite), de le nommer à quelque emploi important, en attendant l'expiration du terme d'administration de Don Diego Palomeque (2).

____

(1) Fr.-A. Caulin, *Historia de la N. Andalucia*, l. II, ch. xi, p. 171.
(2) *Id., ibid.*

Cette même année 1617, les deux couvents de San-Francisco à Santo-Tome de Guayana et de San-Antonio à San-Jose de Oruña, qui, depuis leur fondation, avaient relevé de la province de Santa-Fe du nouveau royaume de Grenade, passèrent sous la juridiction spirituelle du couvent de Santa-Cruz de la Española y Caracas, de la province de Caracas. Le 8 octobre de cette année, il se tint un chapitre dans ce dernier couvent, à l'effet de procéder à l'élection du provincial, des définiteurs et du custode. Après cette élection, le provincial produisit le certificat d'un acte définitorial de la province de Santa-Fe par lequel elle renonçait à ses droits sur les deux couvents de la Trinidad et de la Guyane, et les passait à la province de Caracas. L'année suivante, 1618, le provincial du couvent de Caracas, le M. R. P. Fr. Bartolome Serrano, entreprit de faire la visite de toute sa province. Il arriva à San-Jose de Oruña au mois d'avril, et, à présentation de ses lettres-patentes, reçut la soumission du R. P. Fr. Juan Rubio, alors président du couvent de San-Antonio. De là, il se rendit à Santo-Tome de Guayana, où le président du couvent de San-Francisco, le R. P. Fr. Juan de Moya, lui fit aussi sa soumission (1).

Peu de mois après son arrivée à Santo-Tome de Guayana, le nouveau gouverneur, Don Diego Palomeque, recevait d'Espagne une cédule royale en date du 19 mars 1617, par laquelle il lui était ordonné de prendre les mesures nécessaires à la défense de son territoire. Il lui était en même temps annoncé qu'il

____

(1) Fr.-A. Caulin, *Historia de la N. Andalucia,* l. II, ch. XI, p. 166.

serait incessamment attaqué par un corsaire qui préparait ouvertement un armement en Angleterre dans le but de s'emparer des mines d'or de la Guyane (1) et d'y fonder un établissement. Aussitôt averti, le gouverneur expédia les ordres nécessaires à son lieutenant à la Trinidad, Benito de Baena, et, avec l'aide de son lieutenant à Santo-Tome de Guayana, le capitaine Geronímo de Grados, il éleva un corps de garde qu'il fortifia le mieux qu'il pût, et crénela plusieurs maisons bien postées pour la défense de la ville. Après avoir terminé ces travaux, il réunit sous les armes autant d'hommes que possible, et se trouva à la tête de cinquante-sept soldats, force bien insuffisante, mais avec laquelle il se promit de combattre à outrance le corsaire anglais. Ainsi préparé, le brave capitaine Don Diego Palomeque attendit l'arrivée de l'ennemi (2).

(1) Fr.-A. Caulin, *Historia de la N. Andalucia,* l. II, ch. XI, p. 171.
(2) *Id., ibid.,* p. 172 et sqq.

CHAPITRE XIII

DEUXIÈME EXPÉDITION DE SIR WALTER RALEGH A LA
CONQUÊTE DU DORADO. — DON FERNANDO DE BERRIO
REPREND LES RÊNES DE SON GOUVERNEMENT. — SA MORT.

(1618-1622)

L'annonce de la prochaine invasion de la ville de
Santo-Tome de Guayana et de son territoire ne tarda pas
à s'affirmer d'une manière incontestable. A la punta
del Gallo, dans la bouche du Serpent, on vit se présenter, vers la fin de la même année 1617, une flottille
considérable ; c'était l'expédition annoncée par la cour
d'Espagne au capitaine Don Diego Palomeque de Acuña.
Le corsaire qui l'avait ostensiblement préparée en
Angleterre n'était autre que notre vieil ennemi, sir
Walter Ralegh, le même qui, vingt-trois ans auparavant, en 1595, avait incendié San-Jose de Oruña et
remonté infructueusement l'Orénoque à la recherche de
la Manoa del Dorado (1). L'insuccès de sa première
tentative n'avait ni endormi la crédulité, ni ralenti
l'ardeur de cet homme aventureux et énergique. Dès
l'année qui avait suivi son retour de sa première
entreprise, il avait expédié dans l'Orénoque son lieutenant, le capitaine Keymis, pour en explorer les rives
de nouveau et recueillir des Caciques les renseigne-

(1) Fr.-A. Caulin, *Historia de la N. Andalucia*, l. II, ch. XII, p. 171.

ments les plus précis sur la situation et la richesse du pays dont il tenait à honneur de faire la conquête pour son pays (1).

Mais, depuis sa dernière expédition, bien des changements étaient survenus dans sa fortune. Comme toujours, le mauvais succès l'avait voué aux calomnies ; et, à la suite de son premier voyage, il avait été accusé dans toute l'Angleterre d'avoir sacrifié un grand nombre d'hommes à sa cupidité et à son ambition. Pour se disculper et reconquérir sa popularité perdue, dans le but de pouvoir entreprendre une nouvelle expédition, non plus aux frais du gouvernement qui avait fait la paix avec l'Espagne, mais aux dépens du public anglais, il avait pris le parti de publier la relation de son premier voyage à la Guyane, en exagérant l'importance des richesses qu'il savait exister, disait-il, dans cette contrée lointaine. Mais personne ne voulait ajouter foi à ses récits, et tous ses efforts se faisaient en pure perte. Dans son impuissance à essayer une nouvelle tentative sur le Dorado, il s'était remis à ses occupations littéraires et les avait suivies jusqu'à la mort de la reine Elisabeth, en 1603. A l'avènement de Jacques Ier au trône d'Angleterre, la faveur dont il avait joui à la cour, sous le règne précédent, avait fait place à la plus grande indifférence, et, sensible aux mauvais procédés dont il était abreuvé, il paraît qu'il avait eu la faiblesse de se mêler à des intrigues de palais. Ces menées lui avaient suscité de nombreux et puissants ennemis, et une conspiration, dite des *Poudres*, et ayant pour objet le

______

(1) Laharpe, *Histoire des Voyages, Rel. de Keymis*, t. XVI, p. 342.

détrônement du roi, s'étant alors éventée, il avait été décrété d'accusation comme complice par ses adversaires et mis en jugement pour crime de haute trahison. Condamné à mort sans preuves, il n'avait pourtant pas pu obtenir sa grâce du faible roi Jacques qui, quoique convaincu de son innocence, ne lui avait accordé qu'un sursis illimité, et, pendant treize ans, il avait été retenu prisonnier à la tour de Londres (1).

Une si longue captivité avait fini par faire naître des doutes dans l'esprit du peuple anglais sur la justice de la sentence appliquée à l'infortuné sir Walter Ralegh, et, par un de ces revirements d'opinion dont l'histoire nous fournit tant d'exemples, il arriva un jour où l'hostilité des Anglais fit place aux sentiments les plus sympathiques à son malheur. Le roi le voyant réconcilié avec ses compatriotes, suivit le mouvement de l'opinion et consentit enfin, en 1616, à le mettre en liberté. Mais le soupçonneux monarque, tout en l'élargissant, se garda bien de le gracier de la sentence de mort qui pesait sur lui, se méfiant toujours de son activité fiévreuse et inquiète (2).

A peine sir Walter Ralegh s'était-il vu en liberté que, plus que jamais entiché de la conquête du Dorado, il s'était remis à vanter les richesses de la Guyane. A force d'exagérer l'importance de cette entreprise, il avait enfin réussi à convaincre un certain nombre de riches marchands de Londres, et à tirer d'eux des avances considérables. Avec ces sommes et la fortune

(1) Baralt, *Historia de Venezuela*, t. I, ch. xiv, p. 256 et sqq.
(2) *Id,, ibid.*, p. 257.

particulière de sa femme, qu'il avait réalisée, il avait fini par équiper un armement formidable sur lequel il fondait les plus grandes espérances de succès. Une dernière difficulté lui restait à surmonter, et elle était grande, puisqu'il ne s'agissait de rien moins que de l'état de paix régnant alors entre l'Angleterre et l'Espagne que pouvait compromettre cette expédition. Sur les représentations de l'ambassadeur de cette puissance, Don Diego Sarmiento de Acuña, le faible et craintif roi Jacques s'en préoccupa vivement ; pour aucun avantage, quel qu'il fût, il n'eût voulu compromettre la paix profonde dont il jouissait. Aussi n'avait-il consenti à accorder à sir Walter Ralegh l'autorisation d'entreprendre son expédition qu'à la condition expresse de respecter et de faire respecter par ses hommes le territoire de la couronne d'Espagne. Celui-ci, fou d'enthousiasme, avait promis tout ce qu'on avait exigé de lui, sans trop se préoccuper des conséquences de ses engagements (1).

Sa flottille se composait de quatorze voiles commandées en chef par lui-même, et, en sous-ordre, par les capitaines Bailly, sir William Saint-Léger, Pennington, sir John Ferne, sir Lawrence Keymis, Whitney, Chudley, Hastings, Pigot, Snedal, Wollaston, Samuel King et Robert Smith. Les forces de cette brillante expédition consistaient en plusieurs centaines d'hommes. Le 28 mars 1617, il partit de l'île de Wight, mais pour relâcher bientôt à Plymouth, où il dut s'arrêter jusqu'à la fin de juin ou le commencement de juillet pour

____

(1) Baralt, *Historia de Venezuela,* t. I, ch. xiv, p. 259.

rallier ses navires. De ce port, il appareilla pour
l'Amérique ; mais après avoir vainement lutté contre le
mauvais temps et les vents contraires, il fut forcé de
relâcher une seconde fois en Irlande, où il fit un assez
long séjour. De là, il fit voile pour les îles Canaries, où
il se ravitailla. Il partit enfin de ces îles pour le Nouveau-Monde, et, favorisé cette fois par des vents propices, il vint, comme à sa première expédition, jeter
l'ancre à la punta del Gallo, dans les derniers jours de
l'année 1617 (1).

Après avoir laissé aux équipages et aux troupes le
temps de se reposer et de se rafraîchir, sir Walter
Ralegh s'occupa de prendre les dispositions nécessaires
à la remontée de l'Orénoque et à la conquête de la
trop fameuse Manoa del Dorado. Il embarqua six compagnies, de cinquante hommes chacune, dans cinq
bâtiments, savoir : l'*Encounter,* capitaine Whitney ; la
Confidence, capitaine Wollaston ; une caravelle, capitaine sir Lawrence Keymis, et deux mouches, capitaines Samuel King et Robert Smith. Les six compagnies étaient commandées par son propre fils qu'il avait
emmené avec lui pour lui faire faire ses premières
armes par les capitaines Parker, North et Thornhurst,
et par les lieutenants des navires de Pennington et de
Chudley. A sir Lawrence Keymis il remit, avec ses
instructions, le commandement en chef. Quant à lui,
se trouvant alors bien souffrant et extrêmement faible,
il fut contraint de rester à la Trinidad avec le reste de
sa flottille (2).

(1) Sir W. Ralegh, *Voyages to Guiana,* p. 137 et sqq.
(2) *Id., ibid.,* p. 163.

Mais, quoique inhabile à concourir d'une manière active à l'expédition, sir Walter Ralegh ne laissait pas que d'occuper, à la punta del Gallo, un poste de la plus grande importance. Mouillé dans ce port que son œil militaire lui avait fait choisir de préférence à tout autre, il pouvait en effet facilement surveiller d'un côté le passage des galions espagnols dans le golfe de Paria, afin de s'en défendre par la fuite ou par la résistance, au cas où ils voulussent l'attaquer, et veiller de l'autre à ce que les Espagnols de l'île qu'il avait sur les derrières de son expédition ne se lançassent à sa poursuite sur l'Orénoque pour porter secours à ceux du continent. Mais tout en exerçant cette surveillance, il ne manquait pas d'aller de temps en temps dans sa barge, ainsi qu'il l'avait fait à son premier voyage, pour visiter différents points de l'île et se mettre en communication avec les Indiens. Il paraît même qu'il tenta d'occuper Puerto de los Hispanioles, mais que le lieutenant du gouverneur, Benito de Baena, le força à la retraite après quelques escarmouches (1).

Après avoir remonté l'Orénoque pendant plusieurs jours, l'expédition, pilotée par les Indiens Guaraunos de l'embouchure du fleuve, arriva le 11 janvier 1618 à l'île Yaya, située à une petite distance de Santo-Tome de Guayana. Promptement informé de son apparition par un pêcheur indien, le gouverneur Don Diego Palomeque fit aussitôt battre le rappel. Il réunit les

---

(1) Fr.-A. Caulin, *Historia de la N. Andalucia*, l. II, ch. XII, p. 172. C'est à tort que cet historien rapporte que sir Walter Ralegh a été fait prisonnier par le capitaine Benito de Baena dans cette rencontre.

hommes qui travaillaient aux champs à ceux qu'il avait
sous la main à la ville, et quand toute sa troupe fut
assemblée, il lui distribua les armes et les munitions.
Deux canons qui défendaient le port et quatre pierriers
qui protégeaient le corps de garde furent chargés, et les
soldats consignés. Le même jour, la flottille ennemie,
après avoir quitté l'île Yaya, remonta le fleuve lentement et vint mouiller vers les onze heures du matin
dans une petite anse proche de la ville, où elle débarqua
ses troupes en bon ordre et silencieusement, dans le
but de surprendre les Espagnols. Pour faire diversion,
elle appareilla de nouveau, faisant mine de menacer la
ville du côté de l'eau. Mais aussitôt le débarquement
des forces anglaises, le gouverneur en avait été averti
par ses émissaires, et il avait donné ordre à son lieutenant, le capitaine Gerónimo de Grados, de se mettre à
la tête d'une compagnie de dix hommes et d'aller s'em-
busquer sur un monticule voisin de la ville et qui
y donnait accès, pour surprendre l'ennemi et en retarder
la marche le plus longtemps possible (1).

Sir Lawrence Keymis eut le malheur de donner avec
toutes ses troupes réunies dans cette embuscade, et
celui plus grand encore de voir, à la première décharge,
tomber à ses côtés, mortellement frappé, le fils de sir
Walter Ralegh. Les Anglais, cependant de beaucoup
supérieurs en nombre aux Espagnols, purent continuer leur marche en avant, quoique horriblement
maltraités. Ils arrivèrent enfin en vue de la ville,
toujours harcelés par les soldats espagnols qui les

. (1) Fr.-A. Caulin, *Historia de la N. Andalucia*, l. II, ch. xii, p. 172.

prenaient en flanc. Alors, se divisant en deux ba-
taillons, ils enfoncèrent aisément les quelques hommes
par lesquels ils étaient inquiétés et les obligèrent à
battre en retraite pour pouvoir se replier sur les troupes
restées dans la ville sous le commandement du gouverneur. Ce fut en ce moment que le brave capitaine Don
Diego Palomeque se mit à la tête des troupes qui lui
restaient et marcha résolument au devant de l'ennemi.
La rencontre eut lieu en avant des premières maisons
de la ville. Là, de part et d'autre, s'engagea d'abord
une vive fusillade, puis ensuite une mêlée sanglante
où chacun mit l'épée à la main. Ce fut pendant ce
combat opiniâtre, le vendredi 12 février, à neuf heures
du soir, que mourut, après des prodiges de valeur,
notre vaillant gouverneur, Don Diego Palomeque de
Acuña (1).

Quoique combattant quatre ou cinq contre un, les
assaillants, loin d'avoir jusqu'ici remporté sur les Espagnols aucun avantage sérieux, avaient au contraire
grandement souffert de leur mousqueterie et des décharges de leurs canons et pierriers qui les mitraillaient du
corps de garde. Mais le moment arriva où ceux-ci se
trouvèrent en nombre trop réduit pour continuer la
bataille en rase campagne. Contraints alors de céder le
terrain, ils gagnèrent la protection des murailles cré-
nelées des premières maisons de la ville. De ces cré-
neaux, ils dirigèrent sur les Anglais un feu de mousqueterie si meurtrier, que ceux-ci se virent obligés de
mettre le feu aux maisons pour les en déloger. Forcés

(1) Fr.-A. Caulin, *Historia de la N. Andalucia,* l. II, ch. XII, p. 172.

de fuir devant l'incendie, les Espagnols se replièrent de maison en maison sur tous les postes avantageux qu'ils avaient préparés d'avance, et d'où ils continuèrent à tirer à couvert sur l'ennemi. Ce combat acharné dura jusqu'au milieu de la nuit ; encore ne cessa-t-il que par faute de munitions du côté des Espagnols. Ces derniers, obligés enfin d'abandonner leur ville aux Anglais après leur courageuse résistance, se retirèrent dans leur couvent de San-Francisco, qui en était à une petite distance. Ce ne fut qu'après leur réunion dans ce local qu'ils s'aperçurent de l'absence de leur gouverneur, dont la mort avait été cachée à tous les yeux par l'obscurité de la nuit. Ils n'apprirent qu'à ce moment sa fin glorieuse par les récits des capitaines Arias et Juan Ruiz et de deux soldats blessés. Cette lutte sanglante coûta plus de cent hommes aux Anglais, et aux Espagnols des pertes sensibles. Elle fait le plus grand honneur au capitaine Don Diego Palomeque et témoigne de la valeur que déployaient les Espagnols dans leurs luttes pour la conquête du Nouveau-Monde (1).

Leur gouverneur mort et leur ville prise d'assaut et presque toute réduite en cendres, les Espagnols assemblés dans le couvent tinrent conseil pour décider des mesures qu'ils avaient à prendre dans les graves circonstances où ils se trouvaient. Il fut convenu à l'unanimité que tous les hommes valides s'embusqueraient aux alentours de la ville pour harceler et inquiéter l'ennemi, et que les vieillards, les femmes et les enfants seraient confiés au capitaine Grados pour être conduits à la

____

(1) Fr.-A. Caulin, *Historia de la N. Andalucia*, l. II, ch. xii, p. 173.

Zeiba, endroit éloigné de plus de trois lieues de la
ville, où il aurait la charge de leur construire des
cabanes et de veiller à leur approvisionnement. Quant
aux malades et aux blessés, on décida de les laisser
dans le couvent aux soins des alcades Garcia de
Aguilar et Juan de Lazama, et de les garder des insultes
des Anglais et surtout des Indiens qui les accompa-
gnaient par de fréquentes patrouilles de jour et de
nuit (1).

Les Anglais fouillèrent dans tous les sens les décombres de la ville, sans trouver ni or, ni argent, ni pierres
précieuses. Voyant qu'il n'y avait que pauvreté et misère
là où on leur avait fait espérer les richesses les plus
considérables, ils se formèrent en deux compagnies
d'une centaine d'hommes chacune pour battre la campagne, dans l'espoir d'y découvrir les trésors si vantés
du Dorado ; mais ce fut en vain : le mystérieux Dorado
ne se dévoila pas plus à eux qu'aux Espagnols. Dans
les champs encore dépourvus de plantations, ils ne
trouvèrent même pas les vivres nécessaires à leur subsistance. Mais, dans toutes leurs marches et contremar-
ches, ils tombèrent bien des fois dans les embuscades
espagnoles et périrent en grand nombre. Dès qu'ils
s'approchaient du bétail pour l'enlever, ils étaient certains de recevoir des décharges meurtrières des bosquets
voisins. De guerre lasse, ils se décidèrent à s'embarquer pour remonter l'Orénoque et ses affluents voisins,
dans le double but d'y chercher de l'or et de se fournir
d'approvisionnements. Ils armèrent à cet effet deux

____

(1) Fr.-A. Caulin, *Historia de la N. Andaiucia*, l. II, ch. xii, p. 173.

grandes chaloupes montées chacune par une vingtaine d'hommes. Après deux semaines de navigation infructueuse, la petite expédition s'en revint désespérée à Santo-Tome, où le gros des Anglais avait fondé sur elle les plus grandes espérances (1).

Les Espagnols, qui avaient vu l'ennemi fureter dans le fleuve et y faire des sondages, craignirent que son intention ne fût de s'établir dans le pays, et, pour l'en chasser, résolurent de faire un suprême effort. Mais, trop faibles pour y réussir, livrés à eux-mêmes et sans secours étranger, ils dépêchèrent leurs alcades aux chefs indiens des alentours pour les gagner à leurs intérêts, en leur faisant sentir la nécessité de se joindre à eux pour travailler, de concert, à chasser de leurs terres l'ennemi commun. Ils leur promirent que le roi d'Espagne, leur grand monarque, serait informé par eux de la part qu'ils auraient prise à l'affranchissement du sol, et qu'il ne se ferait pas faute de les en récompenser d'une manière signalée. Ces promesses attachèrent les Caciques à leur cause : une soixantaine de bons archers indiens les suivirent. A cette troupe, les alcades associèrent les vingt-trois soldats qui leur restaient, avec ordre de combattre les Anglais retranchés dans la ville et de mettre le feu aux maisons encore debout. Vers le milieu de la nuit, ils se mirent en marche et réussirent à pénétrer dans la place sans être découverts. Ils se disposèrent à commencer l'attaque par l'incendie des maisons ; mais la pluie, tombée par torrents peu d'instants auparavant, empêcha la paille

____

(1) Fr.-A. Caulin, *Historia de la N. Andalucia*, l. II, ch. XII, p. 173.

des toitures de prendre feu, et ils furent contraints de se retirer sans causer aucun dommage à l'ennemi. Vers le point du jour cependant, ils revinrent à la charge, tambour battant, et lancèrent sur les Anglais une furieuse grêle de balles et de flèches, qui continua jusqu'à épuisement de leurs munitions. Forcés alors de discontinuer le combat, ils se retirèrent en bon ordre (1).

A la vue des Indiens se battant contre les Anglais côte à côte avec les Espagnols, sir Lawrence Keymis jugea la partie perdue et se décida à l'abandonner. Au surplus, les différents combats qu'il avait eus à soutenir lui avaient déjà enlevé une bonne moitié de ses hommes, tant tués que blessés, et il appréhenda qu'un plus long séjour dans la contrée ne lui mît sur les bras toutes les peuplades indiennes des environs, qui ne manqueraient pas de profiter de sa faiblesse pour se soulever contre lui. Quant à la Manoa del Dorado qui, comme toujours, s'était évanouie à l'approche de son expédition, il se sentit désormais impuissant à en entreprendre la recherche là où la crédulité publique la plaçait alors. Dans la prévision de plus grands malheurs, il évacua donc brusquement Santo-Tome de Guayana avec le reste de ses troupes et environ cent cinquante quintaux de tabac qu'il y avait trouvés après s'en être rendu maître. Il redescendit l'Orénoque et arriva, plein de confusion, à la Trinidad, le 29 janvier 1618, après une absence de plus d'un mois (1).

L'insuccès de cette seconde entreprise de sir Walter

---

(1) Fr.-A. Caulin, *Historia de la N. Andalucia,* l. II, ch. XII, p. 174.
(2) *Id., ibid.,* p. 175.

Ralegh à la conquête du Dorado doit-il être attribué à l'inhabileté de sir Lawrence Keymis, ainsi que le prétend celui-là dans son *Apologie?* Non, sans doute, puisque à l'impossible nul n'est tenu, et que le Dorado n'a jamais été qu'une vaine chimère. Mais il est permis de penser que, plus habile et peut-être aussi plus heureux que sir Lawrence Keymis, sir Walter Ralegh eût su se concilier les Indiens des bords de l'Orénoque et que, les tournant contre les Espagnols, il eût pu éviter de faire à ceux-ci une guerre ouverte, conserver la plus grande partie de ses troupes, et, vraisemblablement, occuper la Guyane en attendant l'action diplomatique de l'Angleterre sur l'Espagne. Par ces agissements, sir Walter Ralegh eût pu espérer d'assurer à son pays la possession d'une contrée qu'il croyait capable, selon son expression, d'agrandir merveilleusement le prince à qui serait réservé le bonheur d'en faire la conquête, et de lui donner assez de richesses et de forces pour contrebalancer celles de l'Espagne. Loin d'avoir ces vues larges et grandioses, sir Lawrence Keymis avait fait de son expédition une vraie entreprise de piraterie contre une nation amie, pour laquelle il aurait à compter plus tard avec son souverain. Aussi, à peine sir Lawrence Keymis lui eut-il apporté, avec la confirmation de la mort de son fils, le rapport de la destruction de la ville de Santo-Tome de Guayana, de la perte de la moitié de ses troupes et de l'inutilité de ses efforts à la découverte du Dorado, que sir Walter Ralegh, désespéré, perdit toute patience et toute mesure et, l'accablant de reproches amers, lui signifia qu'il n'appuierait pas à la cour d'Angleterre les raisons qu'il alléguait à sa décharge. « Je sais alors ce qui me reste à faire, » s'écria le malheureux Keymis qui, se retirant aussitôt dans sa cabine, se tira un coup de pistolet dont la balle ne fit que le blesser, et se plongea ensuite un poignard dans le cœur (1).

Dans son désespoir, sir Walter Ralegh, quoique toujours malade et bien faible encore, eut la pensée de se mettre à la tête de ce qu'il lui restait de troupes et de les conduire lui-même à la conquête de la Guyane ; mais les soldats, désabusés du mirage trompeur du Dorado et irrités de l'évanouissement de leurs rêves dorés, refusèrent de le suivre et le contraignirent à les ramener en Angleterre. Il partit de la Trinidad au commencement d'avril et débarqua à Plymouth vers la fin de juin. Mais déjà la nouvelle des combats de sir Lawrence Keymis et de l'incendie de San-Tome de Guayana était parvenue en Europe, et, sur de nouvelles et pressantes représentations de l'ambassadeur d'Espagne, une proclamation royale, désapprouvant avec force la violation du territoire espagnol dont il s'était rendu coupable, décrétait d'accusation l'infortuné chef de l'expédition. A peine débarqué, sir Walter Ralegh fut mis aux arrêts, puis conduit à son ancienne prison, la tour de Londres, sous la garde de sir Lewis Storkely, le 10 août suivant (2). Peu de jours après, il fut décapité, non pour le fait de ses violences sur le territoire et les sujets d'une nation amie, fait pour lequel il ne fut jamais jugé, mais en vertu du jugement rendu

(1) Sir W. Ralegh, *Voyages to Guiana*, p. 167 et sqq.
(2) *Id., ibid.*, p. 149.

contre lui quinze ans auparavant et sans preuves, pour crime de lèse-majesté. Il est permis de se demander si la raison d'état peut excuser le roi Jacques Ier de ce déni de justice.

Ce fut dans le court intervalle qui sépare son arrestation de son emprisonnement que sir Walter Ralegh écrivit cette énergique et puissante défense de sa conduite, sous le titre d'*Apologie*. On ne saurait jeter les yeux sur la vie romanesque de cet homme illustre sans être profondément ému de sa destinée. Tant que la fortune lui fut favorable, il obtint tous les succès et parvint à toutes les gloires ; dès que l'adversité l'eut saisi à son tour, elle le conduisit de chute en chute jusqu'au fatal billot. Par un dernier caprice de son étrange existence, les dernières années de la vie de cet homme célèbre viennent se lier intimement aux premières pages de l'histoire de notre pays. Quoiqu'il y vînt en ennemi, soyons-lui-en reconnaissants, car si nous devons à Christophe Colomb la découverte, et à Don Antonio de Berrío y Oruña la conquête de notre île, il ne nous est pas permis d'oublier qu'au grand nom de sir Walter Ralegh nous devons aussi l'éclat le plus vif des temps héroïques de nos annales.

A peine les Anglais s'étaient-ils retirés de Santo-Tome de Guayana, que la ville avait été attaquée de nouveau. C'était cette fois par les Indiens auxiliaires qui, voyant les Espagnols grandement réduits en nombre, saisirent l'occasion de les forcer à leur tour à la retraite, débarrassant ainsi du même coup leur territoire de tout joug étranger. Ce plan bien conçu eût infailliblement réussi sans l'arrivée opportune de Don Fernando de

Berrío à la tête de quarante hommes équipés par lui à la Nouvelle-Grenade. Le président de l'audience royale de Santa-Fe de Bogota, aussitôt informé de l'invasion anglaise et de la mort de Don Diego Palomeque, l'avait instruit des événements survenus à la Guyane et lui avait fait remettre six mille piastres du trésor royal pour lever quelques troupes, marcher avec elles le plus vite possible au secours des Espagnols et reprendre les rênes de son gouvernement (1).

Don Fernando de Berrío arriva à Santo-Tome de Guayana le 11 mai 1618 (2), juste à temps pour repousser les Indiens. Ainsi honorablement réintégré dans l'héritage de son père, bien longtemps avant l'époque fixée par les derniers arrangements, il se mit résolument à soumettre les Indiens hostiles, à relever la ville et à la fortifier. Les chroniques ne font aucune mention de la manière dont il exerça son autorité pendant les quatre années qui s'écoulèrent depuis son retour jusqu'à sa mort, survenue en 1622, circonstance qui nous donne lieu de croire qu'il en fit un usage agréable à ses ennemis. Il paraîtrait aussi que, instruit par les revers de son père, il se garda de toute entreprise à la conquête du Dorado.

L'année 1622 ferme l'ère des luttes sanglantes entre Espagnols et Indiens pour la possession de l'île et de la Guyane. Après un siècle et un quart juste d'efforts violents et de combats cruels, ces contrées sont désor-

---

(1) Fr.-A. Caulin, *Historia de la N. Andalucia,* l. II, ch. XII, p. 175 et sqq.

(2) *Id., ibid.,* p. 176. Les dates fournies par l'historien cité ci-dessus s'accordent peu entre elles, et beaucoup moins encore avec celles de la préface de l'*Apologie* de sir Walter Ralegh.

mais acquises aux envahisseurs. Cette conquête faite
sur des peuplades barbares a coûté à l'Espagne presque
autant de sang et de trésors que celles du Mexique et
du Pérou, entreprises sur de vastes états jouissant
déjà d'une grande civilisation. La petite île de la Trinidad était-elle digne de sacrifices si considérables?
Assurément non, si elle n'est considérée qu'au point
de vue territorial ; mais, par sa belle position militaire
à l'embouchure de l'Orénoque, elle s'imposait aux conquistadores du Dorado comme base d'opération, et ces
vaillants capitaines ne pouvaient se dispenser de s'en
disputer la conquête. A la folie du Dorado, quelque
funeste qu'elle ait été à ces conquistadores, nous
sommes donc redevables de la conquête de notre île
et de la grande célébrité attachée à son nom pendant
la période de cette conquête.

CHAPITRE XIV

ÉTAT DE LA CONQUÊTE DE L'ILE A LA MORT DE DON FERNANDO DE BERRIO

(1622)

A la mort de Don Fernando de Berrío, la population de la Trinidad était loin de présenter l'aspect qu'elle avait à l'époque de la conquête de son père. Ce n'est pas que les Indiens de l'île fussent alors tous soumis ; mais, d'un côté, leur nombre ayant beaucoup diminué par des enlèvements violents, des expatriations faciles et des guerres sanglantes, et, de l'autre, celui des Espagnols s'étant déjà beaucoup accru des débris d'un grand nombre d'entreprises malheureuses à la recherche du Dorado et des restes de la grande expédition de Domingo de Vera, il avait fini par s'établir une sorte d'équilibre entre les forces des naturels et celles des Européens. Les peuplades indiennes encore insoumises, n'osant plus attaquer les étrangers, s'étaient enfin résignées à leur laisser partager avec elles le territoire de l'île. L'habitude aidant, elles avaient fini par commercer avec eux comme avec les pacotilleurs des îles voisines et du continent, et même les Français, les Anglais et les Hollandais qui venaient s'établir dans leurs villages (1). Quant aux Indiens soumis, tels que

(1) Sir W. Ralegh, *Voyages to Guiana*, p. 109, rapporte qu'un

les Carinepagotos, ils se faisaient de plus en plus les amis et alliés des Espagnols, commençant déjà à parler leur langue et recevant volontiers des mains de leurs ecclésiastiques les eaux régénératrices du baptême. Au régime de servitude des repartimientos, auquel ils avaient été soumis tout d'abord, comme nous l'avons vu, avait succédé celui des *encomiendas* ou commanderies, système de vasselage qui les groupait en villages, et les soumettait aux lois et à l'enseignement doctrinal, moyennant un léger tribut de capitation dont les Caciques et les fils aînés de ces chefs étaient exempts. Du produit de cet impôt étaient rétribués les ministres du culte et leurs *corregidores* ou magistrats. Comme ils ne payaient pas la dîme, puisqu'ils travaillaient comme *peones* ou journaliers et n'avaient pas, en conséquence, de revenus, une partie du produit de cette capitation était aussi affectée aux hôpitaux, et le reste revenait à l'*encomendero* ou commandant, pour ses honoraires. Tout en conservant les Caciques, les Espagnols avaient eu le soin de rendre leur dignité purement honorifique (1). Mais, comme il arrive d'ordinaire aux aristocraties, plus ces chefs ou acariwanas perdaient en autorité, et plus ils tenaient à leur vain titre ; ils poussaient même la gloriole jusqu'à ne plus se laisser appeler que *capitans* ou capitaines, depuis qu'ils avaient remarqué que, parmi les Espagnols, les Français, les Anglais et les Hollandais, ce titre était affecté au commandant en chef des navires (2).

Français du nom de *Bontiller*, qu'il écrit Bountillier, trafiquait dans un des villages indiens de la Trinidad dès l'année 1591.

(1) Baralt, *Historia de Venezuela*, t. I, ch. xvi, p. 314 et sqq.
(2) Sir W. Ralegh, *Voyages to Guiana*, p. 21.

Déjà se montraient dans l'île, à cette époque reculée, quelques jeunes *créoles* (1). Par ce nom, on désignait alors les individus nés en Amérique de parents européens ; il s'étend aujourd'hui à tous ceux qui y naissent indistinctement. Ils sont en général bien développés, d'une taille mince, d'une constitution plutôt maigre que grasse, plutôt délicate que robuste ; leurs passions sont ardentes. Mais écoutons plutôt l'abbé Raynal, dont l'appréciation ne saurait être soupçonnée de partialité : « Leur intrépidité s'est signalée à la guerre par une continuité d'actions brillantes. Il n'y aurait pas de meilleurs soldats s'ils étaient capables de discipline. L'histoire ne leur reproche aucune de ces lâchetés, de ces trahisons, de ces bassesses qui souillent les annales de tous les peuples. A peine citerait-on un crime honteux qu'ait commis un créole. Tous les étrangers sans exception trouvent dans les îles une hospitalité prévoyante et généreuse. Cette utile vertu se pratique avec une ostentation qui prouve au moins l'honneur qu'on y attache. Ce penchant naturel à la bienfaisance exclut l'avarice ; les créoles sont faciles en affaires. La dissimulation, les ruses, les soupçons n'entrent jamais dans leur âme. Glorieux de leur franchise, l'opinion qu'ils ont d'eux-mêmes et leur extrême vivacité écartent de leur commerce ces mystères et ces réserves qui étouffent la bonté du caractère, éteignent l'esprit social et rétrécissent la sensibilité. Une imagination ardente qui

______

(1) Le mot « créole » vient de l'espagnol *criollo*, substantif tiré du verbe *criar*, qui signifie engendrer, produire, élever. Le mot créole équivaudrait donc à celui de « produit américain issu d'Européens. »

ne peut souffrir aucune contrainte les rend indépendants et inconstants dans leurs goûts. Elle les entraîne au plaisir avec une impétuosité toujours nouvelle, à laquelle ils sacrifient et leur fortune et tout leur être. Une pénétration singulière, une prompte facilité à saisir toutes les idées et à les rendre avec feu, la force de combiner jointe au talent d'observer, un mélange heureux de toutes les qualités de l'esprit et du caractère, qui rendent l'homme capable des plus grandes choses, leur fera tout oser quand l'oppression les y aura forcés (1). »

A ce portrait des hommes, joignons celui des femmes créoles, tracé par le même écrivain : « Elles ont une blancheur tendre qui laisse aux yeux tout leur pouvoir d'agir, de porter dans les âmes ces traits profonds dont rien ne peut défendre. Extrêmement sobres..... elles n'aiment que l'usage du chocolat, du café, de ces liqueurs spiritueuses qui redonnent aux organes le ton et la vigueur que le climat énerve. Elles sont très-fécondes, souvent mères de dix ou douze enfants. Cette propagation vient de l'amour qui les attache fortement à l'homme qu'elles possèdent, mais qui les rejette promptement vers un autre dès que la mort a rompu les nœuds d'un premier ou d'un second hymen. Jalouses jusqu'à la fureur, elles sont rarement infidèles (2). »

Déjà aussi la population de l'île commençait à présenter l'aspect de celles d'Hispaniola, de Porto-Rico et de toutes les autres colonies américaines. Outre les

___

(1) Raynal, *Histoire philos. et politique*, t. IV, l. XI, p. 266 et sqq.
(2) *Id , ibid.*, p. 267.

Indiens, les Européens et les créoles, on y voyait, mais en petit nombre encore, des esclaves africains. En raison de la couleur de leur peau, ces esclaves étaient appelés par les Espagnols *negros*, c'est-à-dire noirs, nom que nous avons corrompu en celui de *nègres*. Quelques-uns d'entre eux étaient venus dans l'île à la suite du conquistador Don Antonio de Berrío y Oruña (1), et les autres y avaient été introduits par les aventuriers qui y venaient chercher fortune, car on sait que ces esclaves africains, qui résistaient à l'ardeur de la zone torride bien mieux que les naturels eux-mêmes, étaient devenus depuis longtemps indispensables aux Espagnols établis en Amérique. Cependant, quoique la traite des noirs fût alors organisée dans le Nouveau-Monde depuis plus d'un siècle, il est à croire que, par cause du peu de développement de cette colonie naissante, aucune cargaison de cette marchandise humaine ne s'y était vendue jusqu'ici. Un autre puissant motif qui portait les Espagnols à avoir de ces esclaves était le goût prononcé qu'ils avaient, comme tous les autres Européens du reste, pour la négresse. « Ceux qui, dit l'abbé Raynal, ont cherché les causes de ce goût pour les négresses, qui paraît si dépravé dans les Européens, en ont trouvé la source dans la nature du climat qui, sous la zone torride, entraîne invinciblement à l'amour ; dans la facilité de satisfaire sans contrainte et sans assiduité ce penchant insurmontable; dans un certain piquant de beauté qu'on trouve bientôt dans les négresses lorsque l'habitude a familiarisé les yeux avec leur cou-

---

(1) Sir W. Ralegh, *Voyages to Guiana*, p. 35.

leur ; surtout dans une ardeur de tempérament qui leur donne le pouvoir d'inspirer et de sentir les plus brûlants transports. Aussi se vengent-elles, pour ainsi dire, de la dépendance humiliante de leur condition par les passions désordonnées qu'elles excitent dans leurs maîtres, et nos courtisanes en Europe n'ont pas mieux que les esclaves négresses l'art de consumer et de renverser de grandes fortunes. Mais les Africaines l'emportent sur les Européennes en véritable passion pour les hommes qui les achètent. C'est à la fidélité de leur amour qu'on a dû plus d'une fois le bonheur d'avoir découvert et prévenu des conspirations qui auraient fait succomber tous les oppresseurs sous le couteau de leurs esclaves (1). »

En général, les Africains ont le corps robuste, mais court, un air de force qu'accusent des muscles roides, les jambes grêles, les traits du visage comme gonflés et en même temps étirés dans le sens de la largeur. Nés dans les colonies, les noirs, tout en restant aussi forts que les Africains, deviennent plus grands et mieux faits. Ils ont le corps plus arrondi, les mollets plus prononcés, les traits plus accentués, et souvent presque européens à la deuxième ou troisième génération. Le P. Labat les a décrits au moral de la manière suivante : « Tous les nègres ont un grand respect pour les vieillards. Ils ne les appellent jamais par leurs noms qu'ils n'y joignent celui de père... Ils sont naturellement éloquents, glorieux et vains... Ils s'aiment beaucoup les uns les autres... Ils aiment le jeu, la danse, le vin,

______

(1) Raynal, *Histoire philos. et politique*, t. IV, l. XI, p. 223 et sqq.

l'eau-de-vie, et leur complexion chaude les rend fort adonnés aux femmes... La danse est leur passion favorite ; je ne crois pas qu'il y ait peuple au monde qui y soit plus attaché qu'eux (1). » « Leurs organes, ajoute l'abbé Raynal, sont singulièrement sensibles à la puissance de la musique. Leur oreille est si juste, que dans leurs danses la mesure d'une chanson les fait sauter et retomber, cent à la fois, frappant la terre d'un seul coup. Suspendus pour ainsi dire à la voix du chanteur, à la corde d'un instrument, une vibration de l'air est l'âme de tous ces corps ; un son les agite, les enlève et les précipite. Dans leurs travaux, le mouvement de leurs bras ou de leurs pieds est toujours en cadence. Ils ne font rien qu'en chantant, rien sans avoir l'air de danser. La musique chez eux anime le courage, éveille l'indolence. On voit sur tous les muscles de leurs corps, toujours nus, l'expression de cette extrême sensibilité pour l'harmonie. Poètes et musiciens, ils subordonnent toujours la parole au chant par la liberté qu'ils se réservent d'allonger ou d'abréger les mots pour les appliquer à un air qui leur plaît. Un objet, un événement frappe un nègre ; il en fait aussitôt le sujet d'une chanson. Ce fut dans tous les âges l'origine de la poésie. Trois ou quatre paroles qui se répètent alternativement entre le chanteur et les assistants en chœur forment quelquefois tout le poème. Cinq ou six mesures font toute l'étendue de la chanson. Ce qui paraît singulier, c'est que le même air, quoiqu'il ne soit qu'une

______

(1) P. Labat, *Voyages aux isles de l'Amér.*, t. IV, ch. VII, p. 147 et sqq.

répétition continuelle des mêmes tons, les occupe, les fait travailler ou danser pendant des heures entières ; il n'entraîne pas pour eux, ni même pour les blancs, l'ennui de l'uniformité que devraient causer ces répétitions. Cette espèce d'intérêt est due à la chaleur et à l'expression qu'ils mettent dans leurs chants. Leurs airs sont presque toujours à deux temps. Aucun n'excite la fierté. Ceux qui sont faits pour la tendresse inspirent plutôt une sorte de langueur. Ceux mêmes qui sont les plus gais portent une certaine empreinte de mélancolie. C'est la manière la plus profonde de jouir pour les âmes sensibles (1). »

Le penchant décidé des *blancos* ou blancs, nom par lequel étaient désignés les Européens et les créoles, pour leurs esclaves noires commençait aussi à produire la race de sang mêlé connue sous le nom injurieux et impropre de *mulâtres* (2), mais plus généralement et plus justement désignée aujourd'hui par celui de *race de couleur*. L'Espagne, suivant les dispositions du code théodosien qu'elle avait adopté, voulait que les enfants issus de ce commerce illégitime suivissent

---

(1) Raynal, *Histoire philos. et politique*, t. IV, l. XI, p. 217 et sqq.

(2) Le mot « mulâtre, » de l'espagnol *mulato*, signifie scientifiquement mulet ou hybride, de même que le mot « métis, » de l'espagnol *mestizo*, c'est-à-dire produit issu d'individus, non pas de races, mais d'espèces différentes. Le premier terme était plus particulièrement employé pour désigner le produit de l'Européen avec l'Africaine, et le second plus généralement affecté à celui de l'Européen avec l'Indienne. Il est surprenant que, dans les siècles de foi, les Espagnols, si religieux, aient pu donner à ces produits des noms qui impliquent la négation du dogme chrétien de l'unité de berceau du genre humain.

le sort du ventre qui les avait portés, *partus sequitur ventrem*, et elle en faisait des esclaves parce qu'ils naissaient de mères esclaves (1). Mais l'amour des blancs pour leurs maîtresses noires d'un côté, et de l'autre l'attachement que leur inspiraient de pauvres petits êtres qui n'avaient pas demandé à venir au monde, les poussaient le plus communément à donner la liberté à ces enfants. C'est de la multiplicité de ces affranchissements et de la multiplication de ces affranchis entre eux que date, dans les colonies européennes du Nouveau-Monde, la formation d'une classe sociale qui, bientôt nombreuse et par conséquent puissante, était inévitablement appelée à jouer un grand rôle politique tout le temps que devait durer l'esclavage. Émancipés de la servitude des noirs, mais écartés en même temps de la société des blancs, maintenus par les lois sociales et civiles à égale distance des uns et des autres, les hommes de couleur libres occupaient vis-à-vis les blancs à peu près la même position où se trouvaient placées les bourgeoisies européennes en face de la noblesse, sous le régime de la féodalité. Par le fait, la race blanche en Amérique s'était reconstituée en aristocratie de peau, véritable pendant à celle de sang qui dominait alors dans toute l'Europe. Une semblable organisation politique, en présence de l'esclavage des noirs, était grosse de tempêtes ; on ne saurait découvrir un accord, une harmonie quelconque entre cette aristocratie blanche et cette bourgeoisie de couleur, dans les conditions où elles se trouvaient l'une par

(1) P. Labat, *Voyages aux isles de l'Amér.*, t. II, ch. VI, p. 133.

rapport à l'autre. Aussi les hommes de couleur libres, semblables à ces bourgeois du XVIIIe siècle, qui étaient arrivés à ne plus voir dans la noblesse française qu'un vain préjugé de naissance, n'ont-ils jamais envisagé les distinctions établies entre les blancs et eux que comme un sot *préjugé de couleur.* Voici le portrait qu'en trace le P. Labat : « Les mulâtres sont pour l'ordinaire bien faits, de bonne taille, vigoureux, forts, adroits, indus-trieux, courageux et hardis au-delà de l'imagination ; ils ont beaucoup de vivacité, mais ils sont adonnés à leurs plaisirs, volages, fiers, cachés, méchants et capables des plus grands crimes. Les Espagnols, qui en sont bien mieux fournis que tous les autres Européens qui habitent l'Amérique, n'ont pas de meilleurs soldats et de plus méchants hommes (1). » Cette méchanceté dont parle le P. Labat se rapporte sans doute à leurs passions politiques, puisque les femmes de couleur sont, à coup sûr, les meilleures et les plus douces personnes qu'il y ait au monde.

Moins jolies que les blanches et moins piquantes que les noires, les femmes de couleur sont peut-être plus belles que les unes et les autres, celles surtout qui ont quelque mélange de sang indien. En elles se combinent les traits caractéristiques des races qui ont concouru à leur formation ; mais ce qui les distingue éminemment, c'est le cœur le plus compatissant et le plus sensible aux maux d'autrui. Ces maux, quels qu'ils soient, à qui qu'ils soient infligés, attirent ces âmes aimantées pour le malheur, et elles accourent à tous les chevets,

____

(1) P. Labat, *Voyages aux isles de l'Amér.*, t. II, ch. VI, p. 120.

non pour y porter de ces vaines consolations verbeuses
dont on est si prodigue en général, mais pour aider à
souffrir, pour panser les plaies douloureuses, pour
soulager le malade par mille petits soins et par mille
petits moyens qu'elles sont si habiles à employer et si
promptes à prodiguer, pour préparer et administrer
les médicaments, pour ensevelir les morts. Ces femmes
naissent sœurs de charité.

Du mélange des blancs et des noirs avec les Indiens
commençait aussi à se produire des individus de
deux autres belles races de sang mêlé. Ceux issus des
premiers étaient appelés *mestizos* ou métis, et ceux
produits par les seconds *zambos* ou cagneux, c'est-à-
dire forts, robustes. En général, les métis se distin-
guent par une belle apparence, par une physionomie
agréable, et par la douceur et la facilité de leurs dispositions naturelles. Nés libres, ils ne tardèrent pas à se
confondre avec les autres sangs mêlés libres. Un historien de la Trinidad, du commencement de ce siècle,
homme de talent et écrivain distingué, mais malheureusement aveuglé par l'esprit de parti et les rancunes
personnelles, M. Dauxion Lavaysse, pense que les zambos
ont plus de force physique, de plus belles formes, plus
d'intelligence et d'énergie morale que les nègres et les
Indiens dont ils sont issus, et que, malgré que le
blanc soit supérieur en force physique, intellectuelle et
morale à l'Américain indigène, les métis qui naissent
de l'union de l'Européen avec l'Indienne sont inférieurs
en qualités physiques et morales aux zambos, lesquels
il croit pourtant inférieurs aux mulâtres en intelligence,
mais supérieurs en force physique. Quoi qu'il en soit de

ces appréciations particulières, il est aujourd'hui scienti-fiquement acquis que le mélange des races humaines, de même que celui des races animales, donne parfois des produits supérieurs aux parents, et l'éminent anthropologiste, M. de Quatrefages, pense avec raison, selon nous, que si l'Amérique est destinée à devenir un jour le berceau d'une nouvelle civilisation, c'est à l'hybridation qu'elle devra cette gloire (1).

Cette population de races et de couleurs diverses, formant castes, était, ainsi que nous l'avons vu, régie par un gouverneur ou capitaine général présidant à la fois aux destinées de l'île et de la Guyane, ces deux contrées, depuis la conquête de Don Antonio de Berrío y Oruña, ne formant qu'un seul et même gouvernement sous la dépendance de la vice-royauté du nouveau royaume de Grenade. Seulement, ce gouverneur, toujours préoccupé de la découverte et de la conquête du trop fameux Dorado, se tenait le plus souvent à Santo-Tome de Guayana, se contentant de se faire représenter par un lieutenant à San-Jose de Oruña. La durée de son mandat était de sept ans. En outre de ses fonctions administratives, il réunissait entre ses mains tous les pouvoirs militaires et judiciaires. En matière militaire, il exerçait au nom du roi l'autorité suprême, sans aucun contrôle, sauf le cas où il croyait devoir réunir en conseil de guerre les principaux offi-ciers de la garnison pour prendre leurs avis. Il était aussi exclusivement chargé des relations diplomatiques de son gouvernement avec les colonies des puissances

____

(1) Codazzi, *Geografia politica de Venezuela*, p. 260.

étrangères. Mais beaucoup plus importantes étaient ses fonctions en matière judiciaire, puisqu'il était le président du tribunal le plus élevé de l'île. Comme juge de ce tribunal, il connaissait en première instance de toutes les causes civiles et criminelles, et, pour se diriger dans les affaires contentieuses, se servait d'un jurisconsulte nommé et salarié par le roi, avec le titre d'*assesseur* du gouverneur. On ne pouvait en appeler de ces décisions qu'à l'audience royale de Santa-Fe de Bogota (1).

Une autorité aussi absolue ne pouvait équitablement s'exercer sans contre-poids ; elle était tempérée dans chacune des deux capitales par une corporation élective appelée *Cabildo* ou *Ayuntamiento*, c'est-à-dire Assemblée. Cette corporation, tout à la fois politique, législative, administrative et municipale, était d'origine démocratique. Les Espagnols y étaient attachés comme à une ancienne barrière qu'ils avaient opposée au pouvoir féodal ; mais depuis longtemps, dans la Péninsule, les souverains avaient tellement empiété sur ses attributions, qu'elle avait fini par perdre toute action politique et législative, et était descendue au rang de simple conseil municipal. Implantée dans les colonies américaines, l'institution avait regagné tout ce qu'elle avait perdu dans la mère-patrie et y avait même acquis une telle extension de prérogatives que, sauf les questions militaires, toutes les affaires du gouvernement tombaient sous sa compétence (2). Ce Cabildo, élu

(1) Codazzi, *Geografia politica de Venezuela*, p. 265.
(2) Baralt, *Historia de Venezuela*, t. I, ch. XI, p. 194.

chaque année par les contribuables et parmi eux, était présidé à tour de rôle par deux *alcades* ou magistrats, dont l'un dit « de première élection, » parce qu'il était le premier élu, et l'autre « de deuxième élection, » parce qu'il l'était en second lieu. Les pouvoirs de ces deux magistrats étaient égaux ; le second semble avoir été considéré comme le suppléant du premier. Ces alcades avaient sous leurs ordres des *regidores* ou officiers municipaux aussi élus, et remplissaient les fonctions de juge de paix ; chacun d'eux avait son tribunal, lequel, en outre des délits, connaissait aussi des crimes de peu de gravité, tels que larcins et vols sans effraction. Comme pouvoir administratif et municipal, le Cabildo avait à sa charge l'inspection de la halle et du marché aux approvisionnements, et celle des poids et mesures ; la police des places publiques, des rues et des lieux d'aisance ; l'administration des domaines publics et des droits d'importation ; la répartition et la perception des contributions et revenus publics ; enfin, le gouvernement administratif de la capitale, avec complète indépendance de toute autorité supérieure, sinon par voie d'appel en cour de justice (1).

Les lois en vigueur dans les colonies américaines à cette époque étaient encore celles de la métropole, car ce ne fut que soixante ans plus tard, en 1681, sous le règne de Charles II, que parut la *recopilacion de leyes de los reynos de las Indias* ou compilation des lois du royaume des Indes. Ces lois, contenues dans plusieurs recueils ou codes divers, dont les disposi-

______

(1) Baralt, *Historia de Venezuela*, t. I, ch. XI, p. 194 et sqq.

tions se complètent les unes par les autres, étaient
souvent confuses et incohérentes lorsqu'elles étaient
appliquées à des contrées lointaines et à des populations séparées de la mère-patrie qui, sous un autre
ciel, avaient contracté des mœurs et des coutumes
différentes. Le premier de ces codes était celui des
Visigoths, datant du VIIe ou du VIIIe siècle, et remarquable par les idées générales et les théories fécondes
qu'il renferme ; le second, celui de *las siete partidas*
ou des sept parties, dans lesquelles se divise la célèbre
compilation d'Alphonse X, dit le Sage, publié en 1258
d'après les uns, et en 1263 suivant les autres ; le troisième, celui qui fut promulgué en 1567 par Philippe II
sous le titre de *Recopilacion de leyes de estos reynos* ou
Compilation des lois de ces royaumes ; le quatrième
enfin, celui des *Leyes de Toro* ou Lois de Toro, du
nom de la ville où avaient délibéré les jurisconsultes, et
édicté en 1505, sous les rois catholiques Ferdinand et
Isabelle. A ces différents codes venaient s'ajouter une
innombrable quantité de cédules et d'ordonnances
royales, explicatives de leurs dispositions et mitiga-
trices de leurs prescriptions pour leur adaptation aux
exigences des nouveaux domaines des Indes occidentales. Aucune législation n'existait encore sur les esclaves,
et ces pauvres déshérités de la société, sans rang, sans
biens et sans volontés, vivaient sous le règne du bon
plaisir de leurs possesseurs. Disons cependant, à la
louange des Espagnols, qu'ils furent les plus humains
des propriétaires d'esclaves. Quant aux hommes de
couleur libres, qui exerçaient généralement le métier
d'artisans, ils étaient comme exclus de la vie civile, et

une ordonnance royale de 1621 venait de les déclarer inaptes aux emplois publics (1).

Indépendamment du tribunal du gouverneur et de ceux des deux alcades, le conquistador Don Antonio de Berrío y Oruña en avait institué un troisième, confirmé en 1644 (2) par lettres-patentes royales, sous le nom de Santa Hermandad ou Sainte-Confraternité, nom que portaient en Espagne les soldats de l'inquisition. Ce tribunal inquisitorial, établi à la Trinidad comme dans toutes les possessions espagnoles, eût été inutile s'il n'avait dû connaître que des affaires spirituelles et des crimes d'hérésie. L'Amérique espagnole était alors, Dieu merci, et est restée depuis bien pauvre en novateurs et réformateurs de religion, et, pendant que l'inquisition et les guerres de religion inondaient l'Europe de sang, elle était demeurée tranquille spectatrice de ces luttes fratricides. Mais la juridiction de cette cour s'étendait aux affaires ecclésiastiques et à toutes celles qui leur étaient annexes ; elle embrassait aussi les affaires civiles du clergé et des corps religieux, et même leurs affaires criminelles, pourvu qu'elles ne fussent pas de la dernière gravité, et ces compétences diverses lui donnaient de l'occupation. Elle empiétait du reste sans cesse sur les tribunaux ordinaires, et ce n'était pas sans peine que le pouvoir civil la maintenait dans la limite de ses attributions. Elle était présidée par le proviseur ou vicaire général. Elle décidait d'après les préceptes établis par l'Église en fait de foi et de

---

(1) Baralt, *Historia de Venezuela*, t. I, ch. XV, p. 299 et sqq.
(2) E.-L. Joseph, *History of Trinidad*, part. II, ch. IV, p. 139.

discipline, et sa jurisprudence était tantôt traditionnelle et usuelle, et tantôt écrite. Les livres de l'ancien
et du nouveau Testament, dont le nombre et l'autorité
avaient été déterminés par le concile de Trente, étaient
son code sacré, auquel venaient s'ajouter les opinions
des Pères de l'Église, les décisions des conciles et les
décrets des Papes (1). Qu'on ne s'effraie pas de voir
l'Inquisition à la Trinidad (2) ; ce tribunal était alors
établi non seulement en Espagne, mais en Italie, en
France et en Allemagne, c'est-à-dire dans presque toute
l'Europe civilisée. La saine critique a fait justice des
cruautés qui lui sont reprochées, par la comparaison
qu'elle en a faite avec celles qui s'exerçaient sur les
catholiques dans les pays qui avaient embrassé la
réforme. Ces cruautés si générales en ce temps-là
avaient leurs racines plutôt dans les mœurs de l'époque
que dans les institutions elles-mêmes. Transformée plus
tard en société laïque, la Santa Hermandad a duré
jusque vers le milieu de ce siècle ; on peut même dire
qu'elle est encore en existence sous le nom nouveau de
« Confrérie du Saint-Sacrement. » Telle était, autant
qu'il nous a été possible de le savoir, l'organisation des
pouvoirs publics à la Trinidad après sa conquête.

Quoique le couvent ou hospice de San-Antonio fût, ainsi

(1) Baralt, *Historia de Venezuela,* t. 1, ch. xv, p. 298 et sqq.
(2) E.-L. Joseph, *History of Trinidad,* part. ii, ch. ix, p. 168.
Cet historien, qui ignore l'existence de ce tribunal à la Trinidad,
admet pourtant que l'inquisition mère d'Espagne y envoyait des
délégués, puisqu'il complimente notre dernier gouverneur espagnol,
don Jose Maria Chacon, d'en avoir banni, peu après son arrivée
dans l'île, le dernier émissaire.

que nous l'avons déjà vu, sous la direction de celui de
Caracas, l'île entière se trouvait alors sous la juridiction spirituelle du diocèse de Porto-Rico. C'était l'évêque
de cette île qui nommait le curé et le vicaire de la
paroisse de San-Jose de Oruña. Ces deux ecclésiastiques, avec les deux religieux du couvent, dont un président prêtre et un frère lai, à l'époque où nous sommes,
étaient plus que suffisants pour les besoins spirituels
d'une communauté naissante, ne se composant à peine
que d'une soixantaine de familles (1). Ils étaient rétribués de la dîme ecclésiastique que le prévoyant et rusé
Ferdinand le Catholique s'était fait céder, en 1501, par
le pape Alexandre VI, dans le but de se mettre à l'abri
de l'ingérence du Saint-Siége dans ses affaires d'outre-
mer. Du produit total de cette dîme, le roi recevait un
neuvième ; un quart des huit neuvièmes restants, c'est-
à-dire deux autres neuvièmes, était affecté à l'évêque
de Porto-Rico pour ses honoraires comme métropolitain ; un autre quart ou deux autres neuvièmes au
Cabildo pour les honoraires de ses dignitaires ; et des
deux derniers quarts ou quatre neuvièmes restants, se
formait une seconde masse. Celle-ci se divisait aussi en
neuf parts, savoir : une dite petit-neuvième que recevait encore le souverain ; quatre, dits neuvièmes béné-
ficiaux, que percevaient les ecclésiastiques pour leurs
honoraires ; deux que percevaient encore les ecclésiastiques pour les frais d'entretien du chœur de l'église
cathédrale, et les deux derniers qu'on affectait à la fondation des hôpitaux dans les villes, villages et paroisses,

____

(1) Fr.-A. Caulin, *Historia de la N. Andalucia,* l. II, ch. xii, p. 178.

et des exploitations agricoles dans les campagnes (1).
On voit, par cet aperçu rapide, que, quoique la dîme
ne fût pas essentiellement ecclésiastique en Amérique
comme en Europe, elle ne laissait pas, toutefois, que
de rétribuer avantageusement les ministres du culte.

Le peu d'Espagnols jusqu'alors réunis dans la colonie
ne pouvaient en avoir encore défriché qu'une bien petite
partie dans les environs de leur capitale et de la belle
vallée de Maracas qui lui est contiguë. Aidés seulement
par quelques Indiens et par un nombre encore bien
limité d'esclaves africains, il n'est pas probable qu'ils
eussent déjà commencé à planter le cacao. Leurs principales cultures consistaient en tabac, coton, café et
roucou. Leurs *conucos* ou champs cultivés se limitaient
encore le plus souvent à des plantations de maïs, de
manioc, de bananes, de choux caraïbes et de légumes
de toute espèce. Dans l'île comme partout où il s'était
établi, ce peuple pasteur s'était aussi adonné à l'élève
du bétail ; et les bœufs et les cochons s'y étaient
si bien multipliés, à en croire l'abbé Raynal, que les
forêts en étaient peuplées (2). Des marchands de l'île
voisine de la Marguerite et de la côte de Cumaná,
et les Hollandais des bords de l'Essequibo remontaient
souvent le Caroni pour apporter dans leur capitale du
sel, des outils, des étoffes et des spiritueux en échange
de leurs tabacs, de leurs cotons, de leurs cuirs, de
leurs bestiaux, de leurs *tasajos* ou viandes salées et
desséchées au soleil, de leurs maïs, de leurs pains de

(1) Baralt, *Historia de Venezuela*, t. I, ch. xv, p. 277.
(2) Raynal, *Histoire philos. et politique*, t. IV, l. XII, p. 292.

cassave, etc. Parfois, ces échanges se faisaient à Puerto de los Hispanioles, et les produits se transportaient alors dans ce port, et de ce port à San-Jose de Oruña, soit par terre, soit par eau. Parfois aussi c'étaient ceux de la Trinidad qui faisaient des chargements de leurs produits, qu'ils allaient vendre dans les îles voisines et sur les côtes du continent. A ces productions et à ces échanges se bornaient leur agriculture et leur commerce.

San-Jose de Oruña, la ville capitale, comptait à peine cinq à six cents âmes, la garnison comprise. Elle comprenait, nous l'avons dit, une soixantaine de feux que protégeaient quelques ouvrages de défense. Ses édifices publics consistaient en une *casa fuerte* ou château-fort qui servait de caserne à la garnison ; une *casa-real* ou palais du gouverneur, et, en son absence, de son lieutenant ; une *casa de cabildo* ou salle de conseil, servant aussi de tribunal ; une église et un couvent ou hospice, le tout couvert de chaume. San-Jose de Oruña communiquait avec Puerto de los Hispanioles par un chemin montueux et difficile ; ce village ne se composait encore que de quelques huttes de pêcheurs, où Indiens et Espagnols vivaient pêle-mêle. Nul autre point de l'île n'etait encore habité par les envahisseurs.

Tel était, autant qu'il nous a été donné de le pouvoir découvrir et décrire, l'état de la conquête de la Trinidad à la mort de Don Fernando de Berrío et dans les premieres années du XVIIe siècle. Les efforts de Don Antonio de Berrío y Oruña et de son fils n'avaient pas été couronnés d'un bien grand succès, car bien peu de progrès, il faut en convenir, avaient été faits jusqu'ici dans le développement de la richesse de l'île depuis trente-sept ans qu'ils s'y étaient établis. L'avenir non plus ne s'annonçait pas sous de plus heureux auspices, les puissances européennes se montrant de plus en plus menaçantes pour les possessions espagnoles du Nouveau-Monde. Cette belle île qui, par son étendue, par sa fertilité et par sa position géographique, était infailliblement destinée à devenir un jour. le lieu d'une production considérable et le centre d'un immense commerce, était donc dès lors menacée d'une colonisation lente et laborieuse. Tout devait y porter obstacle, jusqu'à sa situation avantageuse elle-même sur les côtes du continent sud-américain, où il était naturel que les Espagnols et les aventuriers de toute espèce aimassent mieux aller chercher fortune, puisque leur sphère d'action y devait être infiniment plus vaste. Cette fortune, d'ailleurs, ne leur souriait-elle pas déjà dans les folles conceptions du Dorado qui couraient alors le monde ?

Ce sera dans la deuxième partie de ce travail que nous essaierons de retracer les phases de cette colonisation à travers les malheurs et les revers des deux siècles suivants, si funestes à la monarchie espagnole.

NOTES

I.

Sur le nom de *Antilles* que porte l'archipel découvert par Christophe Colomb, nous reproduisons ci-dessous, traduite de l'espagnol, l'intéressante note de Don Jose Julian de Acosta y Calbo, l'annotateur de l'histoire de Puerto-Rico de Fr. Iñigo Abbad y Lasierra :

Quelques écrivains, plus attentifs à l'étymologie qu'à l'histoire, ont pensé à tort que le mot *Antille* signifie *île placée avant* ou *devant un continent* (1).

Pedro Martyr de Angleria, un des historiens les plus anciens qui aient traité des affaires du Nouveau-Monde, consigne, dans le premier livre de sa première décade, écrit en novembre 1493, que « Colomb, après la découverte de Cuba, crut avoir trouvé l'île d'Ophir, où les vaisseaux de Salomon allaient chercher de l'or, » et ajoute que, « d'après la description des cosmographes, il paraît que cette île et celles qui en sont

---

(1) Les PP. Du Tertre et Labat sont de cette opinion, car ils écrivent, le premier *Ant-isle*, et le second *Antisle*, sans le trait d'union.

voisines sont les îles d'Antilia. » Or, ces idées se manifes-
taient en 1493 ; Colomb n'avait pas encore découvert le continent, découverte qui n'eut lieu qu'au troisième voyage de
l'immortel Génois en 1498, d'où il suit que Pedro Martyr ne
pouvait faire allusion à la situation de ces îles.

Angleria se servait du mot *Antilia* dans le sens naturel et
général qu'il avait à son époque. Longtemps avant la découverte du Nouveau-Monde, quand les connaissances touchant
notre globe étaient confuses et chimériques, les cosmographes
supposaient que, pour balancer le poids de l'Europe et de
l'Asie, il devait se trouver des terres entre les deux continents
et à l'occident du premier, et c'est pour cette raison que,
dans le but d'établir l'équilibre, ils portaient sur leurs cartes
des îles imaginaires. *Antilia*, mentionnée par Aristote comme
ayant été découverte par les Carthaginois, le peuple le plus
navigateur de l'antiquité après les Phéniciens, était une de
ces terres fabuleuses qu'on plaçait dans la mer du Japon, et
que quelques-uns confondaient avec l'Atlantide. Paul Tosca-
nelli, le docte correspondant de Colomb, celui qui l'encoura-
geait dans son audacieuse entreprise d'aller dans la direction
de l'occident à la recherche des régions orientales dont les
riches productions, depuis des siècles, arrivaient en Europe
tantôt par l'Asie-Mineure, tantôt par l'Égypte, lui écrivait de
Florence, le 25 juin 1474 : « De l'île Antilia jusqu'à celle de
Cipango se trouvent dix espaces qui font 225 lieues. »

A la découverte du Nouveau-Monde, le même nom fut
appliqué à quelques-unes des grandes îles visitées par Colomb.
Le P. Barthélemi de Las Casas mentionne que les Portugais
donnaient de préférence le nom d'Antille à l'île espagnole, et
qu'Amerigo Vespucci fit de même dans la relation de son
second voyage.

Tout ce qui précède se réfère au singulier *Antille* ; quant
au nom d'Antilles donné collectivement à toutes les îles de

l'archipel colombien, il paraît être, ainsi que le fait observer Codazzi, dans sa *Geografia de Venezuela*, une création beaucoup plus récente. Aux temps modernes appartient aussi la division en *grandes* et *petites* Antilles.

II.

(Wall et Sawkins, *Geology of Trinidad*, sect. i, p. 3.)

Strange misapprehensions have prevailed on this subject ; originally stated at 2,400 square miles, that amount was reduced to 2,012, which number has been given by several writers, but, from a comparison of all the plans accessible to them, as well as from calculations founded on the known distances between the coasts at various points, the authors cannot obtain a result of more than 1,754 1/2 square miles.

III.

(W. Irving, *Life and Voyages of Columbus*, book X, ch. iii, p. 360.)

He (Colombus) was astonished to find himself so mistaken in his calculations, and so far below his destined port ; but he attributed it correctly to the force of the current setting out of the bocas del Drago... Colombus attributed to the violence of this current the formation of that pass, where he supposed it had forced its way through a narrow isthmus that formerly connected Trinidad with the extremity of Paria.

IV.

(Humboldt, *Voyage aux rég. équin.*, t. VIII, ch. XXIV, p. 380.)

On ne peut douter que le golfe de Paria ait formé jadis un bassin intérieur lorsque l'île de la Trinité tenait encore par le nord au cap Paria, par le sud-ouest (punta de Icacos) à la punta Foleto, située à l'est de la boca de Pedernales.

V.

(H. Crüger, *Flora of Trinidad*, app. *Geology*, pp. 178, 183.)

The general character of our flora approaches that of Guiana, partaking however, more or less, of that of the West India Islands, in general..... These islets (of the Bocas) are for the most part drier than the mainland of Trinidad, which circumstance is, undoubtedly, the great modifying cause inducing a botanical resemblance between the former and the windward Islands, whereas the flora of Guiana preponderates of the mainland.

VI.

(A. Léotaud, *Oiseaux de la Trinidad*, observ. gén., p. XVII.)

Mais cette proximité de la Trinidad du continent ne dit point comment certaines espèces comme le *formicarius*

Hoffmanni, le *formicarius longipes*, le *tinamus sovi*, le *palamedea cornuta* se trouvent ici ; leur vol est trop peu puissant pour qu'il leur ait été possible de parcourir le petit espace occupé par la mer. Une autre cause a déterminé leur habitat ; et ne serait-ce pas la manière dont la Trinidad a été formée ? Il n'est nullement probable que la Trinidad ait surgi du sein des eaux de la mer par le fait de l'action des volcans. Tout prouve, au contraire, qu'elle a fait partie du continent, et qu'elle n'en a été séparée que par le morcellement des terres opéré par les eaux de l'Orénoque. Cette séparation, quoique opérée lentement, a rendu prisonnières les espèces que j'ai mentionnées. Il semble qu'elles étaient destinées à devenir une preuve de plus en faveur de l'opinion contraire à celle des auteurs qui veulent que notre île soit une simple production volcanique.

VII.

(Humboldt, *Voyage aux rég. équin.*, t. VIII, ch. XXIX, p. 368 et sqq.)

Je m'arrête à ces données sur la configuration du terrain et la distribution actuelle des points de défense. Elles suffiront, à ce que je crois, pour montrer comment la sûreté politique des provinces réunies de Caracas et de la Nouvelle-Grenade est intimement liée à la défense des *bouches de l'Orénoque*, et comment la Guyane espagnole, quoique à peine défrichée et dépourvue de population, acquiert une haute importance dans la lutte entre les colonies et la métropole. Cette importance militaire avait été prévue, il y a plus de deux siècles, par le célèbre Ralegh. Dans la relation de sa première expédition, il revient souvent sur la facilité qu'aurait la reine Elisabeth de conquérir « par les cours de l'Orénoque et des innombrables rivières qui s'y jettent » une grande partie des colonies espagnoles. Nous avons rappelé plus haut que Girolamo Benzoni prédisait, en 1543, les révolutions de l'île Saint-Domingue « qui doit devenir sous peu la propriété des noirs. » Ici nous trouvons tracé, dans un ouvrage publié en 1596, un plan de campagne dont le mérite a été justifié par des événements très-récents.

VIII.

(Thompson's, *Alcedo's Dictionary*, art. *Trinidad.*)

Le colonel Alcedo, écrivant, il est vrai, longtemps avant la découverte de la vapeur, pense que l'île de la Trinidad peut fournir de précieux avantages pour l'établissement d'un arsenal maritime. Quoique la vapeur joue aujourd'hui un si grand rôle dans les armements, nous ne croyons pas qu'il y ait présomption à maintenir la même opinion, après les essais qui ont été faits de notre bitume comme chauffage, et les gisements de lignite découverts par MM. Wall et Sawkins à la Bande-de-l'Est.

NOTES DU CHAPITRE II.

I.

Non seulement les historiens modernes, mais même les chroniqueurs espagnols ont varié sur la désignation du véritable point de l'île qui, lors de sa découverte, présenta à Colomb le signe même du vœu qu'il avait fait de donner à la première terre qu'il découvrirait le nom de la Trinité. Leurs relations en font tour à tour trois montagnes (Oviedo), trois montagnes élevées (Pedro Martyr), trois pointes de terre (Herrera), les trois îlots des bouches du Dragon (Gumilla), les trois pointes de la Bande-de-l'Est (Joseph), etc. Le seul récit exact est celui du grand navigateur lui-même. Il écrit aux rois catholiques : « Y como su Alta Majestad (Dieu) haya siempre usado de misericordia conmigo, por acertamiento subió un marinero á la gavia, y vido al Poniente tres montañas juntas. » Ces trois montagnes jointes sont, en trois mots, une description exacte de la montagne de la Trinité, nommée depuis les Trois-Sœurs, située près de l'extrémité sud-est de l'île, et, par conséquent, visible à une grande distance en mer ; c'est aussi le point le plus élevé de toute la côte. Nous avons vu, du reste, que c'est après avoir mis le cap sur ces « trois montagnes jointes » que Colomb aborda l'île par son extrémité sud-est. Nul doute ne peut, dès lors, raisonnablement exister sur la partie de la Trinidad qu'aperçut le marin de Huelva du haut de son mât. Qu'on ne s'étonne pas de ce que, venant de l'est, ou pour plus exactement dire de l'est-sud-est (puisque, après avoir gouverné à l'ouest plein, Colomb finit par incliner vers le nord), il n'ait pas vu le delta de l'Orénoque, lequel déborde la côte orientale de l'île. Il est facile de concevoir qu'il ait pu longer ce delta, mais à une trop grande distance pour l'apercevoir, quand on sait que les côtes basses et marécageuses ne se peuvent voir que de très-près.

Pour supporter les éclaircissements qui précèdent, nous croyons devoir donner ici les deux relations qui nous ont servi de guides dans cet important travail. Celle de de Lorgues est la suivante :

« Mais les provisions étaient avariées et la plupart putréfiées. Les barriques de vin étaient vides. Il ne restait plus qu'un seul baril d'eau dans chacun des trois navires. En danger de périr de soif, malgré son regret de s'écarter de sa route, l'amiral fit gouverner au nord, vers les îles Caraïbes, espérant y prendre des vivres, de l'eau, et radouber ses caravelles. La détresse des équipages était affreuse. Au milieu des plus sombres appréhensions, le 31 juillet, à midi, un marin d'Huelva, Alonzo Perez Nizzardo, domestique de l'amiral, étant monté par hasard dans les huniers, vit poindre à l'occident trois sommets de montagnes qui semblaient unies à la même base. C'était la terre tant souhaitée ! »

Voici maintenant quelle est celle de Washington Irving :

« Much of the provisions also was spoiled, and the water nearly exhausted. He kept on therefore directly to the west, trusting, from the flight of birds and other favourable indications, he should soon arrive at land. Day after day passed without his expectations being realized. The distresses of his men became continually more urgent ; wherefore, supposing himself in the longitude of the Caribbee Islands, he bore away towards the northward in search of them. On the 31st of July, there was not above one cask of water remaining in each ship, when, about mid-day, a mariner at the mast head beheld the summits of three mountains rising above the horizon, and gave the joyful cry of land. As the ships drew nearer, it was seen that these mountains were united at the base. Colombus had determined to give the first land he should behold the name of the Trinity. The appearance of these three mountains united into one, struck him as a singular coincidence ; and with a solemn feeling of devotion, he gave the island the name of La Trinidad, which it bears at the present day. »

De ces deux relations il suit que c'est à tort qu'un grand nombre d'écrivains font aborder Colomb par le nord de l'île. Ces auteurs auront négligemment pensé que, venant d'Europe, il a dû nécessairement rencontrer la partie septentrionale de la Trinidad. On s'étonne, à bon droit, que le P. Gumilla ait pu tomber dans une si grave erreur, lui qui est venu dans l'île. Mais, ce qui n'admet aucune explication, c'est que notre historien, M. E.-L. Joseph, lui aussi, ait eu le courage de faire arriver Colomb par le nord ou le nord-est, quoique ayant presque littéralement copié Washington Irving, et habité le pays assez longtemps pour apprendre *par ses yeux* que, même en arrivant par le nord-est, le grand navigateur ne pouvait manquer de tomber sur l'île de Tabago avant de découvrir la Trinidad. C'est cette erreur grossière qui est la cause de la confusion qui règne dans la dénomination des différents caps de l'île, et surtout de la pointe de la Galère.

II.

(Fr.-A. Caulin, *Historia de la N. Andalucia*, l. II, ch. ii, p. 109.)

Desde el puerto, ó punta de Monos, que es el estremo occidental de la banda del norte, hasta la punta de Arrecifes, que es la oriental, á quien el R. P. Gumilla y otros llaman punta de la Galera, y no lo es, hai de veintiuna á veintidos leguas Oeste al Este.....

III.

(Humboldt, *Voyage aux rég. équin.*, t. VIII, l. VIII, ch. XXIV, p. 491.)

Punta del Gallo. Partie septentrionale de la punta de Icacos, qui est le cap sud-ouest de l'île de la Trinité. C'est là que Christophe Colomb mouilla le 3 août 1498. Il existe une grande confusion dans la dénomination des différents caps de l'île de la Trinité ; et comme récemment, depuis l'expédition de Fidalgo et de Churruca, les Espagnols comptent les longitudes dans l'Amérique méridionale à l'ouest de la *punta de la Galera* (lat. 10° 50', long. 63° 20'. Voyez mes *Observations astr.*, t. I, p. 39), il est important de fixer l'attention des géographes sur cet objet. Voici le résultat de mes recherches : Colomb appela punta de Galera le cap sud-est de l'île, à cause de la forme d'un rocher « que desde lexos parecia galera que iba á la vela. » (Histoire de l'amiral par son fils Ferdinand Colomb, dans Churchill, collect., t. II, p. 587 ; Herera, Dec., I, p. 80). On voit clairement, par le récit de Colomb, que de punta de la Galera il a cinglé à l'*ouest* pour atterrer à un cap très-bas qu'il nomma punta del Arenal ; c'est notre cap de Icacos. Dans ce trajet, près d'un endroit (punta de la Playa) où il fit de l'eau (peut-être à l'embouchure du rio Erin), *il vit au sud pour la première fois le continent de l'Amérique*, qu'il appela Isla Santa. C'est donc la côte orientale de la province de Cumana, à l'est du caño Macareo, près de la punta Redonda, et non la côte montagneuse de Paria, qui fut découverte la première. Colomb

raconte qu'après avoir été mouiller près de l'Islote del
Gallo, appelé aujourd'hui el Soldado, et après avoir passé
la boca de Sierpe, entre punta del Arenal et le continent, il
navigua *au nord* par le golfo de la Balena (golfo de Paria,
golfo Triste, golfo de las Perlas), et vit dans cette direction la
boca de Dragos. Sur les cartes de La Cruz (1775) et de
Caulin (1778), on a continué de nommer avec Colomb punta
Galera le cap sud-est (lat. 10° 9') de la Trinité, qui est la
punta Galeota des navigateurs modernes. Mais déjà Hondius
(dans les cartes de 1598), Herera (*Descripcion de las
Indias*, 1615), Sanson (carte de 1669), d'Anville et tous les
géographes modernes anglais et français, à l'exception de
Bonne (dans l'atlas de Raynal), désignent sous le nom de
punta de la Galera le cap nord-est de la Trinité (lat. 10° 50'),
celui que l'on croit faussement avoir été vu le premier par
Colomb.

IV.

(E.-L. Joseph, *History of Trinidad*, part. II, ch. II, p. 126.)

Columbus stated that he found the waters of the Gulph
fresh. Now, as in general, they are only a little less salt than
those of the ocean. The event has been much carped at. This
circumstance is easily explained by one who well knows the
geography of the Gulph. It seems to me clear, that after passing into the Gulph, the great navigator stood considerably
to the westward, by doing which he came into the stream of
that large mouth of the Oronoque called the caño de Pedernales ; here the waters are often fresh far off the land, parti-
cularly during the rainy season.

Note. — Iused myself to think Columbus in error, until

going in this direction in a canoe I was surprised at seeing an
Indian take some water from alongside and drink it. I had no
conception before that the waters were sweet. How cautions
we should be of accusing navigators of falsehood.

V.

(W. Irving, *Life and Voyages of Columbus,* book X, ch. IV, p. 362.)

He (Columbus) now supposed that most of the tracts of
land which he had seen about the Gulph were connected ;
that the coast of Paria extended westward far beyond a chain
of mountains which he had beheld afar off from Margarita ;
and that the land opposite to Trinidad, instead of being an
island, continued to the south, far beyond the equator, into
that hemisphere hitherto unknown to civilized man.

NOTES DU CHAPITRE III.

I.

Pour expliquer le nom de *Indiens* que portent les naturels du Nouveau-Monde, nous transcrivons le passage suivant du bel ouvrage de Washington Irving, *Life and Voyages of Columbus*, book IV, chap. I, p. 95 :

« As Columbus (à San-Salvador, à son premier voyage) supposed himself to have landed on an island at the extremity of India, he called the natives by the general appellation of Indians, which was universally adopted before the true nature of his discovery was known, and has since been extended to all the aboriginals of the New World. »

II.

(Sir Walter Ralegh, *Voyages to Guiana*, p. 19.)

This island is called by the people thereof Cairi, and in it are divers nations ; those about Parico are called Iaio, those at punto Carao are of the Arwacas, and between Carao and Curiapan they are called Salvaios ; between Carao and punto Galera are the Nepoios, and those about the spanish city term themselves Carinepagotes.

III.

Parmi les races indiennes établies dans l'île, nous n'avons pas fait mention de celle des Guaraons, quoiqu'il soit très-possible que, habitant le delta de l'Orénoque, elle y ait aussi essaimé. Nous nous proposons pour cette raison de les faire connaître à nos lecteurs. Voici ce qu'en dit Humboldt, *Voyages aux régions équinoxiales*, t. III, liv. III, chap. IX, p. 344 et sqq. :

« Les *Guaraons* ou *Gu-ara-unu*, presque tous libres et indépendants, dispersés dans le delta de l'Orénoque, dont eux seuls connaissent bien les canaux si diversement ramifiés. Les Caribes appellent les Guaraons *U-ara-u*. Ils doivent leur indépendance à la nature de leur pays, car les missionnaires, malgré leur zèle, n'ont pas été tentés de les suivre sur la cime des arbres. On sait que les Guaraons, pour élever leurs habitations au-dessus de la surface de l'eau, à l'époque des grandes inondations, les appuient sur des troncs coupés de manglier et du palmier *Mauritia*. Ils font du pain de la farine médullaire de ce palmier, qui est le véritable sagoutier de l'Amérique… Quelques familles de Guaraons, agrégées aux Chaymas, vivent loin de leur terre natale, dans les missions des plaines ou *Llanos* de Cumana… Les excellentes qualités qu'ont ces indigènes comme marins, leur grand nombre, leur connaissance intime des bouches de l'Orénoque et de ce dédale de bras qui communiquent les uns aux autres, donnent aux Guaraons une certaine importance politique. Ils favorisent le commerce clandestin dont l'île de la Trinité est le centre ; ils faciliteraient probablement aussi toute expédition militaire qui voudrait remonter l'Oré-

noque pour attaquer la Guiane espagnole... Comme les Guaraons courent avec une extrême adresse sur des terrains
vaseux, là où le blanc, le nègre et tout autre Indien n'oserait
marcher, on croit communément qu'ils sont d'un moindre
poids que le reste des indigènes. C'est aussi l'opinion qu'on
a en Asie des Tartares Burates. Le peu de Guaraons que j'ai
vus étaient d'une taille médiocre, trapus et très-musculeux.
La légèreté avec laquelle ils marchent dans les endroits
récemment desséchés, sans enfoncer, lors même qu'ils n'ont
pas de planches liées aux pieds, me paraît être l'effet d'une
longue habitude. »

Nous compléterons ces renseignements par ceux qui nous
ont été fournis, deux siècles auparavant, par sir Walter
Ralegh, *Voyages to Guiana*, pp. 52 et 53 :

« These Tivitivas (nom d'une peuplade guaraonne) are a
very goodly people, and very valiant, and have the most
manly speech, and most deliberate that ever I heard of what
nation soever. In the summer they have houses on the ground
as in other places ; in the winter they dwell upon the trees,
where they build very artificial towns and villages, as it is
written in the spanish story of the West Indies, that those
people do in the low-lands, near the gulf of Uraba : for
between May and September the river Orinoco riseth thirty
foot upright, and then are those islands overflown twenty feet
high above the level of the ground, saving some few raised
grounds in the middle of them, and for this cause they are
enforced to live in this manner. They never eat of any thing
that is set or sown ; and as at home they use neither plan-
ting nor other manurance, so when they come abroad they
refuse to feed of aught but of that which nature without
labour bringeth forth. They use the tops of palmitos for bread,
and kill deer, fish, and porks for the rest of their sutenance ;
they have also many sorts of fruits that grow in the woods,

and great variety of birds and fowl... Of these people, those
that dwell upon the branches of Orinoco, called Capuri and
Macureo, are for the most part carpenters of canoes, for they
make the most and fairest houses, and sell them into Guiana
for gold, and into Trinidad for tobacco, in the excessive
taking where of they exceed all nations ; and notwithstanding
the moistness of the air in which they live, the hardiness of
their diet, and the great labours they suffer to hunt, fish and
fowl for their living, in all my life, either in the Indies or in
Europe, did I ever behold a more goodly or better favoured
people, or a more manly. »

IV.

(W. Irving, *Comp. of Columbus, Ojeda,* ch. ii, p. 613 et sqq.)

They beheld none of the natives until they arrived at Trinidad, on which island they met with traces of the recent
visit of Columbus.

Vespucci, in his letters, gives a long description of the
people of this island and of the coast of Paria, who were of
the Carib race, tall, well made, and vigorous, and expert
with the bow, the lance, and the buckler. His description, in
general, resembles those which have frequently been given
of the aboriginals of the new world ; there are two or three
particulars, however, worthy of citation.

They appeared, he said, to believe in no religious creed, to
have no place of worship, and to make no prayers nor sacrifices ; but, he adds, from the voluptuousness of their lives,
they might be considered epicurians. Their habitations
were built in the shape of bells ; of the trunk of trees,
thatched with palm leaves, and were proof against wind and

weather. They appeared to be in common, and some of them were of such magnitude as to contain six hundred persons : in one place there were eight principal houses capable of sheltering nearly ten thousand inhabitants. Every seven or eight years the natives were obliged to change their residence, from the maladies engendered by the heat of the climate in their crowded habitations.

Their riches consisted in beads and ornaments made from the bones of fishes ; in small white and green stones strung like rosaries, with which they adorned their persons, and in the beautiful plumes of various colours for which the tropical birds are noted.

The Spaniards smiled at their simplicity in attaching an extraordinary value to such worthless trifles ; while the savages, in all probability, were equally surprised at beholding the strangers so eager after gold, and pearls, and precious stones, which to themselves were objects of indifference.

Their manner of treating the dead was similar to that observed among the natives of some of the islands. Having deposited the corpse in a cavern or sepulchre, they placed a jar of water and a few eatables at its head, and they abandoned it without moan or lamentation. In some parts of the coast, when a person was considered near his end, his nearest relatives bore him to the woods, and laid him in a hammock suspended to the trees. They then danced round him until evening, when, having left within his reach sufficient meal and drink to sustain him for four days, they repaired to their habitations. If he recovered and returned home, he was received with much ceremony and rejoicing ; if he died of his malady or famine, nothing more was thought of him.

Their mode of treating a fever is also worthy of mention. In the height of the malady they plunged the patient in a bath of the coldest water, after which they obliged him to make many evolutions round a great fire, until was in a violent heat, when they put him to bed, that he might sleep ; a treatment by which Amerigo Vespucci declares he saw many cured.

V.

(Humboldt, *Voyage aux rég. équin.*, t. IX, ch. xxv, p. 15.)

Parmi les différents peuples des deux mondes, l'idée de nudité n'est qu'une idée relative. Dans quelques parties de l'Asie, il n'est pas permis à une femme de montrer le bout des doigts, tandis qu'une Indienne de race caribe ne se croit guère nue lorsqu'elle porte un *guayuco* de deux pouces de large. Encore cette bandelette est-elle regardée comme une partie moins essentielle du vêtement que le pigment qui couvre la peau. Sortir de sa cabane sans être teint d'*onoto*, ce serait pécher contre toutes les règles de la décence caribe.

VI.

Nous reproduisons, dans cette note, la belle traduction que nous devons à l'abbé Raynal des touchantes paroles d'une Indienne coupable d'infanticide sur la fille qu'elle venait de mettre au monde. Ces paroles sont rapportées par le P. Gumilla, *Orinoco ilustrado*, t. II, chap. VII, p. 64 et sqq. :

« Plût à Dieu, plût à Dieu, père, qu'au moment où ma mère me mit au monde, elle eût eu assez d'amour et de compassion pour épargner à son enfant tout ce que j'ai enduré, tout ce que j'endurerai jusqu'à la fin de mes jours. Si ma mère m'eût étouffée en naissant, je serais morte ; mais je n'aurais pas senti la mort, et j'aurais échappé à la plus malheureuse des conditions. Combien j'ai souffert, et qui sait ce qui me reste à souffrir !

« Représente-toi, père, les peines qui sont réservées à une Indienne parmi ces Indiens. Ils nous accompagnent dans les champs avec leur arc et leurs flèches ; nous y allons, nous, chargées d'un enfant que nous portons dans une corbeille et d'un autre qui pend à nos mamelles. Ils vont tuer un oiseau ou prendre un poisson ; nous bêchons la terre, nous ; et, après avoir supporté toute la fatigue de la culture, nous supportons toute celle de la moisson. Ils reviennent le soir sans aucun fardeau ; nous, nous leur apportons des racines pour leur nourriture et du maïs pour leur boisson. De retour chez eux, ils vont s'entretenir avec leurs amis ; nous, nous allons chercher du bois et de l'eau pour préparer leur souper. Ont-ils mangé, ils s'endorment ; nous, nous passons presque la nuit à moudre le maïs et à leur faire le chica. Et quelle est la récompense de nos veilles ? Ils boivent, et quand ils sont ivres, ils nous traînent par les cheveux et nous foulent aux pieds. Ah, père, plût à Dieu que ma mère m'eût étouffée en naissant ! Tu sais toi-même si nos plaintes sont justes. Ce que je te dis, tu le vois tous les jours. Mais notre plus grand malheur, tu ne saurais le connaître. Il est triste pour la pauvre Indienne de servir son mari comme une esclave, aux champs accablée de sueur, et au logis privée de repos ; mais il est affreux de le voir, au bout de vingt ans, prendre une autre femme plus jeune qui n'a point de jugement. Il s'attache à elle. Elle nous frappe, elle frappe nos enfants, elle nous commande, elle nous traite comme ses servantes, et au moindre murmure qui nous échapperait, une branche d'arbre levée... Ah, père, comment veux-tu que nous supportions cet état? Qu'a de mieux à faire une Indienne que de soustraire son enfant à une servitude mille fois pire que la mort? Plût à Dieu, père, je te le répète, que ma mère m'eût assez aimée pour m'enterrer lorsque je naquis! Mon cœur n'aurait pas tant à souffrir, ni mes yeux à pleurer. »

VII.

(W. Irving, *Life and Voyages of Columbus*, book X, ch. III, p. 356.)

The quantity of fine pearls found among the natives of Paria was sufficient to arouse the sanguine anticipations of Columbus. It appeared to corroborate the theory of Ferrer, the learned jeweller, that, as he approached the equator, he would find the most rare and precious productions of nature.

VIII.

(Humboldt, *Nueva España*, t. II, p. 232.)

En las margenes del Orinoco, del Casiquiare ó del Beni, entre las montañas de la Esmeralda y las fuentes del rio Caroni, en medio de los bosques mas espesos, casi en todas partes en donde se descubren pueblos indios que no han tenido relaciones con los establecimientos Europeos se encuentran plantiós de cazabe et de plátanos.

NOTES DU CHAPITRE IV.

I.

(W. Irving, *Companions of Columbus*, introduction, p. iij.)

The expeditions here narrated, therefore, may be considered as springing immediately out of the voyages of Columbus, and fulfilling some of his grand designs. They may be compared to the attempts of advanturous knights-errant to achieve the enterprise left unfinished by some illustrious predecessor. Neither in this comparison entirely fanciful ; on the contrary, it is a curious fact, well worthy of notice, that the spirit of chivalry entered largely into the early expeditions of the spanish discoverers, giving them a character wholly distinct from similar enterprises undertaken by other nations. It will not, perhaps, be considered far-sought, if we trace the cause of this peculiarity to the domestic history of the spaniards during the middle-ages.

II.

(W. Irving, *Companions of Columbus*, A. de Ojeda, ch. I, p. 610.)

... Letters were received from Columbus giving an account of the evants of his third voyage, especially of his discovery of the coast of Paria, which he described as abounding in drugs and spices, in gold and silver, and precious stones, and, above all, in oriental pearls, and which he supposed to be the borders of that vast and unknown region of the East, wherein, according to certain learned theorists, was situated the terrestrial paradise. Specimens of the pearls, procured in considerable quantities from the natives, accompanied his epistle, together with charts descriptive of his route. These tidings caused a great sensation among the maritime adventurers of Spain...

III.

(De Lorgues, *Histoire de C. Colomb,* t. II, ch. VI, p. 92.)

En violation des priviléges de l'amiral, les rois accordent une licence à Rodrigo de Bastidas pour faire des découvertes dans les Indes occidentales. Quinze jours après, une autre licence d'expédition de découverte est consentie au commandeur Alonzo Velez de Mendoza. Et dans son texte on voit que les droits de Cristobal Guerra et d'Alonzo de Ojeda étaient mis au même rang que ceux de Christophe Colomb.

IV.

(Humboldt, *Voyage aux rég. équin.,* t. VIII, ch. XXIV, p. 499 et sqq.)

Les cartes marines que le voyageur florentin, Amerigo Vespucci, a construites dans les premières années du XVIe siècle, comme *piloto mayor* de la *Casa de Contratacion* de Séville, et dans lesquelles il plaça, peut-être avec ruse, le mot *Tierra de Amerigo,* ne sont pas parvenues jusqu'à nous.

..... L'évêque Geraldini dit clairement dans une lettre adressée au pape Léon X, en 1516 : *Insula illa, quæ Europa et Asia est major, quam indocti continentem Asiæ appellant, et alii Americam vel Pariam nuncupant.*

V.

(Llorente, *Œuvres de Las Casas*, t. I, mém. I, p. 67.)

Ils conduisirent ensuite leurs prisonniers, au nombre de deux cents, sur un navire, les transportant à l'île de San-Juan de Puerto-Rico, et, après avoir vendu la moitié à des Espagnols, ils vont à Saint-Domingue vendre les autres. J'étais alors dans l'île de San-Juan ; je reprochai au capitaine sa perfidie et son injustice : il me répondit que l'idée d'une semblable expédition ne lui appartenait pas ; qu'un des articles de ses instructions portait qu'il devait faire, par tous les moyens possibles, autant d'esclaves qu'il pourrait pour ces deux îles, et s'emparer même des Indiens soumis, s'il ne pouvait s'en procurer d'autres. Pour qu'il ne manquât rien à la honte d'une pareille conduite, il m'avoua qu'il n'avait été accueilli nulle part dans toute l'Amérique aussi bien que dans l'île de la Trinité, mais qu'il avait dû en agir ainsi avec les habitants pour se conformer aux ordres qu'il avait reçus. Beaucoup d'autres exécutions du même genre ont eu lieu pour obtenir des esclaves parmi les Indiens.

VI.

(W. Irving, *Life and Voyages of Columbus*, book VIII, ch. VIII, p. 317.)

In the ships of Torres a large number of Indians arrived, who had been captured in the recent wars with the caciques.

Royal orders had been issued, that they should be sold as slaves in the markets of Andalusia, as had been the custom with respect to negroes taken on the coast of Africa, and to Moorish prisoners captured in the war with Granada. Isabella, however, had been deeply interested by the accounts given of the gentle and hospitable character of these islanders, and of their great docility. The discovery had been made under her immediate auspices; she looked upon these people as under her peculiar care, and she anticipated, with pious enthousiasm, the glory of leading them from darkness into the paths of light. Her compassionate spirit revolted at the idea of treating them as slaves, even though sanctioned by the customs of the time. Within five days after the royal order for the sale, a letter was written by the sovereigns to Bishop Fonseca, suspending that order, until they could inquire into the cause for which the Indians had been made prisoners, and consult learned and pious theologians, whether their sale would be justifiable in the eyes of God. Much difference of opinion took place among divines, on this important question ; the queen eventually decided it according to the dictates of her own pure conscience and charitable heart. She ordered that the Indians should be sent back to their native country, and enjoined that the islanders should be conciliated by the gentlest means, instead of being treated with severity. Unfortunately her orders came too late to Hispaniola, to have the desired effect. The scenes of warfare and violence, produced by the bad passions of the colonists and the vengeance of the natives, were not to be forgotten, and mutual distrust and rankling animosity had grown up between them, which no after exertions could eradicate.

VII.

(De Lorgues, *Histoire de C. Colomb*, t. II, ch. VI, p. 90.)

On parvint à prouver à la reine que l'amiral des Indes, se jouant de la liberté des Indiens, avait fait cadeau à chaque Castillan d'un ou de plusieurs Indiens libres et innocents de tout crime, pour en faire monnaie en les vendant sur les marchés de l'Andalousie. L'âme généreuse d'Isabelle, révoltée à l'idée d'un pareil dédain de l'humanité, s'écria, dit-on : « De quel droit l'amiral des Indes dispose-t-il ainsi de mes sujets? Qui lui a permis de faire des libéralités de cette espèce? » Et aussitôt elle fit publier à Séville, à Grenade et en d'autres cités que « sous peine de mort » tous ceux qui avaient reçu des esclaves de l'amiral eussent à les rendre pour être renvoyés aux Indes..... On comprend la juste indignation de l'âme d'Isabelle, à l'idée d'une pareille violation de droits les plus sacrés.

VIII.

(Baralt, *Historia de Venezuela*, t. I, ch. VI, p. 105.)

Pero estas injusticias que llenaron de amargura su vida (de Colon), tambien persiguieron su memoria, y la posteridad, que hubiera devido repararlas, ha sancionado de edad en edad la mas grande y mas inicua de todas ellas, dando al mundo que descubrió, el nombre de un oscuro aventurero. Y no fué siquiera el de uno de tantos valerosos castellanos como acompañaron á Colon en sus primeras jornadas, sino el de un hombre á quien nada debe la humanidad, el de aquel Amérigo Vespucci, compañero de Ojeda en su viage de 1499.

NOTES DU CHAPITRE V.

I.

(Llorente, *Œuvres de Las Casas*, sup. au 2e Mém , p. 260.)

1504. Les rois catholiques apprirent qu'il existait du côté de Carthagène, de Sainte-Marthe, et en d'autres points de l'Amérique, des tribus d'Indiens connus alors sous le nom de *Cannibales*, et aujourd'hui sous celui de Caraïbes, lesquels étaient féroces, insociables, accoutumés à manger de la chair humaine, à faire la guerre aux Indiens qui s'étaient soumis, à commettre beaucoup de désordres et sans la moindre disposition à entendre prêcher la religion. Les rois d'Espagne, persuadés que ce qu'on leur avait annoncé était conforme à la vérité, permirent à leurs sujets espagnols de saisir et de vendre comme esclaves les Indiens dont je viens de parler, afin de les préparer, disaient-ils, par les habitudes de la domesticité, au régime social et à la profession du christianisme. La reine Isabelle mourut après avoir expressément recommandé dans son testament et dans son codicille de bien traiter les Indiens.

II.

(Llorente, *Œuvres de Las Casas*, 1er Mém., p. 71.)

La mortalité était aussi très-grande sur les embarcations ; elle s'étendait sur un tiers des victimes : les causes de cette destruction d'hommes sont bien connues. Les *armateurs* (c'est le nom qu'on donne aux Espagnols qui visitent la côte pour piller l'or et enlever les Indiens) ne prennent à bord que fort peu de vivres, par motif d'économie, et n'en donnent aux esclaves qu'une très-petite quantité, lorsqu'ils ne les en privent pas entièrement : la faim, la soif et le chagrin en enlèvent toujours un grand nombre. J'ai entendu dire par un agréeur des navires employés à cet infâme commerce que l'on pouvait faire les soixante-dix lieues de mer qui séparent les îles Lucayes de l'île espagnole sans carte marine et sans boussole, et en suivant seulement la trace des cadavres des Indiens jetés à la mer par les Espagnols.

III.

(Llorente, *Œuvres de Las Casas,* Apol., t. II, p. 352 et sqq.)

Las Casas comble d'éloges les missionnaires, parce qu'ils refusaient de réconcilier à l'Église les Espagnols qui tenaient les Indiens en esclavage. L'histoire nous apprend même que, par une instruction particulière, il avait défendu aux prêtres de son diocèse d'absoudre les oppresseurs s'ils ne rendaient leurs esclaves à la liberté, en les indemnisant pour les travaux faits pendant la durée de l'esclavage. A qui persuadera-t-on que la peau noire des hommes nés dans un autre hémisphère ait été pour lui un motif de les livrer à la cruauté des maîtres, lui qui, toute sa vie, revendiqua les droits des peuples sans distinction de couleur ? Les hommes à grand caractère ont un ensemble de conduite qui ne se dément pas ; leurs actions et leurs principes sont à l'unisson ; aussi Benezet, Clarkson, et en général les amis des noirs, loin d'inculper Las Casas, le placent à la tête des défenseurs de l'humanité.

Quand même on prouverait qu'il conseilla de recourir aux noirs parce que, comme l'observe Herrera, un seul nègre fait autant d'ouvrage que quatre Indiens, je dirais : cette faiblesse ou cette erreur ne fut qu'une transaction forcée avec la tyrannie à laquelle il aurait voulu d'ailleurs arracher toutes ses victimes ; et alors il resterait à ses détracteurs une autre tâche à remplir, celle de démontrer qu'il proposa ou prévit, à l'égard des noirs, des cruautés telles qu'en ont exercées plusieurs nations contre les malheureux Africains, cruautés dont on trouve à peine quelques exemples dans les établissements espagnols, quoiqu'ils aient été le théâtre du massacre des Indiens.....

Las Casas eut beaucoup d'ennemis : deux siècles plus tard, il en aurait eu encore davantage. Dans un pays où ces célèbres assemblées nommées *cortès* avaient répandu beaucoup d'idées libérales, où, par le conseil d'un pape, les Aragonais avaient établi une constitution toute républicaine, Las Casas proclamait sans opposition des vérités que le despotisme n'avait pas encore étouffées. Peu de temps après, Sandoval, Ramirez et Mariana dédiaient à des rois espagnols des ouvrages très-hardis ; et lorsque le despotisme eut tout envahi, Las Casas à ses yeux eut le tort d'avoir abhorré l'obéissance passive.

Des aventuriers établis en Amérique, qu'il ne faut pas confondre avec la nation espagnole, pas plus qu'on ne doit confondre nos guerriers avec cette troupe de vautours qui, à la suite des armées, ont pillé l'Italie et la Suisse, livraient les Indiens à la servitude, aux tourments et à la mort. Las Casas voulut enchaîner leur cupidité : il se trouvait avec eux dans les mêmes rapports que les amis des noirs en France, il y a quelques années, avec les planteurs. N'avons-nous pas

entendu soutenir que les nègres étaient une classe intermé-
diaire entre l'homme et la brute ? Ainsi des colons espagnols
prétendaient que les Indiens n'appartenaient pas à l'espèce
humaine. Chez nous on accusait les défenseurs de la liberté
des noirs d'être vendus à l'Angleterre, comme on avait
accusé Las Casas d'être un chef de sédition. Frémissant des
horreurs dont il avait été le témoin, il en signala les auteurs
et souleva l'indignation de toutes les âmes sensibles. On conçoit que les oppresseurs s'empressèrent de nier ou d'atténuer
ces forfaits, et qu'ils employèrent toutes les ressources de la
perfidie pour le noircir. Des hommes qui assassinent ne crai-
gnent pas de calomnier ; il est même surprenant que Las
Casas ait pu échapper à la vengeance dans un pays où l'un de
ses successeurs, à Chiapa, fut empoisonné uniquement parce
qu'il avait voulu empêcher les dames de se faire apporter du
chocolat à l'église.

IV.

(Llorente, *Œuvres de Las Casas*, Apol., t. II, p. 363 et sqq.)

Comment donc s'établit ce système d'oppression des Indiens
et des noirs ? De la même manière que dans les colonies françaises s'introduisit l'esclavage, malgré le vœu du gouvernement et les décisions de la Sorbonne ; il s'établit comme
tous les abus qui intervertissent la marche de la nature, et
qui minent insensiblement les institutions les plus sages. Ce
résultat est, je ne dis pas inévitable, mais plus fréquent
lorsque le théâtre des événements est loin du centre de
l'autorité politique, qui ne peut y exercer qu'une surveillance
imparfaite, parce qu'elle est obligée de déléguer ses droits à

des agents dont on épouvante la faiblesse, dont on neutralise la force, dont on achète les décisions.

De telles calamités cesseront d'affliger l'espèce humaine dans tout pays où la suite des siècles présentera peut-être le phénomène, inouï jusqu'à nos jours, d'un gouvernement inaccessible à l'intrigue, au népotisme, qui, ne sacrifiant jamais à certains individus l'intérêt de tous, punira tous les grands coupables, et qui, pour s'épargner l'obligation de punir, ira dans les réduits de la modestie et souvent du malheur chercher la vertu associée au talent pour leur confier les intérêts publics.

Je reviens à mon sujet en résumant les faits. La traite des nègres entre l'Afrique et l'Europe commença chez les Portugais au moins trente ans avant l'existence de Las Casas. Le transport des esclaves noirs en Amérique, de l'aveu de tous les historiens, précède de quatorze ans, peut-être même de dix-neuf ans, l'époque à laquelle on fixe le projet imputé à Las Casas pour les substituer aux Indiens.

NOTES DU CHAPITRE VI.

I.

(Raynal, *Histoire phil. et politique*, t. IV, ch. XII, p. 281.)

L'Espagne a la gloire d'avoir découvert le grand archipel des Antilles et d'y avoir formé les premiers établissements. Celui que ses navigateurs trouvent d'abord en arrivant en Amérique se nomme la Trinité. Colomb y aborda, lorsqu'en 1498 il reconnut l'Orénoque. Mais d'autres intérêts firent perdre de vue et l'île et les bords du continent voisin. Cependant l'éclat de l'or, qu'on avait vu briller de loin sur la côte, y ramena la nation qui l'avait découverte. On décida la conquête des régions immenses qu'arrosait un des plus grands, un des plus riches fleuves du monde, et l'île de la Trinité, située à l'embouchure de l'Orénoque, fut peuplée pour assurer et faciliter l'exécution d'une si grande entreprise. Une île a toujours de l'avantage sur un continent, lorsqu'avec peu de terrain à défendre elle en trouve un très-grand à attaquer. Tel était celui que traverse l'Orénoque.

II.

(Fr.-A. Caulin, *Historia de la N. Andalucia*, l. II, ch. IV, p. 119.)

Estando la ciudad de Cumaná tan en su infancia, que solo tenia los primeros fundamentos y visos de república, el año de 1528, se hallaba en la ciudad de Puerto-Rico D. Antonio Sedeño, hombre de buen caudal, y contador de la real hacienda de aquella ciudad ; donde cerciorado del descubrimiento que el almirante Colon habia hecho de la isla Trinidad, cuya fama volaba ya por el mundo, por las muchas riquezas que suponian, y valerosos indios que la habitaban, su buen temple, amenidad de tierras, mucha copia de preciosas maderas, y apreciables tintes ; deseoso de estender su nombre y fama, y ampliar la fe católica con la reduccion de dichos indios, despachó sus agentes à la Corte, aunque algunos dicen fué en persona á fin de impetrar licencias de nuestro rei católico para conquistar la isla, con algunas gracias y mercedes, siendo una de ellas los títulos de adelantado, y gobernador de cuanto conquistase.

No hubo dificultad en la Corte para la concession de lo que pedia ; asi por no tener opositores dignos de preferencia, como por los ardientes deseos que siempre han tenido y tienen nuestros católicos monarcas, de que los indios infieles de aquellas y demas tierras de sus reales dominios entren al gremio de nuestra madre la iglesia, y conocimiento del verdadero Dios, en que tanto se interese su católico zelo. En virtud de esto se les despachó luego la licencia con titulo de gobernador de cuanto conquistase, y tambien el de adelantado, como lo pedia ; mas este bajo de las condiciones del cumplimiento de sus promesas, cuanto á pazificar la tierra, fundar algunas ciudades, erijir iglesias, hospitales, y otras que de ordinario se capitulan en semejantes descubrimientos : y porque á nada de esto pudo dar el cumplimiento que se prometia, nunca gozó el titulo de adelantado, que dando solo el de gobernador, y conquistador de la isla, para lo cual se le dieron algunas ayudas de costa con que se proveyese de víveres, y las correspondientes municiones.

III.

(Humboldt, *Voyage aux rég. équin.*, t. III, ch. ix, p. 300.)

Les mêmes hommes, qui annonçaient de la vivacité d'esprit, et qui possédaient assez bien l'espagnol, ne pouvaient plus lier leurs idées, lorsqu'en nous accompagnant dans nos excursions autour du couvent, nous leur faisions adresser des questions par les moines. On leur faisait affirmer ou nier ce que l'on voulait ; et l'indolence, accompagnée de cette politesse rusée à laquelle l'Indien le moins cultivé n'est pas étranger, les engageait quelquefois à donner à leur réponse le tour qui paraissait indiqué par nos questions. Les voyageurs ne sauraient trop se prémunir contre ces assentiments officieux, lorsqu'ils veulent s'appuyer du témoignage des natifs. Pour mettre un alcade indien à l'épreuve, je lui demandai un jour « s'il ne croyait pas que la petite rivière de Caripe, qui sort de la grotte de Guacharo, y rentre du côté opposé, par une ouverture inconnue, en remontant la pente de la montagne. » Après avoir eu l'air de réfléchir, il dit, pour étayer mon système : » Comment aussi, sans cela, y aurait-il toujours de l'eau dans le lit de la rivière, à la bouche de la caverne ? »

IV.

(W. Irving, *Companions of Columbus*, ch. III, p. 781 et sqq.)

The poor Indians soon found the difference between the Spaniards as guasts, and the Spaniards as masters. They were

driven to despair by the heavy tasks imposed upon them ; for to
their free spirits and indolent habits, restraint and labour were
worse than death. Many of the most hardy and daring proposed
a general insurrection, and a massacre of their oppressors; the
great mass, however, were deterred by the belief that the
Spaniards were supernatural beings and could not be killed.

A shrewd and sceptical cacique, named Brayoan, determined to put their immortality to the test. Hearing that a
young spaniard, named Salzedo, was passing through his
lands, he sent a party of his subjects to escort him, giving
them secret instructions how they were to act. On coming to
a river they took Salzedo on their shoulders to carry him
across, but, when in the midst of the stream, they let him
fall, and, throwing themselves upon him, pressed him under
water until he was drowned. Then dragging his body to the
shore, and still doubting his being dead, they wept and
howled over him, making a thousand apologies for having
fallen upon him, and kept him so long beneath the surface.

The cacique Brayoan came to examine the body and pro-
nounced it lifeless ; but the Indians, still fearing it might
possess lurking immortality and ultimately revive, kept watch
over it for three days, until it showed incontestable signs of
putrefaction.

Being now convinced that the strangers were mortal men
like themselves, they readily entered into a general conspiracy
to destroy them.

V.

(Humboldt, *Voyage aux rég. équin.*, t. VIII, ch. xxiv, p. 465.)

Cette station, celles de Cubagua d'Araya et de Macara-
pana (Amaracapan), étaient célèbres au XVIe siècle comme le

sont aujourd'hui Sierra Leone et le port Jackson. Le site de la *forteresse de Paria* me paraît avoir été, non sur la côte de Paria, mais au sud, entre le Guarapiche et l'embouchure du caño Manamo. Des cartes très-anciennes placent même quelquefois le *fuerte* dans le delta de l'Orénoque. Il faut remarquer d'ailleurs que le nom de Paria était appliqué alors à une grande partie de l'Amérique du Sud.

NOTES DU CHAPITRE VII.

I.

(Humboldt, *Voyage aux rég. équin.*, t. VIII. ch. XXII, p. 464.)

C'est dans ce voyage, beaucoup antérieur à celui d'Orellana, et par conséquent le plus grand que les Espagnols eussent exécuté jusque-là sur une rivière du Nouveau-Monde, qu'on a entendu prononcer pour la première fois le nom d'*Oré-noque*. Ordaz, le chef de l'expédition, affirme que la rivière, depuis son embouchure jusqu'au confluent du Meta, s'appelle *Uriaparia*, mais qu'au-dessus de ce confluent elle porte le nom d'*Orinucu*.

II.

(Humboldt, *Voyage aux rég. équin.*, t VIII, ch. XXII, p. 464 et 469.)

Les Indiens Aruacas qui servaient de guides à Ordaz lui conseillèrent de remonter le Meta : ils affirmèrent qu'en avançant vers l'ouest il trouverait des hommes vêtus et de l'or en abondance.....

Des bruits confus répandus sur la richesse des peuples qui habitent le Meta et d'autres affluents sur le revers oriental des Cordillères de la Nouvelle-Grenade, engagèrent successivement, en 1535 et 1536, Geronimo de Ortal, Nicolas Federmann et Jorge de Espira (Georg von Speier) à entreprendre des expéditions par terre vers le sud et le sud-ouest.

III.

Qu'il nous soit permis ici de faire justice d'une accusation dirigée contre Don Antonio Sedeño, que nous traduisons de l'espagnol de Fr. Iñigo Abbad y Lasierra, *Historia de la isla de San-Juan de Puerto-Rico,* chap. XV, p. 122 :

« Pour qu'aucune circonstance ne manquât de contribuer au dépeuplement de cette île, son *contador*, Antonio Sedeño, qui s'était engagé envers le roi à fonder une colonie à l'île de la Trinidad, *se plut à profiter* (quiso aprovecharse) de la malheureuse condition où se trouvaient alors les habitants de Puerto-Rico, pour recruter du monde pour sa nouvelle expédition, et, quoique avec peine à cause du petit nombre de ceux qui restaient, il leva quelques Espagnols qu'il embarqua dans deux caravelles et plusieurs pirogues... »

Imputation toute gratuite pour qui sait qu'il s'agit ici de l'expédition de 1536 que Sedeño ne pouvait se dispenser d'entreprendre sans abandonner tout espoir d'achever sa conquête de l'île de la Trinidad.

IV.

Pour nous mettre à l'abri du reproche de partialité, nous croyons devoir reproduire ici toutes les accusations formulées contre Don Antonio Sedeño, que nous trouvons agglomérées dans une note de Don Jose Julian de Acosta y Calbo, l'annotateur de l'histoire de Porto-Rico de Fr. Iñigo Abbad y Lasierra :

« Nombrado Sedeño por el rey en 1512 contador y en 1515 regidor perpetuo de San Juan, hemos visto en otro lugar que hácia este mismo año daba en su contra muy malos informes al soberano el licenciado Sancho Velasquez, quien dice ademas que Sedeño habia sido criado de Ponce de Leon.

« En abril de 1518 el propio licenciado Velasquez suspendió por mandamiento de los Gerónimos, de su oficio y redujo á prision á Sedeño complicado en una causa que se seguia sobre querer quitarle á una mujer soltera, venida de Sevilla, una niña de 9 á 10 años que trajo, pretendiendo que la habia sacado de un convento. En Agosto quebrantó el preso la cárcel y se escapó furtivamente en un buque.

« No es esta la única vez que los anales de Puerto-Rico nos presentan á Sedeño en la cárcel. En 7 de marzo de 1521 decia al emperador, Francisco Velasquez, Inez de cuentas : « Hallé presos al contador Sedeño y al Veedor por deudas á V. M. del contador dicen que ha metido mucho la mano en la hacienda, y es quien alborota la isla y fomenta los bandos. Suplicó de mi provision y quiso enredarlo, mas venido Isazagua, yo di á este su cédula para ir al instante á Jamaica y Cuba y obedeció. Con esto cesaron las contiendas y he empezado las cuentas. Segun todos dicen seria útil no estuviese en la isla ese contador. »

« Y como si Antonio Sedeño hubiera de vivir siempre en la pesada atmosfera de litigios y procesos, en 1524 lo residenció el licenciado Vasquez de Ayllon á consecuencia de las acusaciones, que ya conocemos, de Blao de Villasante, resultando comprobados gran parte de los cargos.

Y a qué pasan algunos oños sin que conozcamos nosotros sus actos ; mas en julio de 1531 se nos vuelve á presentar, y no bajo un aspecto favorable, como gobernador de la isla de

Trinidad. Con efecto, hácia aquella época hizo Gaspar Troche, alcalde ordinario de nuestra ciudad, á pedimento de Sedeño, contador de San-Juan y gobernador de la Trinidad, una informacion para justificarlo del cargo que se le dirijiaba de haber traido, como esclavos, indios libres de la Trinidad y Tierra firme. Conocidas son en la historia americana las deplorables desgracias que produjo el rebato y venta de los indigenas de Cumaná.

« En mayo de 1532 volvió Sedeño á tomar posesion de la Contaduría de San Juan, en virtud de ejecutoria que trajo, y dejando por su Teniente para desempeñarla á Alonso de la Fuente, marchó á poblar la isla de Trinidad. Hubieron de promoverle algunas dificultades en Puerto-Rico, pues en octubre de 1535 elevó Sedeño una queja expresando, que las autoridades no le habian auxiliado para la conquista de la Trinidad. A su vez en marzo de 1536 Lando y los oficiales elevaban sus quejas acusando á Sedeño de que pretendia extender su gobernacion al continente bajo pretesto de ir á la Trinidad ; de que no queria servir personalmente su oficio de contador y de que despoblaba la isla llevandose la gente en sus expediciones. (Suit la plainte de Lando et des *oficiales*.)

« A principios de julio de 1536 salió Sedeño de Puerto-Rico para el continente con tres navios que conducian 150 hombres y 70 caballos, á mas de las expediciones que antes habia enviado : llegó en 2 de Agosto, se internó con su gente sosteniendo vivísimas disputas con el capitan Gerónimo de Ortal, que decia se le entraba en los límites de su gobernacion por la provincia del Meta, y despues de una vida llena de azares y aventuras murió en los primeros mezes de 1538. Una de estas aventuras tuvo lugar con el licenciado Frias enviado como Inez entre el y Ortal, por la audiencia de la Española. »

Suivent les rapports du licenciado Frias à l'audience royale

de Saint-Domingue et du juge Castañeda à la cour de
Madrid ; puis viennent les réflexions de l'annotateur, que
nous traduisons :

« Des notes biographiques, toutes officielles, qui viennent
d'être lues, il ressort que Antonio Sedeño était d'une nature
inquiète et turbulente, et avait l'âme dure et cruelle, et que,
bien que ces mêmes défauts, conséquence d'un caractère énergique, le rendissent plus apte à lutter contre les passions
violentes de ses contemporains, ils n'en constituaient pas
moins un élément dissolvant pour la société porto-ricaine
qui, placée dans un petit territoire et sans ennemis intérieurs,
avait besoin de tranquillité pour se défendre d'ennemis
extérieurs acharnés à sa perte. Par l'éloignement et la mort
de Sedeño, la société de Porto-Rico dut singulièrement
gagner, puisque nous verrons bientôt s'y manifester des
causes profondes de division et de désordre que son influence
personnelle aurait, sans aucun doute, rendues plus graves.
En ces premiers temps, les éléments sociaux étaient non
seulement indéfinis, mais encore ne présentaient pas la
cohésion et la discipline qui les harmonise ensemble. »

Aux saines appréciations porto-ricaines qui précèdent,
nous nous bornerons à ajouter qu'il n'est pas vraisemblable
que la cour d'Espagne, entourée comme elle l'était alors
d'une armée de solliciteurs aux emplois publics dans les
Indes occidentales, ait conservé toute sa vie, dans les hono-
rables et délicates fonctions de contador et regidor de l'île de
Porto-Rico et de gouverneur de l'île de la Trinidad, un
homme qui eût été convaincu d'avoir été un ancien valet, un
concussionnaire et un ravisseur. Il nous paraît plus probable que ces accusations, sans nul doute calomnieuses,
puisqu'elles n'ont abouti à aucune peine, n'ont été que le
fruit de la malveillance qui, dans les petites communautés,
ne manquent jamais de s'attaquer aux supériorités.

NOTES DU CHAPITRE VIII.

I.

(Llorente, *Œuvres de Las Casas,* mém. II, t. I, p. 276.)

1533... Le succès de Las Casas confirme l'opinion favorable qu'il a des Indiens. Cependant, le conseil des Indes ne suit pas constamment les mêmes principes : il décide cette année que les Indiens de l'île de la Trinité subiront la condition d'esclaves, parce qu'ils ont fait la guerre aux Espagnols et qu'ils s'opposent à la propagation de l'Évangile. On peut douter que les philosophes chrétiens de nos jours voulussent approuver ces raisons.

II.

(Humboldt, *Voyage aux rég. équin.,* t. VIII, ch. XXIV, p. 477 et sqq.)

Quoi qu'il en soit, il n'en est pas moins certain que la célébrité que les expéditions d'Ordaz, d'Herrera et de Speier avaient déjà donnée à l'Orénoque, au Meta et à la province de Papamene, située entre les sources du Guaviare et du Caqueta, contribuèrent à fixer le *mythe du Dorado* près du revers oriental des Cordillères.

La réunion des trois corps d'armée sur le plateau de la Nouvelle-Grenade répandait dans toute la partie de l'Amérique occupée par les Espagnols la nouvelle d'un pays riche et populeux qui restait à conquérir. Sébastien de Belalcaçar marcha de Quito par Popayan (1536) à Bogota; Nicolas Federmann, venant de Venezuela, arriva du côté de l'est par les plaines du Meta. Ces deux capitaines trouvèrent déjà établi sur le plateau de Cundinamarca le fameux *adelantado* Gonzalo Ximenes de Quesada, dont j'ai vu, près de Zipaquira, un des descendants, pieds nus et surveillant des troupeaux. La rencontre fortuite des trois *conquistadores*, un des événements les plus extraordinaires et les plus dramatiques de l'histoire de la conquête, eut lieu en 1538. Belalcaçar enflamma par ses récits l'imagination des guerriers avides d'entreprises aventureuses; on rapprocha les notions communiquées à Luis Daça par l'Indien de Tacunga des idées confuses qu'Ordaz avait recueillies dans le Meta sur les trésors d'un grand roi borgne (*Indio tuerto*) et sur un peuple vêtu auquel des *llamas* servaient de monture. Pedro de Limpias, vieux soldat qui avait accompagné Federmann au plateau de Bogota, porta les premières nouvelles du *Dorado* à Coro, où le souvenir de l'expédition de Speier (1535-1537) au Rio Papamene était encore tout récent. C'est de cette même ville de Coro que Felipe de Huten (Urre, Utre) entreprit son fameux voyage à la province des Omaguas, tandis que Pizarro, Orellana et Hernan Perez de Quesada, frère de l'*adelantado*, cherchèrent le pays de l'or au Rio Napo, le long du fleuve des Amazones et dans la chaîne orientale des Andes de la Nouvelle-Grenade. Les peuples indigènes, pour se défaire de leurs hôtes incommodes, dépeignaient sans cesse le *Dorado* comme facile à atteindre, et situé à une distance peu considérable. C'était comme un fantôme qui semblait fuir devant les Espagnols et qui les appelait sans cesse. Il est de la nature de l'homme errant sur la terre de se figurer le bonheur au-delà de ce qu'il connaît. Le *Dorado*, semblable à l'Atlas et aux îles Hespérides, sortit peu à peu du domaine de la géographie et entra dans celui des fictions mythologiques.

III.

(Humboldt, *Voyage aux rég. équin.*, t. VIII, ch. XXIV, p. 350 et sqq.)

Trois villes ont porté successivement depuis la fin du XVIe siècle le nom de *Saint-Thomas de la Guyane*. La première était placée vis-à-vis de l'île de Faxardo, au confluent du Carony et de l'Orénoque : c'est celle que détruisirent les Hollandais sous le commandement du capitaine Adrien Janson, en 1579. La seconde, fondée par Antonio de Berrío, en 1591, près de douze lieues à l'est de la bouche du Carony, fit une courageuse résistance à sir Walter Ralegh, que les écrivains espagnols de la conquête ne connaissaient que sous le nom du corsaire *Reali*. La troisième ville, celle qui est aujourd'hui la capitale de la province, se trouve à vingt-cinq lieues à l'ouest du confluent du Carony. Elle a été commencée en 1764 sous le gouverneur Don Juacquin de Mendoza, et on la distingue, dans les actes publics, de la seconde ville, appelée vulgairement la forteresse (*el castillo, las forta-lezas*), par le nom de *Santo Thome de la Nueva Guayana*.

IV.

(E.-L. Joseph, *History of Trinidad,* part. I, ch. XIII, p. 99.)

With the exception of some of the savannas of St. Domingo, there is not so extensive and beautiful a plain in the west Indies as that on which Port of Spain is situated. It would afford ample room for any city and its suburbs in Europe, save London.

V.

(Fr.-A. Caulin, *Historia de la N. Andalucia*, l. I, ch. II, p. 8.)

Los primeros misioneros que entraron á la conversion de los Indios de esta provincia de Guayana, fueron los RR. PP. jesuitas Ignacio Llauri y Julian de Vergara, por los años de mil quinientos setenta y seis ; y se conservaron tres años en la instruccion y doctrina de aquellos Indios, hasta el año de quinientos y setenta y nueve, en que, invadida aquella provincia por el capitan Janson, de nacion holandes, quedo en tan estrema necesidad, que los mas de los vecinos se retiraron á los llanos de Cumaná ; estos perecieron al rigor del hambre y de las plagas ; y entre ellos el venerable padre Llauri ; y el padre Julian que quedó solo, de orden de su superior se retiró á las misiones de Casanare...

VI.

(P. Gumilla, *Orinoco ilustrado*, t. I, ch. I, p. 29.)

No asi los Olandeses ; porque esos entablaron en Guayana el trato del tabaco con tanto calor, que habia año que subian y baxaban nueve ó diez fragatas cargadas. Pero como despues se hubiese publicado la real cédula, en que su magestad prohibió todo género de tratos con los estrangeros, el capitan

Jansón, año 1579, socolor de cobrar las deudas atrasadas, se puso á vista de la Guayana con una fragata armada en guerra, ocultos los soldados baxo la escotilla, para que los vecinos no los viesen ; y al anochecer asaltó, saquó y pegó fuego al Lugar.

VII.

A la même époque nous trouvons, comme gouverneur de Caracas, Don Pedro Ponce de Leon, un des descendants de l'illustre conquistador de Porto-Rico.

NOTES DU CHAPITRE IX.

I.

(Humboldt, *Voyage aux rég. équin.*, t. VIII, ch. XXIV, p. 483 et sqq.)

Nous arrivons à l'époque où le *mythe du Dorado* se fixa dans la partie orientale de la Guyane, d'abord au prétendu lac Cassipa (sur les rives du Paragua, affluent du Carony), et puis entre les sources du Rio Essequebo et du Rio Branco. C'est cette circonstance qui a le plus influé sur l'état de la géographie de ces contrées. Antonio de Berrio, gendre et unique héritier du grand *adelantado* Gonzalo Ximenes de Quesada, passa les Cordillères à l'est de Tunja, s'embarqua sur le Rio Casanare, et descendit par cette rivière, par le Meta et par l'Orénoque, à l'île de la Trinité. Nous ne connaissons presque ce voyage que par le récit de Ralegh : il paraît avoir précédé de peu d'années la première fondation de la *Vieja-Guayana*, qui est de 1591. Quelques années plus tard (1595), Berrio fit préparer en Europe par son *maese de campo*, Domingo de Vera, une expédition de deux mille hommes destinée à remonter l'Orénoque et à conquérir le *Dorado* qu'on commençait dès lors à appeler le *pays de la Manoa* et même la *Laguna de la Gran Manoa*. De riches propriétaires vendirent leurs fermes pour prendre part à une croisade à laquelle on agrégea douze religieux Observantins et dix ecclésiastiques séculiers. Les contes faits par un certain Martinez (Juan Martin de Albujar?), qui prétendait avoir été abandonné dans l'expédition de Diego de Ordaz et conduit de ville en ville à la capitale du *Dorado,* avaient enflammé l'imagination de Berrio. Il est difficile de distinguer ce que ce *conquistador* avait observé lui-même en descendant l'Orénoque, de ce qu'il disait avoir puisé dans un prétendu journal de Martinez, déposé à Porto-Rico.

II.

(Humboldt, *Voyage aux rég. équin.*, t. VIII, ch. XXIV, p. 513 et sqq.)

Nous venons d'établir que le *mythe du Dorado,* comme les *mythes* les plus célèbres des peuples de l'ancien monde, a été appliqué progressivement à différentes localités. Nous l'avons vu avancer du sud-ouest au nord-est, de la pente orientale des Andes vers les plaines du Rio Branco et de l'Essequebo, direction identique avec celle dans laquelle les Caribes, pendant des siècles, faisaient leurs expéditions guerrières et mercantiles. On conçoit que l'or des Cordillères pouvait parvenir à travers une infinité de peuplades, de main en main, jusqu'au littoral de la Guyane, car longtemps avant que le commerce des fourrures eût attiré des vaisseaux anglais, russes et américains sur les côtes nord-ouest de l'Amérique, des outils de fer avaient été portés du Nouveau-Mexique et du Canada jusqu'au-delà des Montagnes-Rocheuses.

III.

(Humboldt, *Voyage aux rég. équin.*, t. VIII, ch. XXIV, p. 485, note.)

Je crois pouvoir établir que la fable de *Juan Martinez,* répandue par le récit de Ralegh, a été calquée sur l'histoire des aventures de *Juan Martin de Albujar*, très-connue des historiens espagnols de la conquête, et qui, dans l'expédition de Pedro de Silva (1570), tomba entre les mains des Caribes du Bas-Orénoque. Cet Albujar s'était marié à une femme indienne et se fit sauvage lui-même, comme cela arrive quelquefois de nos jours sur les limites occidentales du Canada et des États-Unis. Après avoir voyagé longtemps avec les Caribes, le désir de rejoindre les blancs le conduisit par le Rio Essequebo à l'île de la Trinité. Il fit plusieurs excursions à Santa-Fe de Bogota, et s'établit à la fin à Carora. (*Simon*, p. 591.) J'ignore s'il est mort à Porto-Rico, mais on ne peut révoquer en doute que c'est lui qui apprit de la bouche des marchands caribes le nom des *Manoas* (du Jurubesh). Comme il habitait les rives du Haut-Carony et qu'il reparut par le Rio Essequebo, il peut avoir contribué aussi à placer le lac Manoa à l'isthme du Rupunuwini. Ralegh fait « prendre terre à son *Juan Martinez* au-dessous de Morequito, village placé à l'est du confluent du Carony et de l'Orénoque. De là il le fait traîner par les Caribes de ville en ville, jusqu'à ce qu'il trouve dans celle de Manoa un parent de l'Inca Atabalipa (Atahualpa), qu'il avait déjà connu à Caxamarca, et qui avait fui devant les Espagnols. » Il paraît que Ralegh avait oublié que le voyage d'Ordaz (1551) était de deux ans antérieur à la mort d'Atahualpa et à la destruction entière de l'empire du Pérou. Il aura confondu l'expédition d'Ordaz avec celle de Silva (1570), dont était Juan Martin de Albujar. Ce dernier, qui faisait ces contes à Santa-Fe, à Venezuela et peut-être à Porto-Rico, aura combiné ce qu'il avait entendu des Caribes avec ce qu'il avait appris des Espagnols sur la ville des Omaguas, vue par Huten, sur l'*homme doré* qui sacrifie dans un lac, et sur la fuite de la famille d'Atahualpa dans les forêts de Vilcabamba et la Cordillère orientale des Andes.

IV.

(Fr.-A. Caulin, *Historia de la N. Andalucia*, l. II, ch. XI, p. 152.)

Dejando por ahora las conquistas de los Cumanagotos, pide la cronología del tiempo, el transito de la pluma, á referir las fundaciones de las ciudades San Jose de Oruña y Santo-Tomé de la Guayana, practicadas el año del Señor de 1591 por D. Antonio de Berrío y Oruña, heredero que fue del adelantado D. Gonzalo Gimenes de Quesada y casado con una sobrina suya en Santa-Fe de Bogotá, cabeza del nuevo reino de Granada. Pretendiendo este cabellero que la isla Trinidad entrase en la jurisdiccion de cuatrocientas leguas que le estaban concedidas, desde el término méridional del espresado nuevo reino de Granada, se dejó ir por el Orinoco con la gente correspondiente ; y habiendo arribado á la isla, dió principio á la fundacion de la ciudad de San Jose de Oruña, que hasta hoy permanece, y despues pasó al rio del Orinoco, donde fundo la de Santo-Tomé de la Guayana en la provincia de los Indios Guayanos, de quienes tomó el nombre, que dando desde entónces comprendidas en su gobierno, confirmado con nuevas capitulaciones del señor D. Felipe II rei Católico, que le estendió este gobierno una vida mas.

V.

(Sir Walter Ralegh, *Voyages to Guiana*, p. 43.)

Where upon Vides sent into Spain for a patent to discover and conquer Guiana, not knowing of the precedence of

Berreo's patent, which, as Berreo affirmeth, was signed
before that of Vides; so as when Vides understood of Berreo,
and that he had made entrance into that territory, and for-
gone his desire and hope, it was verily thought that Vides
practised with Morequito to hinder and disturb Berreo in all
he could, and not to suffer him to enter through his Seigniory,
nor any of his companies, neither to victual, nor guide them
in any sort: for Vides governor of Cumana, and Berreo,
were become mortal enemies, as well for that Berreo had
gotten Trinidad into his patent with Guiana, as also in that
he was by Berreo prevented in the journey of Guiana itself.

NOTES DU CHAPITRE X.

I.

(Laharpe, *Histoire des voyages*, t. XVI, l. VII, p. 302 et sqq.)

La relation la plus propre à exciter la curiosité sur la Guiane est celle du célèbre et infortuné Walter Ralegh, qui entreprit, en 1595, de pénétrer dans cette région que l'on appelait le *pays de l'or*, et dans lequel se trouvait, disait-on, le fameux el Dorado, objet des recherches de tous les aventuriers dans le seizième siècle. Ralegh se proposa de découvrir la Guiane en remontant les bouches de l'Orénoque. Il se rendit en conséquence à la Trinité, l'une de ces îles, et cacha soigneusement son dessein aux Espagnols, maîtres du pays, dont il craignait avec raison la jalousie tyrannique, et contre lesquels il méditait une vengeance légitime. L'année précédente, Berréo, gouverneur de Saint-Joseph, capitale de la Trinité, avait enlevé huit hommes au capitaine anglais Whidon, qui était venu relâcher dans l'île. Ralegh, quelques jours après son arrivée, fut joint par deux autres navires de sa nation commandés par les capitaines Gifford et Keymis, et se trouva en état de prendre le fort de Saint-Joseph, et de faire prisonnier le gouverneur Berréo. Il fut aidé, il est vrai, par des Caciques de l'île, qui se joignirent à lui comme à l'ennemi naturel des Espagnols leurs ennemis. Il avait encore un autre but en se rendant maître de la personne de Berréo. Il savait que cet Espagnol avait fait une tentative pour entrer dans la Guiane, et il voulait en tirer les lumières qui pouvaient lui être utiles pour le même projet. Il en apprit peu de chose. Berréo s'était conduit de manière à révolter tous les Caciques et habitants du pays. Il avait ravagé quelques provinces et avait été obligé de revenir bientôt sur ses pas ; cependant il avait acquis quelques connaissances dont il était redevable au Cacique Carapana, le seul qui eût témoigné quelque inclination pour les Espagnols. Berréo, qui n'avait pas perdu l'espérance d'y retourner, fit tout ce qu'il put pour décourager Ralegh et lui montrer le danger de son entreprise. Il lui représenta que ses vaisseaux ne pourraient entrer dans l'Orénoque ou qu'ils seraient arrêtés par les sables et les bas-fonds, dont les canots de Berréo étaient un témoignage certain, puisque, tirant à peine douze pieds d'eau, ils touchaient souvent le fond ; que les habitans éviteraient sa rencontre et se retireraient dans les terres ; que s'il les faisait poursuivre, ils brûleraient leurs habitations. Il ajouta que, l'hiver approchant, les inondations allaient commencer ; qu'on ne pourrait profiter de la marée ; qu'il ne fallait point espérer des provisions suffisantes par le secours des petites embarcations ; enfin que tous les Caciques des frontières refuseraient de commercer avec lui, parce qu'à l'exemple de tant d'autres peuples ils se croiraient menacés de leur destruction par les Européens.

Ces difficultés, quoique exagérées par un ennemi jaloux, n'étaient que trop réelles, comme Ralegh l'éprouva dans la suite ; mais il était bien éloigné de les croire insurmontables. Son imagination d'ailleurs était remplie de tout ce qu'il avait entendu raconter de la Guiane, de cette ville de Manoa, connue des Espagnols sous le nom d'*el Dorado*, et visitée par quelques voyageurs de cette nation ; du voyage de Jean Martinez, qui, disait-on, avait découvert le premier cette capitale du nouvel empire des Incas. Ce Martinez rapportait qu'il avait passé sept mois dans cette ville où il avait été reconnu pour Espagnol ; que cependant il avait été bien reçu, mais qu'on ne lui avait permis d'aller nulle part sans garde et sans avoir les yeux couverts ; qu'enfin ayant obtenu la liberté de partir avec beaucoup d'or, il avait été volé par les Américains à l'embouchure de l'Orénoque et qu'il n'avait sauvé que deux bouteilles remplies d'or qu'ils avaient crues pleines de liqueurs. S'étant ensuite rendu à Portoric, Martinez y était mort : en mourant, il s'était fait apporter son or et la relation de ses voyages ; il avait donné l'or à l'Église pour fonder des messes, et sa relation à la chancellerie de Portoric. Enfin Ralegh n'ignorait pas les voyages de Pédro d'Orsua, de Jérôme d'Ortal, de Pédro Hernandez de Serpa et de Gonzales Ximenes de Casada, entrepris pour vérifier la découverte de Martinez. C'était sur ces fondements qu'il était parti d'Angleterre et qu'il assure « que celui qui conquerra la Guiane possèdera plus d'or et règnera sur plus de peuples que le roi d'Espagne et l'empereur des Turcs. » Il répète plusieurs fois que ce qu'il entend par la Guiane est l'intervalle entre l'Amazone et l'Orénoque, à trois cents lieues ou neuf cents milles des côtes de la mer du Nord.

N. B. — Cette version, si différente de la nôtre en ce qui concerne Don Antonio de Berrío y Oruña, a été rapportée ici pour que le lecteur puisse comparer les deux textes avec la relation de sir Walter Ralegh.

II.

Voici comment sir Walter Ralegh (*Voyages to Guiana*, p. 21 et sqq.) rend compte de la destruction de San-Jose de Oruña :

While we thus spent the time. Y was assured by another Cacique of the north side of the island, that Berreo had sent to Marguerita, and to Cumana, for soldiers meaning to have given me a *cassado* at parting, if it had been possible. For although he had given order through all the island, that no Indian should come aboard to trade with me upon pain of hanging or quartering (having executed two of them for the same, which I afterwards found), yet every night there came some, with most lamentable complaints of his cruelty ; how he had divided the island, and given to every soldier a part ; that he made the ancient Caciques, which were lords of the country, to be their slaves ; that he kept them in chains, and dropped their naked bodies with burning bacon, and such other torments, which I found afterwards to be true. For in the city, after I entered the same, there were five of the lords, or little kings (which they call Caciques in the west Indies), in one chain, amost dead of famine, and wasted with torments. These are called, in their own language, *Acarewana;* and now of late, since English, French, and Spanish are come among them, they call themselves *capitains*, because they perceive that the chiefest of every ship is called by that name. Those five capitains in the chain were called Wannawanare, Caroaori, Maquarima, Tarrospanama, and Aterima. So as both to be revenged of the former wrong, as also considering that to enter Guiana by small boats, to depart four or five hundred miles from my ships, and to leave a garrison in my back interested in the same enterprise, who also daily expected supplies out of Spain, I should have savoured very much of the ass; and therefore, taking a time of much advantage, I set upon the *corps du guard* in the evening, and having put them to the sword, sent captain Calfield onward with sixty soldiers, and myself followed with forty more, and so took their new city, which they called

S. Joseph, by break of day. They abode not any fight after a
few shot, and all being dismissed by only Berreo and his
companion, I brought them with me aboard; and, at the
instance of the Indians, I set their new city of S. Joseph on
fire.

NOTES DU CHAPITRE XI.

I.

(Baralt, *Historia de Venezuela,* t. I, ch. xiv, p. 254 et sqq.)

Con esa espedecion de Berrio se revivieron las ideas, y a un poco apagadas, del Dorado ó del pais de la Manoa, como impezaban á llamar entónces aquella tierra fabulosa. Los cuentos inventados por un tal Martinez, que suponia haber sido abandonado cuando la espedicion de Ordaz y conducido despues por los Indios de ciudad en ciudad hasta la del Dorado, acaloraron la imaginacion de Berrio, de suyo mui propenso, como todos los conquistadores, á creer las consejas estupendas sobre el pais del oro. Y habiendo obtenido para ir á descubrir un permiso del rei, hizo preparar en Europa por medio de su maestre de campo Don Domingo Vera, una espedicion mayor que cuantas hasta aquel tiempo habian salido para el territorio que hoi llamamos Venezuela. Ricos propietarios vendieron sus tierras y se alistaron para la jornada yendo tambien en ella doce religiosos observantes y diez éclesiásticos seculares, destinados á la predicacion del Evangelio entre los infieles y al servicio del culto en la colonia. Por fin la espedicion, compuesta de dos mil y mas personas de todos sexos y edades, salió de San Lúcar de Barrameda en 1595 y llego en dias de abril y felizmente á Trinidad. Poco antes de su arribo habian ocurrido entre Berrio y el gobernador Vides de Cumaná algunas altercaciones sobre si Guayana y Trinidad estaban comprendidas en la jurisdiccion del segundo y no debiese por tanto el primera ni permanecer en la isla, ni hacer viage al Orinoco; pero todo eso se quedo en disputas cuando, llegado Vera, ocupó parte de su gente á Trinidad y marchó el resto á Santo Tomé, junto con seis religiosos franciscanos.

Desastradésima fué esa espedicion. De seis bajeles en que se embarcaron para ir á Guayana muchas familias, solo tres llegaron á Santo Tomé; los otros cayeron en las crueles manos de los Caribes, dejando estos con vida únicamente algunas mugeres que se llevaron consigo. Los religiosos fueron del número de los que llegaron con felizidad á la ciudad, y en ella formaron una comunidad que duro pocos años, como ahora mismo lo veremos.

II.

(Humboldt, *Voyage aux rég. équin.*, t. VIII, ch. XXIV, p. 484 et sqq.)

Quelques années plus tard (1595), Berrio fit préparer en Europe, par son maese de campo, Domingo de Vera, une expédition de deux mille hommes destinée à remonter l'Orénoque et à conquérir le *Dorado* qu'on commençait dès lors à appeler le *pays de la Manoa*, même la *Laguna de la Gran Manoa*. De riches propriétaires vendirent leurs fermes pour prendre part à une croisade à laquelle on agrégea douze religieux *Observantins* et dix ecclésiastiques séculiers. Les contes faits par un certain Martinez (Juan Martin de Albujar), qui prétendait avoir été abandonné dans l'expédition de Diego de Ordaz et conduit de ville en ville à la capitale du *Dorado*... On voit qu'à cette époque on avait en général, sur le Nouveau-Continent, les mêmes idées que nous avons eues longtemps sur l'Afrique.

III.

(Fr.-A. Caulin, *Historia de la N. Andalucia,* l. II, ch. xi et sqq.)

A los cuatro años de fundadas estas dos ciudades (San-José de Oruña y Santo Tomé de Guayana), viendose D. Antonio de Berrio con poca gente para el adelantamiento de ellas y deseoso de salir al descubrimiento de cierto pais, á quien los Indios llamaban la Manoa, en cuyas cercanias imaginaron aquella opulente ciudad del Dorado á la parte occidental del gran lago Parime, que demuestran los planos geográficos, noventa leguas al S. S. E. de Santo Tomé de la Guayana, uno y otro invencion de los Indios par echar á los Españoles de sus tierras, y que pereciesen en la solicitud de tan remotas é imaginarias riquezas, envió á la corte de Madrid á su maese de campo Domingo Vera, vecino de la ciudad de Caracas, hombre de buen entendimiento, mayor invectiva y eficaz persuasiva, para que con sus poderes negociase del supremo Consejo la recluta de trescientos hombres, con que emprender el referido descubrimiento.

Llegó Domingo de Vera á la corte y echó á volar la fama de las riquezas del pais de su encargo por toda Castilla, con tal arte y natural persuasion, que luego alcanzó las correspondientes licencias y con ellas los trescientos hombres, siendo muchos personas principales de los reinos de Toledo, la Mancha y Estremadura, á quienes ofrecia poner en las manos tan crecidas riquezas de oro, plata y piedras preciosas, con que levantarian sus nombres y linages ilustres. Para la confirmacion de estas noticias mostraba algunas chagualas, y orejeras de oro, piedras de esmeralda en bruto y á medio labrar, diciendo habia de todo con abundancia en las tierras, que iban á descubrir; con lo cual formaron tan superior concepto de ellas, que las juzgaban mui otras y distintas, de las descubiertas entonces en todo el orbe terraqueo.

Teniendo ya todo de su mano, pidió á S. M. se le librasen sesenta mil ducados para gastos de la espedicion los cuales le fueron concedidos en la corte y despues otros cinco mil en la ciudad de Sevilla, y largas licencias para sacar mas gente y cinco naves capazes para el transporte de cuanto trajese conducente á su descubrimiento. Entre los sugetos que se le agregaron fueron veinte capitanes de infantería, muchos de los cuales habian servido al rei en este empleo en Flandes, Italia y otras partes; y otros que por soldados veteranos estaban esperando el premio de sus servicios y fueron á este fin nombrados por el supremo consejo, agradeciendo ellos este favor y dándose por bien premiados con las futuras riquezas, que esperaban en el descubrimiento del Dorado. Juntáronsele tambien otros soldados viejos, algunos mayorazgos y otra gente noble, y entre ellos un sobrino del presidente del real Consejo de Indias, que era el licenciado D. Pablo de Laguna. Finalmente, muchos hombres casados vendieron sus haciendas y oficios, teniendose por dichosos de que los admitiesen en su comitiva con sus mugeres é hijos, prometiendose ser mucho mas lo que esperaban de lo que, por seguirlo, abandonaban y malbarataban.

N. B. — Des trois relations qui précèdent, nous avons suivi la dernière comme plus complète et plus proche de la vérité.

NOTES DU CHAPITRE XII.

I.

(Humboldt, *Voyage aux rég. équin.*, t. VIII, ch. XXIV, p. 489.)

L'expédition de Berrio, devenue très-nombreuse pendant le séjour des vaisseaux à Cumana, à la Marguerite et à l'île de la Trinité, se dirigea par Morequito (près la Vieja Guayana), vers le Rio Paragua, affluent du Carony; mais les maladies, la férocité des indigènes et le manque de vivres opposèrent des obstacles invincibles à la marche des Espagnols. Tous périrent, à l'exception d'une trentaine qui retournèrent, dans un état déplorable, au poste de Santo Thomé.

II.

(Baralt, *Hisioria de Venezuela*, t. I, ch. XIV, p. 255.)

Fué pues el caso, que con la detencio de los otros navíos de Berrio en la Trinidad, Cumana y Margarita, llegó á ser mui numerosa y lucida la tropa que destinaba á la conquista : ciegos los hombres con los prestigios de la codicia para no ver las infinitas lástimas y desengaños que habian producido estas empresas del Dorado á cuantos las intentaron ántes, temerarios y necios. Siquieron al conquistador muchas personas, y como llegó este á Santo Tomé, dispuso que trescientos hombres de armas al cargo del portuguez Alvaro

Jorge, saliesen en demanda del malhadado Manoa, guiando por Morequito hácia el rio Paragua, tributario del Caroni ; pero solo pudieron alcanzar hasta el cerro de los Totumos, por haber encontrado en el transito difficultades insuperables. Apénas treinta de ellos regresaron á la ciudad, pues los demas perecieron ó de fiebres y hambre, ó á manos de los indígenas, á quienes la debilidad y el desmayo de sus contrarios puso en estado de atacarlos y vencerlos facilmente.

III.

(Fr.-A. Caulin, *Historia de la N. Andalucia*, l. II, ch. xi, p. 167 et sqq.)

Juntos en la Guayana los que en ella habia, y en esta ocasion arribaron, que todos llegaron á cuatrocientos hombres, con muchas mugeres y niños, y dos de los clerigos, que tambien habian pasado á ellas, determinó el gobernador Berrio hacer algunas entradas á los montes circunvecinos, y rastrear por ellos si eran ciertas las noticias que llevaban de tan sonadas y crecidas riquezas : mas como no experimentaban otra cosa que suma pobreza, y solo adquirian el corto alimento de algunas raizes, que les ofrecian los Indios por el interez de la paga, resolvio penetrar la tierra hasta dar con la Manoa, que tanta fama tenia por el mundo ; y es un rio ancho y caudaloso, llamado de los Indios Caribes : Paragua, y de los Españoles la Laguna, que entra en el rio Caroni mas arriba de las islas de Arimnaba, y junto con el derraman en el Orinoco ocho leguas al Poniente de la ciudad de la Guayana.

Destinó para esta salida trescientos hombres, y con ellos tres religiosos, y por capitan á un Alvaro Jorge, portugues, esperimentado ya en guerras de Indios. Emprendieron la jor-

nada, y llegaron hasta el cerro que llaman de los Totumos ;
donde habiendose acampado, se establecieron por algun
tiempo, repitiendo sus entradas á los Indios, y esperimen-
tando el mal influjo de aquel terreno, que de ordinario recibe
á los forasteros con una pestilencia de calenturas y maliciosas
llagas, que en pocos dias les quitan las vidas ; y como esto
caia en unos cuerpos faltos de su natural alimento, en un
total desabrigo, y pais mal sano, los trajo á tal estado, que
despues de muertos mas de ciento, los demas quedaron en
tanta flaqueza, que apénas habia quien tuviese alientos para
salir á solicitar por su precio la necesaria providencia de
víveres para los que quedaban imposibilitados de hacerlo.

Los que como naturales y bien esperimentados en los
efectos del pais, esperaban con su espaciosa sagazidad esta
ocasion, para usar de sus ruines hostilidades, y dar muerte á
los Españoles, viendolos tan desposeidos de fuergas, que
apénas habia cuarenta que pudiesen tomar las armas, jun-
tandose dos ó tres mil, dieron sobre ellos, mataron á los mas
de los enfermos en sus mismas camas, y obligaron á los
demas á darse á la fuga perseguidos de aquella chusma, que
con garrotes y macanas les iban dando cruda guerra, quitando
sin misericordia las vidas á los que por causados y flacos se
quedaban atras, faltos de fuerzas. A los religiosos, aunque
llenos de llagas, les dió el señor bastante ánimo para seguir,
cargados con el ornamento sagrado, dos cruzes, y un Santo
Christo, que ponia en el altar cuando celebraban. Asi llegaron
á la ciudad de Guayana solos treinta de los trescientos que
salieron, y de illos murieron mas de los quince al rigor de
las enfermedades y hambre, en que hallaron la ciudad, donde
les fué siguiendo los pasos á la eternidad el resto de las
mugeres y niños por las mismas causas.

Ya se deja considerar el inconsolable llanto que habria en
la ciudad, cuando vieron entrar el corto numero de treinta

hombres, todos moribundos, siendo los mas de los que los recibieron parientes, amigos, mugeres, é hijos de los que quedaron para pasto de las fieras por aquellos campos. Las pobres viudas anegadas en lágrinas, y cargadas con sus tiernos niños, se iban al gobernador á pedir socorro, hechas un retablo de dolores y duelos, de que tambien participaban los recien llegados, encontrando difuntos á muchos de sus amigos, padres y hermanos, que á su salida dejaron vivos. Hicieron un novenario de misas por los difuntos, y la ultima fué en accion de gracias á nuestra Señora de las Nieves, en cuya víspera emprendieron los vivos la retirada, y escaparon de la inhumana fiereza de los Indios.

IV.

(Laharpe, *Histoire des voyages*, *rel. de Keymis*, t. XVI, p. 344.)

... (Le Cacique) ne voyant point paraître les secours qu'on lui avait promis d'Angleterre, il devait juger que les méchants étaient les plus forts, surtout lorsqu'il n'entendait parler que de l'armement qui se faisait à la Trinité, et des nouvelles entreprises de Berrio depuis qu'il s'était racheté des mains des Anglais...

NOTES DU CHAPITRE XIII.

I.

(Baralt, *Historia de Venezuela*, t. I, ch. xiv, p. 256 et sqq.)

En medio de sus ocupaciones literarias y guerreras, y de sus intrigas de corte, tuvo tiempo y medios el infatigable sir Walter para disponer dos viages mas á la Guayana en los ocho años que trascurrieron desde su primera espedicion hasta la muerte de la dichosa reina Isabel, ocurrida en 1603 ; sin mas fruto, con todo, que el de recoger nociones inexactas sobre la situacion del Dorado, las cuales se divulgaron despues en Europa con mucha exageracion, y acaso con el fin de atraer sobre aquellas empresas la proteccion del gobierno británico. Mas á pesar de las muchas lisonjas y artificios con que procuró escitar en el pecho ambicioso de la reina el deseo de conquistar el pais de Manoa, no aperece que Isabel pensave nunca en una empresa semejante ; y por eso se dío á cavilar en otros medios de hacer fortuna, ya que ni el gobierno queria tomar por su cuenta un asunto que él solo jamas llevaria á cabo, ni el pueblo ingles, que le odiaba, se movia á alargarle su mano poderosa.

Estuvo pues algun tiempo sin pensar en America, hasta que en 1603 se descubrio en Inglaterra una conspiracion que tenia por objeto trastormar el gobierno y exaltar al trono á Arabela Stuart, pariente próxima de Jacobo I. Raleigh fué preso y, aunque acusado por un solo y eso muy tachable testigo, condenado á muerte, si bien el rei, que se preciaba de tener principios de justicia, hizo suspender la ejecucion de la sentencia y le mandó encerrar en la torre de Londres. Alli estuvo trece años, durante los cuales variaron muchísimo los negocios de Europa, y mas que todo las relaciones políticas de España e Inglaterra, pues en lugar de la terrible guerra que se hacian en tiempo de Isabel, llegó á existir paz sincera y profunda entre las dos naciones. Tantos años de encierro y la injusticia misma de la sentencia de sir Walter, convirtieron en favorables los sentimientos ántes adversos del pueblo y del monarca, y aquel hombre célebre salió de la Torre casi reconciliado con el uno y con el otro.

Durante su prision habia publicado Raleigh la noticia de una mina de oro que su teniente Keymis habia descubierto en Guayana; mina que, segun sus expresiones, podia no solo enriquecer á los aventureros, sino tambien á la nacion. A fuerza de ponderar este tesoro, consiguió, una vez libre, que muchos negociantes entrasen á la parte en la empresa de descubrirlo y conquistarlo; y el rei le concedió permiso para tentar la aventura, y autoridad sobre los que quisiesen seguirle. Pero existia, como hemos dicho, paz con España, y por eso el rei, desconfiado de los nuevos designios de aquel hombre inquieto, le negó el perdon al concederle la libertad, dejando subsistente la sentencia; porque así juzgó poder mejor contener su índole guerrero y la ambicion activa y turbulenta que le devoraba.

Pues á pesar de esto Sir Walter emprendió su viage á Guayana, declarando que sus intenciones eran de descubrir una mina, no de atacar los establecimientos españoles. Protestas vanas; pues en llegando al Orinoco, se detuvo en su embocadura con parte de las naves, y envió el resto á Santo-Tomé, al mando de su hijo y del capitan Keymis, en quien tenia confianza. Los Españoles habian recibido aviso de la espedicion inglesa y la esperaban prevenidos para la defensa.

Hízola esforzada y brillante el gobernador Don Diego Palomeque de Acuña ; pero con tanta desgracia que, muerto en el combate, ocuparon la ciudad los invasores, en 12 de enero de 1618. Sondaron despues estos el rio, lo reconocieron por ambas sus riberas hasta la boca del Guárico, buscaron inutilmente minas y riquizas, y no viendo en parte alguna los tesoros que Raleigh habia prometido, evacuaron el 29 del mismo mez la ciudad, despues de saquearla y entregar á las llamas los pocos edificios que habian dejado en pié cuando entraron. Pagó cara Sir Walter esta tan inútil como temeraria agresion. Su hijo pereció en la pelea ; su gente, irritada con el engaño padecido, le forzo á volver á Inglaterra ; y revivida allí su antigua sentencia, le mandó cortar Jacobo la cabeza, por satisfacer á la corte de España por el hecho.

II.

(Fr.-A. Caulin, *Historia de la N. Andalucia*, l. II, ch. xii, p. 171 et sqq.)

Pocos meses habia que el capitan Palomeque residia en la Guayana, cuando recibió una real cédula de 19 de marzo de 1617, en que su Magestad le ordenaba tomar las providencias correspondientes á resistir á Gualterio Reali, que en Inglaterra armaba algunos navíos y fragatas con mas de mil hombres de mar y guerra, para invadir á aquella ciudad, agregándosele otras cinco ó seis naves de aventureros, que para el mismo fin se estaban disponiendo en Holanda, con intentos de esplorar aquella tierra para poblar en ella, segun las noticias recibidas por la via de Inglaterra. Como se dijo sucedió ; pues á fines del mismo año se aparecio el referido Inglés sobre la punta del Gallo de la isla Trinidad, desde donde despachó dos naves de 150 toneladas, una caravela y cincos lauchas con mas de 600 hombres, y por cabo á un hijo suyo, con órden de que subiesen por una de las bocas del Orinoco á la ciudad de Santo Tomé de la Guayana, quedando él para hacer lo mismo en lá de San-Jose de Oruña, desembarcando su gente en el puerto de España de la misma isla.

Hizolo asi con intentos de apoderarse de la ciudad ; pero como su teniente Benito de Baena estaba ya prevenido, luego que tuvo noticia del arribo de la dave, alistó su gente en Puerto de España con tan buen órden, que matando á algunos de los Ingleses, los demas se retiraron de fuga, escepto uno que hubieron á las manos, quien dió la noticia de ser el gefe de aquella escuadra Gualterio Reali, y de la gente que habia destacado al ataque de la Guayana. Llegaron estos á la isla de Yaya á 11 de enero del siguiente año 1618 ; y teniendo aviso de ello el gobernador Palomeque por un Indio pescador, juntó todas sus vecinos que eran 57 ; mandó llamar los que habia en las labranzas ; repartió sus armas y municiones ; alistó dos cañones que tenia á la margen del rio Orinoco, y cuatro pedreros en la ciudad, y se puso en órden de guerra á esparar al enemigo que á las 11 del dia se vió en tres naves montando la punta de Araya, una legua distante de la ciudad, que entónces estaba entre dicha punta y la boca del rio Caroni.

NOTES DU CHAPITRE XIV.

I.

(Codazzi, *Geografia politica de Venezuela*, p. 260.)

De la introduccion de las razas europea y africana y de su union entre sí y con la de los indígenas de America, ha resultado poblado el pais de hombres blancos, negros y color de cobre, con todas las tintas intermedias que pueden ser efecto de la mezcla de aquellos colores y de sus diversas combinaciones. Así tambien se inventaron denominaciones mui variadas para clasificarlos. Llamóse *mulato* al hijo de blanco y negro ; *mestizo* al de blanco é indio ; *zambo* al de indio y negro. *Tercerones* y *cuarterones* eran aquellos que se acercaban mas que los mulatos á la raza europea y *saltoatras* á los que se alejaban de ella por alguna nueva mezcla con el color africano. Ni se limitaron las diferencias á los meros accidentes de la piel, sino que de muchas combinaciones resultaron formas mejor desarolladas, individuos mas vigorosos y bellos que sus padres, y a vezes tambien mas despejados de entendimiento y mas capazes de cultivar con fruto las ciencias y las artes. « ¿ Por qué, dice Lavaysse, los individuos que nacen de un africano y de un indio, tienen mas fuerza física, mejores formas, mas entendimiento y energía moral que los negros ó indios ? ¿ Por qué, aunque el blanco es superior en fuerza física, intelectual y moral al americano indigena, son los individuos nacidos de la union de un blanco con una india inferiores en las cualidades físicas y mentales

á los zambos ? ¿ Por qué se distinguen los meztisos en general
por su bella presencia, por una fisonomia agradable y por la
dulzura y facilidad de sus disposiciones ? ¿ Por qué es el hijo
de blanco y negra superior al zambo en entendimiento é infe-
rior en fuerza física ? ¿ En que consiste que cuando esta
variedad de color se mezcla, sus descendientes son notables
por una constitucion mas robusta y vigorosa y por una energia
natural mayor que la de los individuos nacidos en el mismo
clima, de padres de sangre europea ó africana sin mezcla?
Los que entiendan la naturaleza de la mezcla de razas, podran
responder á estas cuestiones. »

II.

(Baralt, *Historia de Venezuela*, t. I, ch. xvi, p. 306 et sqq.)

Las artes útiles á la comodidad de la vida y las liberales,
desestimadas como serviles, eran abandonadas á una clase
estimable y numerosa que las preocupaciones privaban de
consideracion y de respeto, aunque digna por muchos titulos
de obtener una y otra.

Este era la de los *pardos* libres ó gentes de *color*, como
decian, mezcla del europeo, del criollo ó del indio con el africano, y las derivaciones de esa mezcla ; clase intermedia
entre el esclavo y el colono español, y que contenia con diversas
denominaciones una larga escala de colores, hasta que estos,
despues de muchas generaciones, se confundian con el de la
raza de los conquistadores, y participaban de sus privilegios.
Es numerosa en Venezuela, porque alli, como en todos los
países de America, el blanco mezcló gustosamente su sangre
con la del Africa en fáciles é ilegítimos placeres, y porque
tanto la religion como las leyes y las costumbres, favorecieron

la manumision á que el amor inclinaba. Asi fué que en las colonias españolas hubo en breve mas libertos y descendientes de ellos que esclavos.

Estos, como se sabe, fueron introducidos en el Nuevo-Mundo con el pretesto de conservar la raza indigena, y verdaderamente por especulacion, necesitando los colonos gente mas briosa y fuerte para el trabajo del campo y de las minas, que lo eran los indigenas. Mas aquestos se disminuyeron rápidamente; la colonia miserable no tuvo con que comprar africanos; y fue preciso promover la reproduccion de las castas por el camino derecho, es decir, admitiendolos en la sociedad y permitiendolos el ejercicio pleno de los derechos inherentes á la ciudadanía. Asi lo hicieron al principio las naciones modernas. Por lo cual vemos que la Francia en 1685 dispuso que sus libertos coloniales gozasen indistintamente como sus otros súbditos las ventajas de la vida civil; y tambien que el gobierno español por muchas reales cédulas declaró á los hombres de color libres, con derecho á los mismos honores y empleos que sus otros vasallos. Una de 1588 los admitia en la clerecía, y mandaba que no fuese impedimiento el color en las mugeres para entrar de religiosas. La igualdad, enfin, de obligaciones y derechos en todas las clases de hombres libres, nacidos legitimamente, fué un principio reconocido y proclamado por la política de España, y defendido por sus mejores publicistas.

Mas á principios del siglo XVII variaron con las opiniones las leyes, y la suerte de los libertos y sus descendientes se mudó de mui buena en mui mala. Una ordenanza real de 1621 prohibió conferir á los hombres de color ningun empleo público, aunque fuese el de notario, uno de los mas subalternos en el órden judicial español, y dos cédulas de 1643 y 1654 los escluian de servir en las tropas permanentes. Prohibióse el matrimonio entre personas blancas y

de color por una pragmática de 1776, y fundandose en ella
una cédula real de 1785 vigoró aquella disposicion porque
segun parece no se habia llevado á efecto con suficiente seve-
ridad. De tal manera quisieron las leyes españoles escluir de
toda consideracion la clase de los pardos, que pusieron trabas
al uso de sus bienes, mandando que las mugeres no se enga-
lanasen con oro, seda, chales, ni diamantes. En este punto
la opinion, mas fuerte que las leyes, favoreció al oprimido,
impidiendo la ejecucion de aquel necio reglamento suntuario;
pero en otros fué aun mas allá de lo que ellas querian, como
cuando hijo prevalecer el uso de que las pardas no se sirviesen
de alfombras para hincarse ó sentarse en los templos. Inútile
parece decir que la instruccion académica les fué negada;
pues aquesta prohibicion, mas cruel é injusta que todas las
demas, es la que corona siempre los diversos sistemas inventados por los gobiernos para privar de sus derechos naturales
al hombre. Con todo, en 1797 fueron admitidos en las escuelas
de medicina, y por un auto de la audiencia, espedido en
marzo de 1800, se mandó que nadie impidiese á los médicos
pardos ejercer su oficio, mientras no hubiese suficiente
numero de facultativos blancos para el alivio de la poblacion.
Esta frase nos revela el motivo de la insolita generosidad de
la lei, y lo dócil que se manifestó la opinion en admitirla,
siendo así que semejante concesion mejoraba esencialmente la
suerte de la gente de color, dándole un medio de adquirir
consideraciones y riquezas. Fué pues la escasez de médicos
que habia en el pais, no por otra cosa producida, que por el
desprecio con que veian los blancos principales las nobles
profesiones de la medicina y del comercio, considerandolas
como ocupaciones dignas solo de plebeyos, y reservandose
esclusivamente la espada, el breviario y la toga.

III.

(P. Labat, *Voyage aux isles de l'Amér.*, t. IV, ch. VII, p. 181 et sqq.)

Les Espagnols plus que tous les autres y prennent garde de fort près et ne regardent pas à quelques centaines d'écus de plus pour avoir une belle négresse.

J'en ai vu des deux sexes faits à peindre et beaux par merveille. Ils ont la peau extrêmement fine ; le velours n'est pas plus doux. Plus ils sont d'un beau noir luisant, et plus on les estime... Les nègres de Sénégal, de Gambie, du Cap-Vert, d'Angolle et de Congo sont d'un plus beau noir que ceux de la Mine, de Juda, d'Isigni, d'Arda et autres lieux de cette côte. Généralement parlant, ils sont d'un beau noir quand ils se portent bien, mais leur teint change dès qu'ils sont malades, et cela se connaît en eux aussi facilement que dans les blancs, parce qu'ils deviennent alors d'une couleur de bistre et même de cuivre. Ils sont forts patients dans leurs maladies ; quelques opérations qu'on leur fasse, il est rare de les entendre crier ou se plaindre. On ne peut pas dire que cela vienne d'insensibilité, car ils ont la chair très-délicate et le sentiment fort vif, mais d'une certaine grandeur d'âme et d'une intrépidité qui leur fait mépriser le mal, les dangers et la mort même... De cette intrépidité et de ce mépris qu'ils font de la mort naît une bravoure qui leur est naturelle. Ils en ont donné des preuves dans un grand nombre d'occasions.

IV.

(Abbé Raynal, *Histoire philos. et politique,* t. IV, l. XI, p. 174 et sqq.)

Sur les bords du Niger les femmes sont presque toutes belles, si ce n'est pas la couleur, mais la justesse des proportions qui fait la beauté. Modestes, tendres et fidèles, un air d'innocence règne dans leurs regards, et leur langage se sent de leur timidité. Les noms de Zilia, de Calipso, de Fanni, de Zamé, qui semblent des noms de volupté, se prononcent avec une inflexion de voix dont nos organes ne sauraient rendre la mollesse et la douceur. Les hommes ont la taille avantageuse, la peau d'un noir d'ébène, les traits et la physionomie agréables. L'habitude de dompter les chevaux et de faire la guerre aux bêtes féroces leur donne une contenance noble. Ils supportent difficilement un outrage ; mais l'exemple des animaux qu'ils ont élevés leur inspire une. reconnaissance sans bornes pour un maître qui les traite bien. On ne connaît point de domestiques plus attentifs, plus sobres et d'un attachement qui tienne plus de la passion, mais ils ne sont pas bons cultivateurs. Leur corps n'est pas accoutumé à se courber et à s'incliner vers la terre pour la défricher.

V.

Bryan Edwards, *History of the B. W. Indies,* t. II. ch. I, p. 13 et sqq.)

In *one* of the principal features of beauty, however, few ladies surpassthe creoles ; for they have in general, the finest eyes of any women in the world ; large, languishing, and

expressive, sometimes beaming with animation, and sometimes melting with tenderness ; a sure index to that native
goodness of heart and gentleness of disposition for which
they are eminently and deservedly applauded, and to which,
combined with their system of life and manners (sequestered,
domestick, and unobtrusive) it is doubtless owing, that no
women on earth make better wives, or better mothers.

Perhaps, the circumstance most distinguishable in the character of the natives to which the climate seems to contribute,
is thae erly display 'of the mental powers in young children ;
whose quick perception, and rapid advances in knowledge,
exceed those of European infants of the same age, in a degree
that is perfectly unaccountable and astonishing. This circumstance is indeed too striking to have escaped the notice of any
one writer who has visited the tropical parts of America ;
and the fact being too well established to be denied, the phi-
losophers of Europe have consoled themselves with an idea
that, as the genius of the young West Indians attains sooner
to maturity it declines more rapidly than that of Europeans.
Nature is supposed to act in this case in a manner analogous
to her operations in the vegetable kingdom, where the trees
that come soonest to perfection, are at the same time less
firm and durable than those which require more time for the
completion of their growth. It is indeed, certain that the
subsequent acquirements of the mind in the Natives, do not
always keep pace with its early progress ; but the chief cause
(as Ulloa hath observed) of the short duration of such promi-
sing beginnings, seems to be the want of proper objects for
exercising the faculties. The propensity also, which the
climate undoubtealy encourages, to early and habitual
licentiousness, induces a turn of mind and disposition
unfriendly to mental improvement. Among such of the
natives as have happily escaped the contagion and enervating

effects of youthful excesses, men are found of capacities as strong and permanent, as among any people whatever.

As I cannot therefore admit that the creoles in general possess less capacity and stability of mind than the natives of Europe, much less can I allow that they fall short of them in those qualities of the heart which render man a blessing to all around him. Generosity to each other, and a high degree of compassion and kindness towards their inferiors and dependents, distinguish the creoles in a very honourable manner. If they are proud, their pride is allied to no meanness. Instructed from their infancy to entertain a very high opinion of their own consequence, they are cautious of doing any act which may lessen the consciousness of their proper dignity. From the same cause they scorn every species of concealment. They have a frankness of disposition beyond any people on earth. Their confidence is unlimited and entire. Superior to falsehood themselves, they suspect it not in others.

FIN DE LA PREMIÈRE PARTIE.

TABLE ALPHABÉTIQUE

DES AUTEURS CITÉS DANS CETTE PREMIÈRE PARTIE.

1. ABBAD (y Lasierra, Fray Iñigo). Historia geografica, civil y natural de la isla de San Juan Bautista de Puerto-Rico. Puerto-Rico, 1866.

2. ALCEDO (colonel Don Antonio de). The geographical and historical Dictionary of America and the West Indies with additions, etc., by J. A. Thompson, esq. London, 1812.

3. ACOSTA (El Coronel Joaquin). Compendio historico del descubrimiento y colonizacion de la Nueva Granada en el siglo decimo sexto. Paris, 1848.

4. BARALT (Rafael Maria). Resumen de la Historia antigua de Venezuela. Paris, 1841.

5. CHEVALIER (Michel). Le Mexique ancien et moderne. Paris.

6. CAULIN (Fray Antonio). Historia corografica, natural y evangélica de la Nueva Andalucia. Caracas, 1841.

7. CODAZZI (Agustin). Resumen de la Geografia de Venezuela formado sobre el plan de Balbi. Paris, 1840.

8. CRÜGER (Hermann). Outline of the Flora of Trinidad. App. I, of Report on the Geology of Trinidad by Wall and Sawkins. London, 1860.

9. EDWARDS (Bryan). The History civil and commercial of the British West Indies, with a continuation to the present time. London, 1819.

10. GUMILLA (El Padre Joseph). Historia natural, civil y geografica de las naciones situadas en las riveras del Rio Orinoco; ouvrage connu sous le nom de : El Orinoco ilustrado. Barcelona, 1791.

11. HART (Daniel). Trinidad, and the other West India islands and Colonies. Trinidad, 1866.

12. HUMBOLDT (Alexandre de). Voyage aux régions équinoxiales du nouveau continent fait de 1799 à 1804 avec Amédée de Bonpland. Paris, 1824.

13. Irving (Washington). Life and voyages of Christopher Columbus, together with the voyages of his companions. London, 1850.

14. Joseph (E.-L.). History of Trinidad. Trinidad, 1840.

15. Labat (Le Père). Nouveau voyage aux isles de l'Amérique avec une description exacte. Paris, 1722.

16. Laharpe (J.-F.). Abrégé de l'histoire générale des voyages, orné de vignettes. Paris, 1822.

17. Léotaud (Docteur Antoine). Oiseaux de l'île de la Trinidad, publié par souscription nationale. Port d'Espagne, 1866.

18. Llorente (J.-A). Œuvres de Don Barthélemi de Las Casas, traduites et arrangées. Paris, 1822.

19. Lorgues (Roselly de). Christophe Colomb, histoire de sa vie et de ses voyages. Paris, 1864.

20. Prescott (William H.). History of the conquest of Peru, with a preliminary view of the civilisation of the Incas. London, 1850.

21. Ralegh (sir Walter). Voyages of discovery to Guiana, appended to The History of the World, by the same Author. Edinburgh, 1820.

22. Raynal (L'abbé). Histoire philosophique des établissements et du commerce des Européens dans les deux Indes. La Haye, 1774.

23. Sidney-Daney. Histoire de la Martinique, depuis la colonisation jusqu'en 1815. Paris, 1846.

24. Thiers (Adolphe). Histoire de la Révolution française. Paris, 1839.

25. Verteuil (Docteur L.-A.-A. de). Trinidad, its Geography, natural resources, administration, etc. London, 1858.

26. Wall and Sawkins. Report on the Geology of Trinidad, or part the first of the West Indian Survey. London, 1860.

TABLE DES MATIÈRES

DE LA PREMIÈRE PARTIE.

CHAPITRE I.

COUP D'ŒIL GÉOGRAPHIQUE. — INTRODUCTION.

CHAPITRE II.

DÉCOUVERTE DE L'ILE.

(1498)

CHAPITRE III.

LES NATURELS.

(1498)

CHAPITRE IV.

NAVIGATEURS ET AVENTURIERS ESPAGNOLS.

(1499-1504)

CHAPITRE V.

LA TRAITE DES INDIENS. — LAS CASAS ET LA TRAITE DES NOIRS.

(1505-1527)

CHAPITRE VI.

LE PREMIER CONQUISTADOR, DON ANTONIO SEDEÑO.

(1528-1531)

CHAPITRE VII.

RIVALITÉS ENTRE CONQUISTADORES. — LES RICHESSES DU RIO-META.

(1532-1540)

CHAPITRE VIII.

EL DORADO. — LE DEUXIÈME CONQUISTADOR, DON JUAN PONCE.

(1541-1579)

CHAPITRE IX.

LA MANOA DEL DORADO. — LE TROISIÈME ET DERNIER CONQUISTADOR,
DON ANTONIO DE BERRIO Y ORUNA.

(1580-1594)

CHAPITRE X.

INCURSION DE SIR WALTER RALEGH

(1595)

CHAPITRE XI.

EXPÉDITION DU MAESE DE CAMPO DOMINGO DE VERA.

(1596-1597)

CHAPITRE XII.

NOUVELLE ENTREPRISE DE DON ANTONIO DE BERRIO Y ORUNA A LA CONQUÊTE DU DORADO. — SA MORT. — SON FILS DON FERNANDO LUI SUCCÈDE ; IL EST REMPLACÉ PAR DON SANCHO ALQUIZA A QUI SUCCÈDE DON DIEGO PALOMEQUE DE ACUNA.

(1598-1617)

A peine Don Antonio de Berrio reçoit-il ses premiers renforts qu'il se met à pousser des reconnaissances pour bien s'as-

CHAPITRE XIII.

DEUXIÈME EXPÉDITION DE SIR WALTER RALEGH A LA CONQUÊTE DU
DORADO. — DON FERNANDO DE BERRIO REPREND LES RÊNES
DE SON GOUVERNEMENT. — SA MORT.

(1618-1622)

CHAPITRE XIV.

ÉTAT DE LA CONQUÊTE DE L'ILE A LA MORT DE DON FERNANDO DE BERRIO.

(1622)

FIN DE LA TABLE DE LA PREMIÈRE PARTIE.